Heise/Zornack · Der Macho und der Kampfhahn

Hans-Jürgen Heise
Annemarie Zornack
Der Macho und der Kampfhahn

Unterwegs in Spanien und Lateinamerika

NEUER MALIK VERLAG

CIP-Kurztitelaufnahme der Deutschen Bibliothek

Heise, Hans-Jürgen

Der Macho und der Kampfhahn:
Unterwegs in Spanien und Lateinamerika /
Hans-Jürgen Heise; Annemarie Zornack
Kiel: Neuer Malik-Verlag, 1987
ISBN 3-89029-014-0

Umschlaggestaltung und Ausstattung:
Ingo Wulff
Satz: Verlag Konstanze Freihold, Berlin
Gesetzt aus der Garamond Book
Druck: Plambeck, Neuss
Printed in Germany
ISBN: 3-89029-014-0

Inhalt

Vorbemerkung

Ziel allen Reisens ist nicht das Ankommen, sondern das Unterwegssein. Hier liegt der Unterschied zum Tourismus, bei dem etwas schon vorher Umrissenes anvisiert und — vorübergehend — in Besitz genommen wird.

Der Reisende will, anders als der Urlauber, keine Ferien vom Ich machen, sondern sich selber einbringen: als eine Art Erfahrungssonde, die in eine fremde Gegend, in ein anderes Kulturmilieu, eindringt.

Wo der Tourist Genuß und Selbstbestätigung auf der Grundlage festgelegter Übereinkünfte sucht, nimmt der Reisende Unwägbarkeiten, Anstrengungen und bisweilen sogar Gefahren in Kauf.

Der Gewinn von Mühen und Risiken ist die Begegnung mit dem Unvorhersehbaren.

Die Welt, die man längst als Begriffsmodell im Kopf mit sich herumträgt, zeigt plötzlich Neues, Überraschendes auf — Ausschnitte und Gesichtspunkte, die man bisher nicht kannte. Ein Hauch von Abenteuer wird spürbar; Reisen bereichern, korrigieren, belehren, provozieren, sie brechen den Ich-Panzer auf und machen sensibel für Dinge und Empfindungen, die der Alltag, die Routine, ebensowenig beschert wie ein vorgestanzter Urlaub zwischen Menschen, die nur Erholung, Abwechslung, Entspannung suchen.

Das Eintauchen in eine nicht vertraute Situation kann jemanden dazu bringen, Erlebnis- und Phantasiefäden, die ihm aus den Händen geglitten sind, wieder aufzunehmen.

Zufall, sagen die Psychologen, ist unbewußte Wahl. Wir sind geneigt, dieser Behauptung zuzustimmen. Als wir 1968 zum erstenmal nach Spanien fuhren, haben wir, jeder auf seine Weise, nach einem Land gesucht, das Ähnliches, aber auch Entgegengesetztes parat hielt wie das, was wir in der Kindheit kennengelernt hatten. Wir konnten Traum und Trauma wiederholen — in einer Umgebung, die zivilisatorisch so rückständig war wie das kleinstädtisch-ländliche Deutschland der dreißiger Jahre, in dem wir aufgewachsen sind.

Der Macho und der Kampfhahn ist Niederschlag unserer mit Erkundungslust durchgeführten „Exkursionen". Die Verfasser haben beide ihr Temperament und ihre persönliche Sichtweise eingebracht: AZ die visuelle Neugier auf Einzelheiten und HJH das Interesse am Erforschen struktureller Zusammenhänge.

Neben Landschaftsschilderungen und Schnappschüssen von Menschen an berühmten wie an unberühmten Orten stehen übergreifende Deutungen.

Immer wieder wurden wir mit dem ökologischen Kahlschlag konfrontiert, der systematischen Zerstörung von Natur und regional gefärbter Kultur. Wie anderweitig greift in Spanien und Spanisch-Amerika die Fertigteilzivilisation um sich. Gebiete, die noch Ambiente, noch Eigenaroma, besitzen, werden immer seltener.

Angesichts der weltweiten Denaturierung wollten wir Gegenden, Menschen und Stimmungen sichtbar machen, die es nach dem nächsten Zeigersprung der Geschichte schon nicht mehr geben wird, ja, von denen einige heute — wenige Jahre nach unserer Begegnung mit ihnen — bereits spurlos verschwunden sind.

Kiel, im September 1986 HJH/AZ

Meditationen in Tarifa

Wer auf der Mole der südspanischen Stadt Tarifa steht, dem gliedert sich die Welt: geographisch, historisch, kulturell, geistig.

Links liegt das Mittelmeer, das *mare nostrum* der Römer, rechts der Atlantik, der Ozean der großen Entdeckungen und Eroberungen, im Rücken befindet sich Spanien und gegenüber — fast mit den Händen zu greifen — Afrika.

Tarifa ist ein Ort, den die Mauren gegründet haben, 711, gleich nach ihrer Landung auf der iberischen Halbinsel, die sie im Sturm überrannten und auf der sie sich für länger als siebenhundert Jahre festsetzten. Zwar mußten sie Schritt für Schritt vor den christlichen Heeren zurückweichen, doch sie verteidigten mit allen Mitteln jenes irdische Paradies, das sie al-Andalus nannten.

Al-Andalus, das war nicht etwa nur das heutige Andalusien. Vielmehr bezeichneten die Mauren mit diesem Namen das ganze Gebiet unterhalb der Pyrenäen, Regionen, die, wie karg sie aus der Sicht des Mitteleuropäers sein mögen, in den Augen der aus Asien und Afrika kommenden Wüstensöhne ein einmaliges Zusammenspiel von Wasser, Sonne und Pflanzen waren. Die Mauren priesen ihre neue okzidentale Heimat in einer sinnenhaften Metaphernpoesie, die überall im Lande an den Höfen entstand:

> Weit bist du, o Perle Chinas!
> Doch mein Bedarf ist durch den Rubin Spaniens
> ohnehin mehr als gedeckt.

Diese Verse stammen von Ben Hazm, einem der vielen Lyriker, die im arabischen Westland eine reichhaltige Wortkunst schufen, in der Johann Gottfried Herder als einer der Ersten das direkte Vorbild für die Provençalpoesie und den späteren Minnesang erkannt hatte.

Die *gaya ciencia*, die *fröhliche Wissenschaft*, durch die Europa aus der Mönchskutte des Mittelalters herauskam, hatte ihren Ursprung im maurischen Spanien.

Anders als im strengen Bagdad, wo die Kalifen aus dem Glauben vorwiegend eine Sache des Schwerts und des missionarischen Eifers gemacht hatten, entfaltete sich in al-Andalus eine freiere und offenere Geisteshaltung, die sich nicht nur durch ein tolerantes Verhalten Christen und Juden gegenüber ausdrückte, sondern die auch die erotische Liebe als literarisches Thema zuließ; das soll hier ein lyrisches Fragment von Abd al-Azis Ben Habra belegen, einem Dichter, der im 11. Jahrhundert im Kleinkönigreich Granada lebte:

Das Muttermal

Auf Ahmads Wange gibt es ein Muttermal,
das bezaubert jeden Mann,
der begierig ist zu lieben.

Ein Rosengarten scheint es zu sein,
dieses Muttermal, und der Gärtner darin
ist ein Mann aus Abessinien.

Der spanische Literaturwissenschaftler Américo Castro hat in seinem — bis heute freilich umstrittenen — Buch *La realidad histórica de España* von 1954 hervorgehoben, daß für die Moslems kein Unterschied besteht „zwischen den Gärten dieser Welt und den Gärten der anderen Welt, zwischen der Wirklichkeit der Sinne und der Wirklichkeit des Geistes".

Die Araber in Spanien hatten eine viel großzügigere Einstellung der Frau gegenüber, als das die heutige regressive Haltung der islamischen Fundamentalisten vermuten läßt.

Zwar hinterließ die maurische Kultur den Spaniern das Fenstergitter, dieses architektonische Accessoire, das das Haus, den Harem, zu einem Käfig macht — mit der Frau als gefangenem Vogel darin. Doch andererseits weiß man, daß die Frau nirgendwo in der mohammedanischen Welt so viele Freiheiten genoß wie in Andalusien. Sie konnte sich öffentlich ohne Schleier zeigen, brauchte männlichen Schmeicheleien nicht mit beschämender Unterwürfigkeit auszuweichen, und sie durfte sogar am geselligen Leben teilnehmen, etwa bei weinseligen Bootsfesten auf dem Guadalquivir, diesem, wie der arabische Name besagt, Nil ohne Krokodile.

„In der religiös-moralischen Literatur des Mittelalters", meint Américo Castro, „galt die Frau als Symbol der Sünde, in der entsprechenden arabischen Literatur stellt sie hingegen oftmals die treibende Kraft dar auf dem Weg zu Gott [...] Gerade, weil die Frau zur Fleischeslust verführt, brachte sie das Geistige auf seinen Weg, während es umgekehrt direkte Verbindungen von den Höhen des Geistigen zur Ebene der sinnlichen Eindrücke gab."

Es ist kein Zufall, daß in Andalusien — im Gegensatz zum glaubensstrengen Zentralspanien — der Marienkult eine so große Rolle spielt.

Diese Aufwertung der Jesus-Mutter zur Himmlischen Königin gegen Ende des Mittelalters hat zweifellos mit dem Ideenaustausch zwischen Islam und Christentum zu tun.

Die Geringschätzung der Frau, die durch Paulus in die christliche Theologie Eingang gefunden hatte, wurde graduell rückgängig gemacht, nachdem die Inhalte eines neuplatonisch gefärbten Minnekultes aus dem maurischen Spanien nach Norden gelangt waren.

Das Gebiet, das die Troubadourdichtung auf spanischem Boden gleichsam zu überspringen hatte, war Kastilien, der militante Vorposten des Katholizismus, der sich politisch als legitimer Nachfolger Roms und des Westgotenreichs verstand.

Der ungezwungene Umgang mit sinnlichen Stoffen, den die Mauren bei ihrem Vormarsch durch Nordafrika aus dem Erbe der Antike übernommen hatten, fand im heutigen Katalonien und in der Provence einen günstigen Boden.

Europa, das Jahrhunderte hindurch im Zustand der Jenseitserwartung dahingedämmert hatte, konnte sein Dasein revitalisieren.

Der Mensch wurde nun als körperliches Wesen anerkannt, das sich in der Wirklichkeit entfalten konnte, physisch ebenso wie geistig, mit der Konsequenz, daß sich aus dem scholastischen Philosophieren bald der Trieb einer irdischen Philosophie ans Licht drängte.

Anders lagen die Dinge in Spanien, das in die unaufhörlichen Gewaltaktionen der *reconquista,* der Wiedereroberung, verstrickt war.

Der Zwang, die militärischen Kräfte zu sammeln, hatte frühzeitig die Organisation eines modernen Staatsgebildes zur Folge. Doch nach innen mußte Kastilien alle subtilen Regungen abwürgen.

Das Land blieb, fast seine ganze Geschichte hindurch, dem Kriegshandwerk verpflichtet. Es kannte nur ein Ziel: weiter nach Süden vorzudringen, aufs Gebiet der Mauren.

Immer wieder haben die Spanier das Herzstück ihres Landes, das von Befestigungsanlagen strotzende Kastilien, zum zentralen emotionalen Inhalt ihres Identitätsdenkens gemacht — zum letzten Mal, nachdem sie 1898 den Rest ihrer überseeischen Besitzungen verloren: Cuba, Puerto Rico und die Philippinen.

Das Ende des einstigen Weltreiches leitete einen schmerzhaften Prozeß der Selbstsuche ein, bei dem die einen den Anschluß an Europa forderten, während die anderen Spanien durch eine radikale Rückbesinnung auf seine spanische Substanz zu kurieren trachteten.

Spanien war und ist keine kulturelle und spirituelle Einheit. Während das politisch seit je dominierende Kastilien rückwärts gewandt war und in das Ensemble der europäischen Nationen eine quasi mittelalterliche Variante hineinbrachte, erwies sich das im Nordosten gelegene mittelmeerische Katalonien als eine Region, die, von Bürgersinn, Handelsgeist und nüchternem Denken erfüllt, schon früh eine organische Übergangszone zu Frankreich bildete.

Sieht man einmal von den Basken ab, einem nichtromanischen Volk dunklen Ursprungs und eigenster Prägung, dann haben wir es in Spanien mit drei Völkern zu tun: mit den Kastiliern, den Katalanen und den Galiciern.

Wie die Katalanen, die eine eigene Sprache, eine Weiterentwicklung des Idioms der Troubadoure, sprechen, so drücken sich auch die Galicier, die in der atlantischen Nordwestecke beheimatet sind, nicht auf spanisch, nicht auf kastilisch, aus. Vielmehr sprechen sie eine dem Portugiesischen verwandte Sprache, das Galicische, das sehr viel weicher als das Spanische ist.

Zur Zeit der Maurenkriege diente das Galicische dazu, lyrische Gefühle zu artikulieren — nicht nur die der Gallegos, sondern auch die der Kastilier, die zu spröde, zu verklemmt waren, sich zu ihren Seelenregungen in der eigenen Sprache zu bekennen.

Angesichts eines solchen Sachverhalts wird Sprachforschung zum Schlüssel für völkerpsychologisches Verständnis.

Die Kastilier, als Männer in Waffen, sahen sich außerstande, auf kastilisch etwas anderes als ihre Heldengesänge abzufassen.

Wenn sie zartere Stimmungen bekunden wollten, drückten sie sich in einer fremden Sprache aus — ein die inneren Gewichte verschiebender Vorgang, den man auch bei Individuen, bei manchen Dichtern, beobachten kann, etwa bei T. S. Eliot und Federico García Lorca, von denen der eine in einer psychischen Krisenzeit französisch schrieb, während der andere vom Spanischen aufs Galicische auswich.

Die Worte der Muttersprache sind bei jedem Menschen emotional überlagert, es hängen Gefühlswerte, positive wie negative, an ihren etymologischen Wurzeln. Deshalb lassen sie nicht immer ein freies Assoziieren zu — zumindest nicht bei seelischer Fehlentwicklung. In solchen Fällen innerer Blockierung hilft es dem Betroffenen, wenn er in eine andere Sprache hinüberwechseln kann.

Kastilien, meint Ángel Ganivet, ein konservativer Ideologe, habe sich in der reinen Tat verwirklichen müssen. Spanien war eine Kriegsmacht von beispielloser Härte, die sich kulturell lediglich nebenher realisieren konnte. Die meisten Energien wurden für militärische Aktionen gebraucht: zunächst, um die Mauren zu vertreiben; dann, nach dem Sieg über Granada im Jahr 1492, um riesige Gebiete am anderen Ufer des westlichen Weltmeeres zu erobern, in einer Reihe von titanischen Gewaltakten.

Die Spanier, eines der zivilisatorisch rückständigsten Völker Europas, drängten mit ihren Karavellen über die Meere und fügten unsere Erde in wenigen Jahren zu einem geschlossenen Ganzen zusammen.

Es war Columbus, ein Mann, der fast noch magische Vorstellungen von der Beschaffenheit der Weltkugel hatte, der bei seiner spekulativen Suche eines westlichen Seewegs nach Indien Amerika entdeckte, einen neuen Kontinent, der fortan seinen Platz auf den Landkarten fand: als konkrete Landmasse, die sich bereisen ließ und mit der man kommunizieren und Handel treiben konnte.

Kastiliens große Leistung bei der Erschließung der Erde war das Wagnis, mit dem Unbekanntes unterworfen und annektiert wurde.

Die *reconquista,* die Wiedereroberung der von den Mauren besetzten Halbinsel, fand in der *conquista,* in der Eroberung Amerikas, übergangslos ihre Fortsetzung und ihren Abschluß.

Dann allerdings, als die Landnahme beendet war, erlahmte die Kraft Spaniens, und schon bald vegetierten die transatlantischen Vizekönigreiche und Kolonien ebenso dahin wie das ausgepowerte Mutterland.

„Die, welche auf dem Festlande von Spanien [...] leben, fühlen das Herz weit höher schlagen, wenn sie sogenannte alte Christen sind, das heißt, wenn sie nicht von denen abstammen, welche die Inquisition erst in den letzten Jahrhunderten dazu gebracht hat, die christliche Religion anzunehmen. Die, welche in Amerika leben, fühlen sich nicht minder geschmeichelt, wenn sie sich sagen, daß sie das unendliche Verdienst haben, Menschen von weißer Hautfarbe zu sein."

So hart urteilte Montesquieu zu Beginn des achtzehnten Jahrhunderts; und mit boshaftem Spott stellte der Franzose die Ruhmsucht und die Faulheit seiner südlichen Nachbarn bloß: „wenn ein Spanier sich durch irgend etwas Verdienstliches auszeichnet, etwa wenn er... Eigentümer eines großen Degens ist oder von seinem Vater die Kunst gelernt hat, auf einer verstimmten Gitarre zu klimpern, so arbeitet er nicht mehr; seine Ehre hängt von der Ruhe seiner Glieder ab. Wer zehn Stunden täglich auf einem Fleck sitzen bleibt, erwirbt sich genau um die Hälfte mehr Achtung als ein anderer, der nur fünf Stunden still sitzt; denn auf den Stühlen beruht hier der Adel."

Montesquieu war der erste in einer Reihe unerbittlicher französischer Spanienkritiker. Er lieferte mit seiner karikaturistischen Darstellung des *caballeros* geradezu eine Umkehrung vom Bild des Granden, der sich in respektvoller Haltung präsentiert, ernsten Blicks und mit der Hand auf der Brust.

Dem negativen Spanienbild, zu dem am meisten Voltaires Anklagen gegen die Inquisition und die grausamen Kolonisierungsmethoden beigetragen haben, steht ein anderes entgegen, das Stendhal gezeichnet hat.

Stendhal, der erklärte Feind pariserischer Eitelkeiten und eines charakterlosen Snobismus, schätzte am iberischen Menschen, daß dieser seine natürliche Grazie nicht durch eine Anhäufung jener unwesentlichen Erkenntnisse gefährdete, auf die man an der Seine so stolz war: „Ich liebe den Spanier, weil er ein Typ ist; er ist niemandes Kopie. Er wird der letzte Typ sein, der in Europa existiert." Stendhal huldigte vor allem Andalusien; und so, indem er intuitiv zwischen Kastilien und Andalusien unterschied, hob er wichtige typologische Merkmale hervor.

Der Zentralspanier ist der Bewohner einer weniger anheimelnden Umgebung als der Andalusier, der unter einem milden Himmel lebt, inmitten einer verschwenderischen vegetabilischen Natur, die, wie Ortega y Gasset gemeint hat, dem ganzen Dasein Stil und Anmut verleiht.

Weil Andalusien nicht handelnd in die Geschichte eingreift, muß es sich zwar alle paar Jahrhunderte von fremden Völkern und Kulturen überrennen lassen. Doch diesen brutalen Angriffen weiß es mit Weichheit und innerer Widerstandskraft zu begegnen: „So betört es mit seiner Süße letzten Endes stets noch den rauhen Mut von Eindringlingen. Die andalusische Olive ist das Symbol des Friedens als Anfang und Normalzustand aller Kultur."

Anders als im sonnigen Andalusien, wo nach den Phöniziern, den Griechen und den Römern die Westgoten und schließlich auch die Araber glücklich waren, herrscht in Kastilien ein unfreundliches Steppenklima mit sengenden Sommern und nördlich-kalten Wintern.

Das Land, das wenig Reize bot, verleitete geradezu zum Ortswechsel und hielt so die Kriegsmaschinerie in Gang.

Die Kastilier, wenn sie sich auf ihrem kargen Boden auch immer wieder als Bauern versuchten, blieben in erster Linie Krieger. So konnten sie weiterziehen, südwärts drängen. Die Dimension des spanischen Eroberers war der Raum, die weite Einöde, die immer aufs neue vor ihm lag — wie sehr er sich auch bemühte, die Grenze ins Gebiet der Mauren zu verlagern.

Nachdem die Araber vertrieben worden waren und die *reconquista* ihren Abschluß gefunden hatte, sah sich der Kastilier plötzlich seiner inneren Leere konfrontiert — eine erschreckende Erfahrung, als deren Folge sich Lethargie einstellt. Ein Teil der vitalen Energien konnte noch in die amerikanischen Kolonien geleitet werden, doch weil auch der Übersee-Spanier, der Kreole, dieselbe Mentalität hatte wie der daheimgebliebene Spanier, kam es jenseits des Atlantiks ebenfalls zu keiner Entfaltung schöpferischer Kräfte, wie sie bald schon in den Kolonien anderer europäischer Mächte anzutreffen war.

Der Kastilier war ein schlechter Nutznießer der Früchte, die er mit Mut und Gewalt an sich gebracht hatte. „Uns hispanischen Völkern", resümiert der Mexikaner Octavio Paz, „ist es nicht gelungen, wirklich modern zu werden, wir haben, im Unterschied zu den anderen Abendländern, kein Aufklärungszeitalter erfahren."

Wenn Stendhal vom spanischen Volk rühmend sagte, er betrachte es als letzten lebenden Repräsentanten des Mittelalters, so ließ sich dieser Sachverhalt natürlich auch in einen kritischen Interpretationszusammenhang bringen.

Spaniens Entschluß, sich dem europäischen Fortschrittsstreben gegenüber abzuschotten, hat zu einem sterilen Isolationismus geführt, der auf französischer Seite die Behauptung provozierte, hinter den Pyrenäen beginne Afrika.

Während man die Vizekönigreiche und die Kolonien in Amerika mehr schlecht als recht verwaltete und gegen innere und äußere Feinde verteidigte, verfiel man in Kastilien in einen Dauerschlaf, der nur von wenigen wachen Momenten unterbrochen wurde.

Da wäre vor allem das *Goldene Zeitalter* zu nennen, das, grob gerechnet, das sechzehnte und siebzehnte Jahrhundert umfaßte. Der Schelmenroman entstand, und bedeutende Geister wie Miguel de Cervantes, Luis de Góngora, Francisco de Quevedo, Lope de Vega, Pedro Calderón de la Barca und Baltasar Gracián traten hervor.

Auch die spanische Mystik fällt in diesen Zeitraum, doch in ihr muß wohl in erster Linie ein kompensatorisches Moment erblickt werden. Ein kriegerisches Land, für das es im Bereich der realen Geographie nichts mehr zu erobern gab, bündelte seine Kräfte religiös und entsandte sie, statt wie bisher in die Weite des Raumes, nun in die Höhe: hinauf zum strengen kastilischen Himmel.

Die spanischen Mystiker Juan de la Cruz und Teresa von Ávila waren Kreuzzügler — nicht in horizontaler, sondern in vertikaler Stoßrichtung. Und in gewisser Weise kann man in ihnen Geistesverwandte Don Quijotes sehen, des neurasthenischen Grenzgängers zwischen Sein und Schein, der, wiewohl nur eine Figur der Einbildungskraft, der spanischste aller Spanier ist und bleibt.

Ángel Ganivet hat die Ansicht geäußert, daß Don Quijote und sein rustikaler Schildknappe Sancho Pansa vor der Vertreibung der Mauren Typen einunddesselben Zuschnitts gewesen wären: zwei Tatsachenmenschen und Haudegen, unterschiedlich allein durch ihren Stand, doch nicht in Bezug auf ihre Lebenseinstellung.

Erst nach dem Ende der *reconquista,* als es für einen *caballero* keine wirklichen Abenteuer mehr zu bestehen gab, konnte der Tagträumer Don Quijote die Bühne der kastilischen Landschaft betreten, als Ritter von der traurigen Gestalt.

Weil sich das Dasein jetzt ereignislos am Boden dahinschleppte, mußte die Phantasie Räume schaffen, in denen der Spanier weiterhin als mittelalterlicher Held posieren konnte.

Cervantes unternahm mit seinem Don Quijote den Versuch, den Menschen loszubinden vom Marterpfahl der Kausalität. Die Erschaffung des paranoiden Recken war eine Verzweiflungstat, die sich gegen den Aristotelismus und dessen Folgen, die Renaissance, richtete.

Das Individuum zog sich aus einer Welt, in der es keine Geheimnisse, Ideale und Wunder mehr gab, in seinen Kopf zurück; dort allein fand es noch vor, was sich aus der Realität längst verflüchtigt hatte: die Gelegenheit, unentwegt noble Taten vollbringen zu können. Der Spiegel der Kunst hat, anders als sein nüchternes physikalisches Gegenstück, ein träges, den zeitlichen Ablauf verzögerndes Gedächtnis. So vermag er noch Dinge zu reflektieren, die in Wahrheit längst nicht mehr vorhanden sind.

Ramón Gómez de la Serna, ein dadaistischer Aphoristiker, der viel zur Modernisierung der spanischen Kunst beigetragen hat, stellt die Besonderheit spanischer Gefühlsdetermination heraus: „Nur den Spanier beunruhigt das Wirkliche, das ihm [...] Grimassen zwischen Spott und Unwahrscheinlichkeit schneidet." Gómez de la Serna stellt fest, daß in seinem Land die breiten Hauptstraßen der Realität stets irgendwann von Nebenwegen gekreuzt werden, und auf diesen Nebenwegen kommen unverhofft Phantasiegebilde herangewankt, Gestalten, die jedoch ebenso wahrhaftig sind wie existierende Menschen; weswegen sich auch bei ihrem Anblick der Geist aufs heftigste erschreckt.

Gómez de la Serna nimmt nicht etwa bei der Aufklärung, beim Licht der Vernunft, Zuflucht. Er plädiert, im Gegenteil, dafür, den Wahn zu einem strategischen Mittel zu machen und mit seiner Hilfe die — ja ohnehin in Unordnung geratene — Wirklichkeit noch weiter zu verwirren. Die spanische Praxis der Teufelsaustreibung, die wir bei Quevedo, Goya, Valle-Inclán, Buñuel, Saura, Arrabal und Juan Goytisolo finden, ähnelt alten Schamanenbräuchen: das Feuer der Besessenheit wird solange geschürt, bis die quälenden Trugbilder in sich zusammenfallen.

Dieser atavistische Hang zum Perversen, Grausamen und Anarchohaften ist hauptsächlich im Innern des Landes und im Norden anzutreffen — kaum in Andalusien, wo das Irrationale seit den Tagen der Mauren metaphorische und oft folkloristische Gewänder trug, bis in unser Jahrhundert hinein, wie die Dichtungen Federico García Lorcas, Rafael Albertis und zahlreicher anderer Poeten beweisen.

Der iberische Irrationalismus eines Quevedo und eines Goya, ein Surrealismus lange vor der Herausbildung des eigentlichen Surrealismus, hat durch das bildnerische Werk Dalís und die Filmschöpfungen Buñuels und Sauras eine konsequente Fortsetzung gefunden. Diese kathartische Kunst ist ein hexenhafter beziehungsweise diabolischer Nebenzweig der licht- und gottestrunkenen Mystik, eine Verwilderung des Religiösen, freilich ohne jeden Jenseitsbezug.

Wie die Verfasser der Schelmenromane sind auch die spanischen Irrationalisten aufs triviale Leben fixiert. Doch im Gegensatz zu jenen haben sie kein eindimensional-gesellschaftliches Bild von der Realität. Ihnen erscheint das Banale als ein neurosenträchtiges Labyrinth, in dem sich niemand zurechtfinden kann. Die aggressiven Aktionen der spanischen Künstler entsprechen den Angstanfällen und Wutausbrüchen des Alltagsmenschen. Es sind symbolische Gewalttaten, die Entlastung schaffen sollen, ähnlich wie — auf realer Ebene — das Agieren des *toreros,* der, wenn er den Stier zur Strecke bringt, eine rituelle Stellvertretertat begeht. Der *torero* tötet das Animalisch-Böse, das jeder einzelne Zuschauer in sich trägt, das er aber von sich und seinem Bewußtsein abspaltet und auf das schwarze schnaubende Ungetüm projiziert.

Von allen spanischen Künstlern hat sich keiner so gründlich mit dem Stierkampf auseinandergesetzt wie Pablo Picasso.

Der Stier verkörpert gleichermaßen die eigene Triebnatur und das feindliche Prinzip, den männlichen Rivalen.

Befremdlicherweise hat sich Picasso jedoch auch der Gitarre mit geradezu matadorhafter Haltung genähert. Die Gitarre ist ein ausgesprochen weibliches Sinnbild. Und sie, dieses „Universum aus sechs Saiten“, steht zudem als gültige Chiffre für Spaniens innerstes Wesen.

In seinen kubistischen Stilleben hat Picasso die Gitarre aufs gründlichste deformiert. Er hat sie förmlich hingeschlachtet, tranchiert.

Ein Spanier, der sich um jeden Preis seines Spaniertums entledigen wollte? Ein Iberer mit archaischer Seele, dem die brutalsten Mittel recht waren, sich in einen Europäer zu verwandeln?

Der Kubismus war, wie alle Geometriesierungstendenzen in der Kunst, ein Versuch der Angstabwehr. Über einem Untergrund dunkler rumorender Triebe wurden mathematisch-genaue Einzelteile ausgelegt. Vernunft und Verstandeskühle dienten so zur Besänftigung der Affekte.

Picasso und, auf moderate Weise, auch Juan Gris wollten Schluß machen mit Spaniens Folklore, dem Geschluchze von Herz und Seele.

Die Gitarre erschien ihnen als dasjenige Objekt, in dem sich Spanien am tiefsten verwunden und beleidigen ließ.

So stehen die kubistischen Attacken an einem Ende des iberischen Ausdrucksspektrums, während am anderen Ende der *flamenco* steht oder auch — korrespondierend mit einem großen Teil der Poesie — die aus der Tradition gespeiste Musik von Isaac Albéniz, Enrique Granados und Manuel de Falla.

Spanien war, von Katalonien einmal abgesehen, eines jener europäischen Länder, in denen sich die Anpassung an das Wissenschaftsdenken und den technischen Fortschritt nur sehr zögernd vollzog.

Das hing mit seiner Randlage zusammen, aber auch mit der Tatsache, daß die Aufklärung auf der iberischen Halbinsel nie recht Fuß gefaßt hatte. Die Abgeschiedenheit hinter dem Bollwerk der Pyrenäen ließ die Spanier nach dem Verlust der letzten überseeischen Besitzungen auf die Idee kommen, eine Erneuerung nur aus den Quellen der Überlieferung anzustreben.

Im Zentrum des Empfindens stand bei den Vertretern der Generation von 1898 die kastilische Landschaft. Doch da sich in dieser Landschaft nichts regte und nichts veränderte, erbrachte die Beschäftigung mit ihr meist nur nostalgische Skizzen und heraldische Medaillons.

Das Bild der spanischen Landschaft, das die Achtundneunziger in die Literatur einführten, war grundverschieden von dem, das in den zwanziger Jahren von der Lorca-Generation gezeichnet worden ist. Die Achtundneunziger trieben ihren Sprachkult mit einem spiritualistischen Kastilien, hingegen diente ihren jüngeren Nachfolgern das reale Andalusien als sinnenhaftes Sujet.

Die beiden Achtundneunziger, die Kastilien am eindringlichsten beschworen haben, waren Miguel de Unamuno, der Propagandist eines „tragischen Lebensgefühls", der sich in vagen Definitionen erging, und Azorín, der weitaus anschaulicher verfuhr, obwohl auch er zu Archaismen und pathetischen Hohlformeln neigte: „Was ist Kastilien? Was sagt uns Kastilien?" Die Antworten auf solche Fragen kamen aus dem Geist der Sentenz: „Vivir es ver volver", Leben heißt zurückblicken, heißt: die Dinge noch einmal mit wehmütigem Blick ansehen.

Merkwürdigerweise stammten weder Unamuno noch Azorín aus der spanischen Zentralregion, der ihr dauerndes Interesse galt. Beide waren Randspanier, der eine Baske, der andere Levantiner. Doch wie der Lyriker Antonio Machado, dieser Wahlkastilier aus Sevilla, bekundeten Unamuno und Azorín eine ungeheure Leidenschaft für das Wesen Spaniens, so wie es sich ihnen in der öden, doch geschichtsdurchtränkten Landschaft offenbarte.

Das Kastilien der Achtundneunziger war ein in die Vergangenheit verlegtes Utopia. Die gegenwärtigen Erscheinungen kamen nur als Reflexe der Geschichte vor, als Belanglosigkeiten einer späten Zeit ohne Glanz und Größe. Azoríns Sicht war retrospektiv, seine Gefühlslage elegisch. Das Abgeschlossene und Erstarrte seiner Welt tritt bereits in seinem Stil zutage. Es gibt fast nur Substantive und Adjektive; in den kurzen konstatierenden Sätzen fehlen die Verben, die Tätigkeitsworte.

Was Azorín und Unamuno weitgehend unterschlugen, war die Gegenwart mit ihren sozialen und ökonomischen Problemen. Außerdem fehlte jegliche Orientierung nach draußen. Europa, Lateinamerika, Nordamerika gerieten kaum irgendwo in Sicht.

Es ist nun einer der Treppenwitze der Geschichte, daß Spaniens Anschluß an Europa ausgerechnet unter Franco erfolgte; immerhin hatte der ideologisch auf die Vergangenheit ausgerichtete *caudillo* den Bürgerkrieg noch als reinen Kreuzzug verstanden, als unumgängliche Verpflichtung der mittelalterlichen Geschichte gegenüber.

Erst in der Ära des Generalísimo wurde die spanische Wirtschaft weitgehend in die Strukturen der Weltwirtschaft integriert. Große Kapitalströme flossen ins Land, die internationalen Multis errichteten Filialen, und der Nato wurden Militärbasen zur Verfügung gestellt.

Außerdem gab Franco, von den Mitgliedern seines gewinnsüchtigen Familienclans beeinflußt, sein Einverständnis zum Ausverkauf der Landschaft.

Die Küsten wurden denaturiert, überbaut. Alte Ortschaften wie Benidorm und Torremolinos, die von einem einzigartigen Ambiente erfüllt waren, stehen als Synonyme für architektonische Scheußlichkeiten und Urlaubsleben von der Stange.

Heute gibt es nur noch ganz wenige Strände in Spanien, an denen nicht Wolkenkratzer den gesamten Platz zwischen Meer und Küstengebirge einnehmen. Der Fortschritt, jahrhundertelang von der iberischen Halbinsel verbannt, ist mit der Gewalt eines Orkans hereingebrochen und hat überall seine Spuren hinterlassen.

Autos drängen sich in kleinen *pueblos* durch Gassen, die dazu da waren, ein paar Mulis durchzulassen. Aus dem Innern von Bars, aus denen man früher nichts als das Surren des Ventilators und das Klappern von Dominosteinen gehört hat, brüllen Musikautomaten. Die Jugend kurvt auf der *plaza* mit Motorrädern herum, wartend, daß endlich die Disko aufmacht.

Die schwarzgekleideten Frauen, die bis vor wenigen Jahren Spanien buchstäblich verkörperten, sind zu seltenen Erscheinungen geworden. Hin und wieder huscht noch ein solches Mütterchen über die Straße, rüber ins Haus des Enkels, der in Deutschland gearbeitet hat und in dessen Wohnzimmer J. R. Ewing wieder mal seinen Bruder Bobby reinlegt.

Das alte Spanien, auch das alte Andalusien, ist untergegangen. Nicht im Bürgerkrieg. Und nicht in den despotischen Schreckensjahren danach. In den letzten zehn oder fünfzehn Jahren, so nach und nach.

Vorbei die Zeit der honorigen Herrenrunden und der *patios,* der verschwiegenen Innenhöfe, in denen ein paar Geranientöpfe und der Strahl eines kleinen Springbrunnens den Zauber stiller Intimität erzeugten.

Die Gegenwart wird von Preßluftbohrern und ratternden Zementmischmaschinen beherrscht. Eine Gruppe marokkanischer Gastarbeiter zerlegt gerade das kleine Haus nebenan, die weiße Gartenmauer ist schon niedergerissen, und Rosenbusch und Jasminstrauch verschwinden unter einem Bulldozer.

Auch die Spanier haben inzwischen die Natur entdeckt, und am liebsten fahren sie mit ihren Autos dahin, wo lange vor ihnen schon die ausländischen Touristen waren, ans Meer.

Hier, in Tarifa, sind die großen, alles einebnenden Besucherströme noch nicht angelangt. Es ist zu windig in der Stadt, zu ungemütlich. Fast das ganze Jahr hindurch fauchen Stürme durch die Meerenge, und so kann man ungestört ein Gewirr verwinkelter Gassen durchstreifen, von denen keine den Gesetzen des rechten Winkels folgt. Tauben haben sich in den verfallenden Befestigungsmauern eingenistet. Verlassen sind der maurische Alcázar und die Burg Guzmán des Guten, eines kastilischen Feldherrn, der dadurch von sich reden machte, daß er seinen eigenen Sohn von den Mauren umbringen ließ, nachdem dieser in Gefangenschaft geraten war und die Feinde für seine Freigabe die Räumung der Stadt gefordert hatten.

Die Araber, die sich heute der Küste nähern, kommen legal ins Land. Es sind die Scheichs, die mit ihren eigenen Jets einschweben, um mit Hilfe von Petrodollars eine sehr andere Art der Rückeroberung einzuleiten.

Unweit von Tarifa, in Marbella, haben sie bereits eine Moschee errichten lassen. Und hinter den Paravents hoher Mauern residieren sie diskret in Palästen, die, bis in die Haremsgemächer, nobel mit Lift, Telefon und Aircondition ausgestattet sind.

Die Araber sind keine Beduinen mehr, so wenig wie die Spanier *caballeros* sind. Kamel und Pferd wandern ins Biologiebuch aus. Die Nomaden der Gegenwart bewegen sich im Auto, im Schnellzug, im Flugzeug, im Schiff.

Eben nähert sich ein Tragflächenboot, es gleitet auf seinen Kufen dahin, nimmt Kurs auf die Hafeneinfahrt. Schon wird es langsamer, taucht ins Wasser ein, wird stärker dem Seegang unterworfen.

Das Boot kommt aus Tanger. Es bringt ein paar muselmanische Touristen an Land, auch einige Amerikaner und fünf deutsche Alternativreisende. Doch die Fremden verlieren sich rasch.

Tarifa ist ein Nest, in dem nichts los ist und das keinen lange festhält. Kadetten sind unterwegs in ihre Lieblingsbar. Draußen, in der Meerenge von Gibraltar, ziehen Tanker und Frachter dahin — vom Mittelmeer in den Atlantik, vom Atlantik ins Mittelmeer.

Schon blinkt der Leuchtturm heller als die untergehende Sonne. Die Gassen leeren sich. Vor der Kaserne der Zivilgardisten geht ein Posten auf und ab. *Todo por la patria, Alles für das Vaterland.* Diese Zeiten sind vorbei. Wenn bloß keiner heute Nacht eine Bombe wirft.

In der Zeitung stand ein bemerkenswerter Satz: „Gegen Franco lebte es sich besser." Unzufriedenheit, Beklommenheit, in allen politischen Lagern. Gewiß, die Faschisten sind bei den letzten Wahlen beeindruckend abgeschlagen worden, und die meisten älteren Generäle, die eine Neigung zum Putschen hatten, wurden vorzeitig in den Ruhestand geschickt.

Spanien hat sich verjüngt, geistig wie biologisch — so sehr, daß man heute jeden, der über vierzig ist, als „verkalkt" bezeichnet.

Die *chicos,* die Jungen, die Felipe Gonzáles auch in sein Kabinett geholt hat, haben die Macht übernommen. Besser als die Alten werden sie es gewiß machen. Doch wird das ausreichen? Oder geht am Ende alles, wie anderweitig, unter in einer gefühlsfeindlichen Technokratie?

Durch die Gassen Tarifas weht der Wind, und er schiebt Sand vor sich her, kleine weißgelbe Dünen, die er am Strand zusammengewirbelt hat und die sich stadteinwärts bewegen.

Von zeittiefen Gärten und einsamen Küsten

Gabriel Miró, der Prosadichter von der spanischen Levante, hat zu Anfang unseres Jahrhunderts über Benidorm gesagt: „Lichterfüllter und friedlicher Ort. Zwischen den blauen Tönen schimmern Wände von Ährenspitzen, Konturen von der Leuchtkraft des Salzes. Häuser, die sich über zitronenfarbene Felsklippen neigen; Häuser mit Segelplanen wie Faluken. Zwischen den Rudern und Netzgestellen strömt ein Feigenbaum seinen heißen Duft aus, der so dickflüssig wie das Harz ist…"

Diese Worte, mit denen sich heute ein offizieller Prospekt des Ministeriums für Information und Tourismus schmückt, muten angesichts der brutalen Hochhaus-Architektur in und um Benidorm wie blanker Zynismus an.

Die menschenleeren Küsten, an denen nichts weiter geschah, als daß triumphierend das Meer aufstampfte, sind ebenso untergegangen wie die kleinen Fischerdörfer.

Am Mittelmeer, sagte Azorín, hat es niemals eine Renaissance gegeben. Eine Erneuerung aus dem Geist der Antike war hier einfach nicht nötig, weil das griechische Erbgut ununterbrochen wirksam blieb. Selbst in den Jahrhunderten arabischer Herrschaft fand das Leben in altgewohnter Weise statt: auf dem Feld, auf der Straße und auf See. Die Existenzform im Mittelmeerraum hat sich in Jahrtausenden weniger geändert als in den letzten Jahrzehnten.

Spanien hat den Anschluß an Europa gefunden. Es hat seinen strikten Isolationismus und seinen hochfahrenden Traditionalismus aufgegeben, jene eigensinnige Haltung, die zum Ausdruck kam in Miguel de Unamunos überpointierter Sentenz: „Überlaß die Zivilisation ruhig der Eisenbahn, dem Telefon, dem WC und versichere dich stattdessen der Kultur in deiner Seele."

Das alte Spanien, das mit den Waffen der Gegen-Raison, ja der Don-Quijoterie den Materialismus bekämpfte, verzichtet, obwohl es im Bürgerkrieg noch einmal alle seine reaktionären Kräfte zusammenzog, seit den fünfziger Jahren zunehmend darauf, seine Identität zu bewahren und die überkommenen Denkmuster zu retten. Das spanische Lebensgefühl, das früher weitgehend statisch war und das auch die Natur im wesentlichen als unveränderlich begriff, hat sich völlig gewandelt. Es ist dynamisch, aktivistisch geworden. Und auch die iberische Landschaft wird nicht länger als ein für allemal vorgegebene „natürliche" Landschaft angesehen, sondern als durchaus transformierbare Umwelt.

„Granada", so erinnerte sich Federico García Lorca an die Jahre seiner Jugend, „war so innerlich und still, daß die Luft aus der Vega verwundert durch die Gracíastraße hereinkam und bis zum Brunnen an der Plaza Nueva gelangte, ohne Lärm und Gesang anzutreffen." Dieses quasi zeitlose Spanien, in dem das Heute wie das Gestern war und in dem das Morgen wie das Heute zu sein versprach, kam in der Dichtung von Jiménez und den Brüdern Machado ebenso zum Ausdruck wie in der Prosa von Unamuno, Azorín und Miró. Zeit und Raum — bei Gabriel Miró sind sie noch nicht voneinander geschieden; vielmehr bilden sie ein Geflecht sinnenhafter Wirklichkeit, das beides enthält: *Años y leguas*, die Jahre und die Meilen.

Das köstliche Ambiente ländlicher Stille und atmosphärischer Gesättigtheit, das Miró überall zwischen Benisa und Alicante antraf, hat sich verflüchtigt, so daß man den einstigen Qualitäten fast nur noch in den pastellfarbenen und transparenten Wortwelten der Erzählungen begegnen kann: „Alles lag im angenehmen Schatten grüner Jalousien, die die ganze Kühle und Duftigkeit des Sommers auszudrücken schienen. Man fühlte nämlich, wie sich draußen die Rohstoffe des Sommers gleichsam zu einer Kruste verdichteten, und drinnen war allein die köstliche und reine Intimität... Durch das halb geöffnete Innengitter drang das jähe Erscheinen des schattigen, vertrauten Gartennachmittags... Früchte: Pfirsiche, Pflaumen, Birnen und Äpfel... und ohne es zu wollen, wissen wir sofort, in welchen wir beißen möchten."

Mirós Levante atmete in der Ungezwungenheit und Selbstverständlichkeit eines „Jetztbewußtseins". Alle vergangenen Jahre ließen sich „gefügig wie Lämmer" herbeirufen, und beim Trinken von Brunnenwasser in einer bestimmten Ortschaft erschien auf der Zunge „derselbe präzise Geschmack von Wasser und Durst wie damals".

Diese Welt, in der das Gefühl durch einfache, aber unverrückbare Dinge gedeckt wurde und in der sich die Sprache ihre Lust am Konkreten holte, ist längst unter Urbanisationen und Asphaltbändern verschwunden, und die Reste, die noch von der Landschaft übrigblieben, wirken unscheinbar, rudimentär.

„Die Zeit hat keinen Wert; die Zeit geht nicht vorbei; die Zeit ist hier ausgedehnter oder auch kürzer als anderweitig, wir wissen es nicht. Es ist einfach so, daß die Stunden verfließen..." So äußerte sich Azorín über die spanischen Gärten. Wie er hatte vor ihm Ganivet empfunden; Manuel de Falla komponierte in diesem Geiste seine von Zauberklängen erfüllten *Noches en los jardines de España*; und auch der junge Federico García Lorca erlebte die Landschaft noch ganz als einen aus Traumfäden gewebten vegetabilischen Gobelin.

Das alte Spanien der brunnentiefen Gärten und der einsamen Küsten ist längst ein Mythos geworden, ein aus zeitlicher Ferne anklingender exotischer Akkord, eine nostalgisch eingefärbte Reminiszenz.

Wenn Salvador Dalí in Erinnerung an seine Kindheit das Mittelmeer als ein blaues Tuch gemalt hat, dessen einer Zipfel von einem nackten Kind gelüpft wird, das verborgene Geheimnisse aufspüren will, so ist das Mediterráneo mittlerweile nichts als ein überfülltes Planschbecken, in dem Sporttaucher herumschnorcheln und in das hinein man immer mehr Stadt- und Industrieabwässer leitet, während man die Fischbestände dezimiert und nicht mehr nachzuzüchtende Pflanzenarten ausrottet.

Die Süßigkeiten der gnadenreichen Mutter

Zuerst hört man nur das Dröhnen von Trommeln. Dann, nachdem die Musikanten vorübergezogen sind, tauchen die ersten der fünfhundertsechzig Büßer auf.

Wir sind in Murcia im Südosten Spaniens, wo die Semana Santa, die Karwoche, auf besonders eindringliche Weise gefeiert wird. Schon am frühen Nachmittag war die Stadt von brodelnder Lebhaftigkeit erfüllt gewesen. Festordner hatten an den Straßenrändern in Dreierreihen Klappstühle aufgestellt. Und Verkäufer boten Quietschtiere, Luftballons und Zuckerwerk an. Kinder, mit den Gewändern von Büßern bekleidet, wurden von ihren Eltern durch die Menge gezogen. Und die *coloraos* selber, die Angehörigen der Laienbruderschaft vom Unvergleichlich Kostbaren Blut unseres Herrn Jesus Christus, mischten sich unter die erwartungsvollen Passanten, bevor sie an der Carmen-Kirche ihren Zug formierten, die Mittwoch-Prozession, die sich jetzt auf den Río Segura zubewegt.

Die Büßer, die gemessenen Schrittes durch die Dunkelheit ziehen, haben riesige Holzkreuze auf den Schultern, oder sie tragen Kerzen vor sich her. Ihre Gesichter sind unter steifen Kapuzen versteckt, und manchmal sieht man hinter den Sehschlitzen die Augen aufblitzen. Die vermummten Männer haben weiße Kordeln um den Leib geschnürt, und oberhalb dieser Gürtel ist ein Depot — dick ausgepolstert mit Bonbons, aber auch mit gekochten Eiern und Saubohnen. Immer wieder fassen die Büßer in die seitlichen Schlitze der Kutten und verteilen ihre Gaben.

Die Prozession hat gleichzeitig sakralen und profanen Charakter. Das kultische Gepränge beschwört Reminiszenzen an die Zeiten der Inquisition herauf. Doch die Mitglieder der Bruderschaft, so sehr sie auch der Realität und allen sozialen Bindungen entrückt zu sein scheinen, sind Menschen, die ihre Angehörigen unter den Zuschauern haben — und die von ihren Verwandten erkannt werden: „Schau, Mama, José, José!"

Bisweilen tritt einer der *coloraos* spontan an einen der Wartenden heran und wirft ihm, weil er ihn offensichtlich kennt, ein Ei oder eine Saubohnenschote zu.

Überall vibriert es vor Erregung — in den Fenstern und auf den Balkonen der Häuser, auf den Gehsteigen bei den wohlhabenden Bürgern, die sich Stühle gemietet haben, und unter den ärmeren Leuten, die dicht gedrängt hinter ihnen stehen und *caramelo, caramelo* rufen: Bonbon, Bonbon.

Nur sehr langsam kommt die Prozession voran, weil die schweren Gestelle mit den Heiligenfiguren immer wieder abgesetzt werden müssen. Die schwankende Lichterfülle eines jeden dieser *pasos* läßt die Menge entzückte Rufe ausstoßen. Wenn die Träger Rast machen, wischen sie sich den Schweiß von der Stirn. Und bisweilen zünden sie sich eine Zigarette an. Im Gegensatz zu den Kreuz- und Kerzenträgern haben sie unverhüllte Gesichter. Auch sind ihre Tuniken kürzer, und sie tragen weiße Kniestrümpfe und Spitzenunterröcke, die unter den weiten Kleidern sichtbar werden.

Am nächsten Abend, in der Nacht zum Karfreitag, wird es schweigend zugehen — an den Straßenrändern und erst recht im Zug der Büßer. Die Bruderschaft vom Allerheiligsten Christus der Zuflucht wird ihren Weg mit geschlossenen Lippen zurücklegen. Der Umzug heute jedoch ist von volkstümlicher Art. Väter halten ihre Kinder hoch, und Liebespaare laufen neben den *pasos* her.

Alle, auch die Erwachsenen, freuen sich, wenn ihnen ein Bonbon zufliegt, das direkt von der süßen Madonna kommt, von der gnadenreichen Mutter, die als einziger Mensch der Dreifaltigkeit beigeordnet ist und zwischen dem Irdischen und dem Himmlischen vermittelt.

Wieviel Atavistisches und Nichtchristliches in die Semana Santa eingeflossen ist, wird in Lorca klar, einer fast schon andalusisch anmutenden Ortschaft im Süden der levantinischen Provinz Murcia. Lorca, das römische Ilurco und das Lurka der Mauren, ist das Geburtsstädtchen Narciso Yepes', dem man hier, als er vier Jahre alt war, die erste Gitarre gekauft hat.

Daß der provinzielle Charme Lorcas mit Mängeln verbunden ist, bekommen wir gleich bei unserer Ankunft zu spüren: als wir etwas essen wollen, aber verblüfft feststellen, daß alle Restaurants geschlossen sind. Weil doch heute Feiertag, Karfreitag, ist. Da bleibt uns nichts weiter übrig, als in eine Bar zu gehen und zum Bier reichlich *tapas* zu bestellen — Appetithäppchen.

Wir blättern *Línea*, die Zeitung aus der Provinzkapitale, durch und finden eine kleine Bildreportage über einen Mann namens Antonio, der mit einem fünfundsechzig Kilo schweren Kreuz präsentiert wird. Beim Anblick dieses Büßers erinnern wir uns an die Prozession, die wir am Morgen, vor unserer Abreise, in Murcia gesehen haben und bei der uns einige Umzügler aufgefallen waren, die zwei oder gar drei Kreuze trugen. Die Bürde, die mit den Kreuzen geschultert wird, ist jedoch nicht unbedingt ein Zeichen religiöser Opferbereitschaft. Das demonstrierte ein Büßer, der zwar schwer an seinen drei Kreuzen schleppte, der aber dauernd in die Menge winkte und so die Aufmerksamkeit auf seine Person, auf seine kraftmeierische Leistung, zog.

Wie in vielen spanischen Bars hängen auch über unseren Köpfen gewaltige Schinken, die an der Luft getrocknet werden. Unter den Keulen, in sie hineingespießt, befinden sich Metallschälchen, die dazu dienen, das abtropfende Fett aufzufangen. Eine Katze, die hinter der Theke neben den Füßen des Wirtes sitzt, springt mit einem Satz über den Rost, auf dem die *tapas* schmoren, setzt kurz auf der Vitrine ab und verschwindet durch den Perlvorhang nach draußen.

Lange vor dem Beginn der abendlichen Prozession füllen sich die Straßen mit flanierenden Menschen. Die älteren Männer und Frauen sind feiertäglich herausgeputzt. Doch die jungen Leute geben sich auch hier salopp. Vor uns steigt ein Liebespaar über das Kopfsteinpflaster eine Gasse hinauf. Das Mädchen trägt einen roten Pulli und Jeans. Der Freund hat den Arm um den Rücken seiner *novia* gelegt, und seine Hand, die in ihrer Gesäßtasche ruht, ist in engstem Kontakt mit dem wippenden Po.

Gegenüber der Casa de los Guevara, deren säulengerahmten und mit Wandteppichen behangenen Innenhof man heute zur Besichtigung freigegeben hat, befindet sich ein unscheinbarer Eingang, durch den die Leute auf einen Hof streben, der von Tiergeruch erfüllt ist. Hier sind in einem großen Stall, über dem Wohnräume liegen, die Pferde untergebracht, die bei den Darbietungen in diesem Städtchen eine so große Rolle spielen. Die Knechte flachsen mit zwei Jungen, die in dunklen Trikots stecken. Überdimensionale Flügel, die an den Schultern befestigt sind, schwanken in der Nachmittagsbläue, als sich die beiden teuflisch verrußten Engel aufmachen, die Spaziergänger zu erschrecken.

Ernsthafter, andächtiger als in Murcia, wo wir in der Prozession einen Mann gesehen hatten, der abwechselnd auf seiner Fanfare blies und aus einer Bierflasche trank, feiert man die Vor-Osterzeit im ruralen Lorca. Die Menschen, die nachts die Gassen säumen, erleben das Defilee der Büßer mit echter, ja naiver Begeisterung. Sie bringen den lichtumflackerten *pasos* laut ihre Bewunderung dar. Und sie brechen in Ovationen aus, wenn die wiehernden Pferde auf die Hinterhand gestellt werden — von Reitern, die mit farbenprächtigen arabischen Gewändern angetan sind.

Ist die Semana Santa in Murcia vor allem wegen der von Salzillo geschaffenen Heiligenfiguren berühmt, und erhalten die Feierlichkeiten in Cartagena ihre besondere

Note durch die spürbare Anwesenheit des Meeres und die Beteiligung des Militärs, so erlangt die Heilige Woche in Lorca ihre Einmaligkeit durch den phantasievollen Umgang mit der Geschichte.

Trommeln, Trompeten; und die Echos vergangener Bilder. Wie selbstverständlich wechseln bei den Umzügen maurische Reiter mit zu Fuß heranziehenden Burschen ab, die mit naivem Stolz die Brustpanzer und die goldenen Helme römischer Legionäre tragen.

Tragt mich zum Friedhof in alten Schuhen

Die Gegend südlich von Alicante gilt als heißeste Spaniens. Besonders die Zone um Elche, wo es den größten Palmenhain Europas gibt, wird im Volksmund als „Bratpfanne" bezeichnet. Doch setzt sich der afrikanische Charakter der Landschaft auch in Richtung Murcia fort. Das merken wir, als wir im Bus nach Orihuela fahren.

Vor uns sitzt eine Frau, die sich jedesmal, wenn der Bus anruckt, bekreuzigt. Auf Felsen und auf höher gelegenen Feldern sehen wir immer wieder einen jener überdimensionalen Stiere, die sich mit ihren schwarzen Pappsilhouetten von dem Ocker des Gebirges und dem Blau des Himmels abheben. Doch wird hier keinesfalls die Existenz von Stierzüchtereien angezeigt; vielmehr weist Spaniens bekanntester Brandy-Hersteller mit tiefenpsychologischer Treffsicherheit auf sein Erzeugnis *Osborne* hin.

Wir durchfahren Dörfer, in die die Zivilisation bisher nicht viel mehr als eine Asphaltstraße hineingetragen hat. Aber trotz der offenkundigen Armut, die man von vielen Häusern ablesen kann, wirkt das ländliche Elend längst nicht so deprimierend wie der proletarische Schmutz, den wir an den Rändern Madrids und anderer Großstädte sahen.

Orihuela, der Geburtsort des Dichters Miguel Hernández, ist eine Stadt, die, obwohl in ihr fast 50 000 Menschen wohnen, einen wenig urbanen Eindruck macht. Wir erkundigen uns, ob das Geburtshaus des Poeten noch stehe, und von drei saturiert aussehenden Herren bekommen wir eine geradezu enthusiastische Auskunft. Ja, natürlich, alles sei noch ganz wie einst. Wir sollten uns einfach zur Calle Arriba durchfragen.

Calle Arriba, Hohe Straße. Tatsächlich liegt die Gasse am äußersten Rande der Stadt, und eine der Häuserreihen ist bereits an einen Berg gelehnt, der unvermittelt aufsteigt und in dessen vegetationsloses Grau kein Weg hinaufführt.

Ein Mütterchen, das im Schatten seines Hauses auf einem kleinen grünen Stuhl sitzt, fragt uns, ob wir Franzosen seien. Hier wären nämlich schon einmal Franzosen gewesen, die hätten auch nach dem Dichter gefragt.

Das Haus befindet sich nur wenige Schritte weiter, es trägt die Nummer 73. Als wir vor dem niedrigen Gebäude stehen, bemerken wir ein Straßenschild, das an der Fassade befestigt ist:

Calle
del poeta
Miguel Hernández

(Also hat das Regime sich entschlossen, seinem Opfer eine gewisse posthume Identität zuteil werden zu lassen.) Um die Alte hat sich inzwischen ein halbes Dutzend Frauen versammelt. Und als wir herantreten und wissen wollen, wo denn der Dichter die Herde seines Vaters gehütet habe, gibt man uns den Bescheid: „Unten, außerhalb, bei den Palmen."

In diesem Augenblick treibt ein Mann braune und schwarze Ziegen an uns vorüber, und die alte Frau zeigt auf den Hirten: „So wie er, so wie er ist er hier lang gezogen, und immer hat er ein Buch bei sich gehabt." Als wir uns erkundigen, ob in dem Haus noch Angehörige des Dichters wohnen, verneinen die Frauen. Der Bruder lebe heute in Madrid, manchmal käme noch Post von ihm. Und die Frau sei ebenfalls fortgezogen, nach Alicante, wo Miguel Hernández ja auch bestattet sei.

Zwei Tage später sehen wir das Grab. Man kommt mit einem ziemlich ausgedienten Stadtbus, mit der Linie 13, zum Friedhof. Doch trotz der ausführlichen Beschreibung, die uns der Beamte in der Administration gibt, können wir die Stelle nicht finden. Ein Gärtner, der uns eine Weile beobachtet, meint, wir würden wohl bestimmt die Beisetzungsstätte des Falangegründers Primo de Rivera suchen.

Als der Mann erfährt, daß wir Deutsche sind, führt er uns zunächst zu dem ungeweihten, dem „protestantischen" Teil des Friedhofes, wo — unter dem Emblem des Hakenkreuzes — in einem Massengrab über 30 deutsche Seeleute liegen, die bei Calpe gefallen sind.

Wir werden weitergeleitet, und bald stehen wir vor einer jener fünf Etagen hohen Mauer, in denen die Toten wie in Schubfächern aufbewahrt werden. Das Grab von Miguel Hernández hat die Nummer 1009.

Dieser seiner Herkunft (nicht seinem Werk) nach einfachste aller spanischen Dichter, dem nur ein dreijähriger Lese- und Schreibunterricht bei den Jesuiten zuteil wurde, bezahlte die Standhaftigkeit, mit der er sich für die Unterdrückten einsetzte, mit dem Leben. Denn obwohl er, der nach dem Bürgerkrieg Inhaftierte, seine Freiheit hätte erlangen können, lehnte er die Rettung ab: weil sie eine Loyalitätserklärung für das faschistische System voraussetzte.

Zwar hatte Hernández, der jahrelang in Gefängnissen mißhandelt worden war, inzwischen die Hoffnung fast vollständig aufgegeben. („Wir konnten nicht wir sein. Die Erde / vermochte soviel nicht..."), aber die Nachrichten vom ständigen Hungern seines Kindes und schließlich von dessen Tod („Keiner fühlt uns in der Erde, / wo du die Kälte wärmst.") festigten seinen Charakter, während sein Körper bereits verfiel. Miguel Hernández starb am 28. März 1942 im Gefängnislazarett von Alicante im Alter von 31 Jahren:

Tragt mich zum Friedhof
in alten Schuhen.

Das Unscheinbare hat das Wort

Auf der Reyes Católicos in Granada

Der halbwüchsige Zigeunerjunge, der sich gestern noch als Amateur betätigt hat, ist seit heute morgen zum Schuhputzer eines Cafés aufgerückt. Er trägt nun einen langen blauen Kittel mit einem goldenen Schild, und sobald sich ein Gast an einem Tisch niederläßt, nähert er sich ihm und weist auf die Insignien seines neuen Amtes.

Eben hat er einen Amerikaner erwischt. Er fettet die Riemen der Sandalen ein, so ungestüm, daß die lila Socken große braune Flecken abbekommen. Zuerst muß er noch rasch seinen jüngeren Bruder abwehren, der sich des linken Beines zu bemächtigen versucht. Nun aber wirbelt er die Bürste durch die Luft, wirft sie — klatsch! klatsch! — von einer Hand in die andere und wienert drauflos. „Ya está!" — „Fertig!" Der Zwischenbescheid, der bloß besagen will, daß der Amerikaner das andere Bein hochstellen kann, klingt ruppig wie ein Befehl.

Schließlich, als der Junge Anstalten macht, sich auch noch der Wildlederschuhe der Frau anzunehmen, kriegt er schnell eine Fünfzig-Peseten-Münze in die Hand gedrückt. Er ist sprachlos und läuft von Tisch zu Tisch, um das Geldstück vorzuzeigen, das er immer wieder hochwirft und auffängt.

Er improvisiert ein paar Tanzschritte, faßt mit einer Hand an den Pfahl der Taxi-Haltestelle und saust im Kreise herum. Einer der Fahrer schnauzt ihn an. Ob er denn nicht merke, daß er die Metallstange lockere.

Von nun an langweilt er sich maßlos. Er macht sich an neue Gäste heran, wird aber abgewiesen. Da kann es ihn auch nicht freuen, als ihm jemand für nichts zwei Peseten schenkt. Er will arbeiten. Und so hellt sich denn seine Miene erst auf, als der alte rothaarige Kellner auf einem der Korbstühle Platz nimmt, sich einen Zigarettenstummel ansteckt und ihm die hohen schwarzen Schnürschuhe für eine grandios gekonnte Gratis-Schuhputz-Nummer überläßt.

Tapa-Kneipe

Die Bestellungen werden laut weitergegeben, die Kasse klappert, der Fernseher läuft, das Radio dröhnt ebenfalls, aber niemand sieht hin, niemand hört hin, man redet, gestikuliert, die Diskos drehen sich, die Spielautomaten rattern, klingeln, blitzen auf, Teller und Gläser werden geräuschvoll abgewaschen — und dazu singt der Kanarienvogel, einen kurzen strahlenden Moment lang, doch er ist lauter als sämtliche Automaten und Menschen zusammen.

Der Wirt notiert auf dem Schanktisch mit Kreide die Zeche zu einer kleinen Rechenaufgabe, und als wir bezahlen, streicht er die Summe noch rasch mit einem großen Kreuz durch, bevor er gleich darauf das Ganze mit Grandezza auswischt.

Herrenreiter

Eine Sommernacht. In einer Nebenstraße der Granadiner Innenstadt zügeln vor dem Hintereingang eines Restaurants acht Reiter ihre Pferde, die sie geschickt durch den Verkehr haben traben lassen.

Die Reiter lassen sich von Kellnern ein Tablett mit *manzanilla*-Wein reichen, und während sie auf dem Rücken der Pferde sitzen bleiben und die *copas,* die schlanken Gläser, in der Hand halten, tänzeln die Pferde, vier Apfelschimmel, drei Braune und ein Falbe, auf dem Kopfsteinpflaster.

Ein kurzer Aufenthalt. Dann setzt sich der Trupp in Bewegung, und ganz in der Nähe, vor einer Bar, wird wieder haltgemacht, und das stolze hochmütige Zeremoniell beginnt von vorn.

Johannisnacht in Lanjarón

Wenn man Granada in Richtung Süden verläßt und das häßlich-zersiedelte Weichbild der Stadt und auch den alten Flugplatz Armilla hinter sich gelassen hat, gelangt man auf der Straße nach Motril an eine Paßhöhe, die den Namen Suspiro del Moro, Maurenseufzer, trägt.

Von hier oben hat der letzte arabische Herrscher auf der iberischen Halbinsel, König Boabdil von Granada, einen Abschiedsblick auf die Alhambra und die Hauptstadt seines Reiches geworfen, die höhnenden Worte seiner Mutter im Ohr: „Wenn du gekämpft hättest wie ein Mann, brauchtest du jetzt nicht zu weinen wie eine Frau."

Boabdil, der den Katholischen Königen 1492 widerstandslos den Schlüssel zum Stadttor übergeben hatte, soll nach seiner Vertreibung noch einige Jahre in den Alpujarras gelebt haben, im Gebiet der südlichen Sierra Nevada, wo sich bis heute die weiße Würfelarchitektur der Mauren erhalten hat.

Kurz vor der Abzweigung ins Gebirge sind bei Lecrín die Reste eines arabischen Friedhofs zu finden, in dem die muselmanischen Könige und ihre Angehörigen beigesetzt wurden, als letzte Persönlichkeit die Frau Boabdils, der es erspart blieb, ihrem Gatten ins Exil folgen zu müssen.

Die Alpujarras sind immer noch eine Gegend mit ausgeprägtem Eigencharakter. Zwar wurden die Mauren in den Tagen der Inquisition vollständig ausgerottet oder übers Meer vertrieben, doch sie haben den christlichen

Eroberern ihre schönen Städtchen und Dörfer hinterlassen, die intimsten Plätze und verwinkeltsten Gäßchen ganz Andalusiens, in die inzwischen freilich auch Autoverkehr und — zum Glück noch zögernd — Tourismus eingedrungen sind.

Ein *pueblo,* das schon lange den Umgang mit Fremden kennt, ist der kleine Kurort Lanjarón, der am Fuß des 3053 Meter hohen Cerro del Caballo liegt.

Nach Lanjarón kamen nicht nur Heilungssuchende, sondern auch Künstler, die in der Umgebung des Städtchens Kontakt mit der unberührten Bergnatur aufnahmen.

Lorca nährte in den Alpujarras seine Träume von einem insgeheim noch immer gegenwärtigen „Königreich Granada". Er glaubte, in den nach Süden hin offenen Tälern mit ihrer subtropischen Vegetation Afrika mit Händen greifen zu können: „Hier, in Lanjarón, arbeite ich. Der maurische Akzent klingt aus der ganzen Sprache der Leute wider. Wind aus Afrika weht herüber, dessen Dunst man mit bloßem Auge sehen kann. Ohne Zweifel, hier herrscht eine *Form von Heimweh*, die antieuropäisch, aber nicht orientalisch ist. Andalusien." Und: „Inmitten der Sierra Nevada ist man im *innersten Wesen* Afrikas. Alle Augen sind schon vollkommen afrikanisch, mit einer Wildheit und Poesie, die das Mittelmeer erträglich macht... Seltsames und berberisches Andalusien."

Nun, im Zeitalter der Opec, ist der Islam als reale Macht über die Meerenge von Gibraltar zurückgekehrt, freilich nicht auf kriegerische Weise, sondern auf subtilere Art.

Die Ölscheichs haben sich an der Costa del Sol eingekauft, und in Marbella ruft ein Muezzin zum Gebet. Eine neuerliche *reconquista*, diesmal im Zeichen des Halbmonds! Angesichts internationaler Wirtschaftsverflechtungen und weltweiter Kapitalbewegungen bedarf es, um die Fahne des Propheten aufzupflanzen, nicht mehr so martialischer Mittel wie des Feuers und des Schwertes.

Auch in Lanjarón sieht man in den letzten Jahren während der Sommermonate einige Araber mit ihren verschleierten Frauen. Die Djellaba darf sich wieder offen zeigen, in Andalusien, dem alten arabischen al-Andalus.

An die Flanke eines Berges geschmiegt, ist Lanjarón ein langgezogenes Straßendorf — berühmt wegen seiner Quellen, aus denen das bekannteste Tafelwasser des Landes stammt, das in rot-grün etikettierten Flaschen abgefüllte *Lanjarón*. Das Wasser ist die Seele und, natürlich, auch die ökonomische Grundlage des Ortes.

Im Juni, Juli und vor allem im August sieht man ältere Herrschaften mit korbumflochtenen Deckelgläsern promenieren oder vor ihren Pensionen sitzen. Die Langeweile, die, hier wie anderweitig, einen wesentlichen Teil der Kur ausmacht, wird zur Sonnenwende unterbrochen durch die Veranstaltungen, die sich um die Johannisnacht ranken.

In Lanjarón steht über der Fiesta das Leitmotiv *agua y jamón, Wasser und Schinken.*

Die Laubbäume, die die Hauptstraße säumen, sind während der Festtage mit Palmwedeln und Ginster umwunden. Und von einer Straßenseite zur anderen ziehen sich Lichtgirlanden und Schnüre mit Fähnchen, die das Gelbrot Spaniens und das Grünweiß Andalusiens flattern lassen... in luftiger Koexistenz mit übriggebliebenen Wahlkampfplakaten.

Der Auftakt des San-Juan-Festes, das sich über mehrere Tage hinzieht, wird auf dem Platz vor dem Rathaus mit der Darbietung von *sevillanas,* der beschwingtesten Form von Flamencotänzen, begangen.

Später, in der Johannisnacht, findet ein Spektakel statt, das die Bewohner von Lanjarón, Groß und Klein, schon Stunden vorher in helle Aufregung versetzt. Um Mitternacht gibt ein Böllerschuß die Straßen für 60 Minuten allen frei, denen es Spaß macht, die Passanten mit Wasser zu bespritzen.

Bereits kurz nach elf beginnen sich die Bars zu leeren. Immer mehr Kinder und Halbwüchsige mit Eimern flitzen umher, hin zu den zahlreichen Brunnen, aus denen frisches Sierrawasser sprudelt. Auch einige erwachsene Witzbolde sind unterwegs, unterm Regencape die Badehose; oder einen Rettungsring um den Hals.

Nach und nach sind alle Türen und Fenster verrammelt und die Leute, die sich in ihren Häusern verbarrikadiert haben, sehen zu, wie draußen die Horden auf- und abrasen und sich gegenseitig naß machen. Von Zeit zu Zeit stürzt außerdem von einem Balkon oder aus einem Fenster eine Wasserkaskade auf die längst völlig durchnäßten Akteure.

Am nächsten Morgen fiebert Lanjarón dem Volksfest entgegen, das im Park veranstaltet wird, am Ortseingang, unterhalb der großen Mineralwasserfabrik. Ein Bach, der aus den Bergen kommt, fällt in kleinen Katarakten nieder und speist die Parkbrunnen.

Die Brauereifirma Cruzcampo hat einen Wagen mit Fässern voll Freibier postiert, und überall unter den Pinien und den Eukalyptusbäumen drängen sich Menschen, die gelbe Pappmützen mit der Aufschrift *Cruzcampo* tragen. Auch Rotwein wird ausgeschenkt. Vor allem aber gibt es heute, am Namenstag des Heiligen Johannes, in Öl gebackene Teichkringel, eine Art popularisierter Oblate; diese Brotspende kommt am meisten den Armen zugute, von denen einige fett-triefende Pakete nach Hause tragen.

Das Festkomitee hat sogar Schinken verteilen lassen, den aromatischen, auf den Schneehalden von Bérchules getrockneten Sierraschinken. Doch die Portionen sind knapp bemessen, und es entwickelt sich ein Disput zwischen einigen unzufriedenen Männern und den Bediensteten an der Lastwagenrampe. Wütend werden leere Papiertabletts hinauf- und wieder heruntergereicht. Worte wie „Schiebung“ und „Unterschlagung“ fallen, und ein paar einzelne Schinkenscheiben, die die Gemüter besänftigen sollen, werden stolz und mit fast drohender Gebärde zurückgewiesen.

Weiter oberhalb, auf der Straße, wo inzwischen die wohlhabenden Bürger des *pueblos* die Bars, die Eisdielen und die Restaurants bevölkern, tändeln *señoritos* auf Pferden, die sie an der Kandarre halten. Hinter einigen Reitern posieren im Damensitz Mädchen, die sich in ihren duftigen Flamencokleidern mit den vielen Volants ausnehmen wie riesige bunte Schmetterlinge.

Gegen Abend dann, als auf dem Rathausplatz schon die Raketen für das mitternächtliche Feuerwerk montiert werden, nähert sich unter Trommelgedröhn ein Trupp uniformierter Jugendlicher. Vorneweg, in kurzen Lurexröcken, die Abteilung der Mädchen. Sie schwingen goldene Lamettabündel, wohl eine Versinnbildlichung reifen Getreides. Alles geht ziemlich zackig zu, ein bißchen wie bei der New Yorker Steuben-Parade.

Das Defilee, das sich phasenweise in gezirkelter Langsamkeit ereignet, läßt den Autoverkehr stocken. Der Bus nach Granada, der aus den Alpujarras zurückkommt, kann nur noch im Schrittempo fahren; hinterdrein zuckelt eine immer länger werdende Schlange von Pkws und Lkws.

Benzindunst verpestet die Luft und dringt durch die offenen Fenster und die Perlvorhänge in die Bars, die Wohnungen, die Apotheke.

Mitten im Verkehrsgewühl trabt ein Esel, der schwer mit einem Milchkannengestell beladen ist und der scheut, als erneut die Trommeln geschlagen werden.

Nur mit Mühe gelingt es dem Treiber, das Tier in eine Seitengasse zu drängen. Dort geht es steil abwärts, und die Hufe kommen auf dem Kopfsteinpflaster ins Rutschen.

Einen Augenblick lang sind die gelben Zähne des erschrockenen Tieres sichtbar. Dann faßt der Esel wieder Tritt, und der Mann führt ihn behutsam nach unten, in den ländlichen Teil des Dorfes.

Im Hochtal von Poqueira

Wir haben uns in Capileira einquartiert, in einem 1450 Meter hoch gelegenen Dorf der südlichen Sierra Nevada. Hier, in den ländlichen Regionen der Alpujarras, hat sich das patriarchalische Wesen des Spaniers ungewöhnlich rein erhalten. Die weit auseinanderliegenden Ortschaften werden nach Norden durch die Schneegipfel des Mulhacén und der Veleta gegen alle fremden Einflüsse abgeriegelt. Und der Bus, der von Granada aus nur einmal täglich bis nach Bérchules hinauffährt, wird fast ausnahmslos von Einheimischen benutzt.

Das in einem Hochgebirgstal über der steilen Schlucht errichtete Capileira hat weniger als tausend Einwohner. Die weiß getünchten Häuser, aus dem Gestein der umliegenden Berge gefügt, tragen den unverkennbaren Charakter maurischer Architektur. Sie türmen sich übereinander, und nicht selten liegen ihre flachen Dächer mit den konischen Schornsteinen auf einer Höhe mit den angrenzenden Wegen, auf denen Hühner gackern und Ziegenherden vorüberziehen. Manche Gebäude sind nichts als kubisch angeordnete Höhlen, deren Eingänge durch Vorhänge aus zusammengenähten Säcken abgeschirmt werden.

Wir sind die einzigen Gäste des Mesón Poqueira, eines Hauses, in dem unentwegt gemalert und gekalkt wird — vermutlich in der Absicht, den Flöhen und Wanzen beizukommen, die freilich in den alten durchgelegenen Betten uneinnehmbare Festungen besitzen.

In den Bergdörfern hat man nicht die Möglichkeit,

zwischen einem guten oder einem schlechten Hotel zu wählen. Jeder, der sich dazu entschließt, diese unvernutzte Landschaft nicht nur aus dem Auto- oder Busfenster zu betrachten, muß mit einer der einfachen Kammern vorliebnehmen, die man zum Preis von vier oder fünf Mark mieten kann. Unser Zimmer zum Beispiel ist ein winziger Raum mit einem nach Sonnenuntergang unangenehm kühlenden Steinfußboden, dessen Kacheln bei jedem Schritt klappern. Da hängt ein schiefes Waschbecken, und als Lichtquelle ist bloß eine verstaubte Glühbirne vorhanden.

Die Schlösser im Haus sind so angebracht, daß man, will man eine Tür zuschließen, den Schlüssel mit dem Bart nach oben ins Schlüsselloch stecken und ihn verkehrt herum drehen muß. Zudem lassen sich die Türen nur öffnen, wenn man die Klinke aufwärtsdrückt.

Für die Besitzer der *fonda* und ihre Gäste gibt es ein gemeinsames Badezimmer. Es ist — absurderweise — vom *comedor*, vom Speisezimmer, aus zu erreichen. Eine zweite Tür führt vom Baderaum in die Küche. Und diese Tür, hinter der man die hantierenden Mädchen schwatzen und kichern hört, hat in ihrem oberen Drittel ein großes Glasfenster, das man von der Wanne aus irritiert im Auge behält.

Das Essen im *mesón* ist Hausmannskost. Wir bekommen es an einem Tisch serviert, der nahe der Fenstertür steht, durch die wir auf die Hauptstraße sehen können. Eine Gruppe von älteren Männern, alle in schwarzem Sonntagsstaat, aber teilweise in Hausschuhen, bleibt palavernd stehen. Plötzlich, wie auf Kommando, setzen sich die Spazierstöcke in Bewegung. Doch weil der Disput gleich wieder eine Ruhepause erzwingt, werden die Honoratioren von zwei aneinandergebundenen Eseln überholt, die fast ganz unter ihrer Heulast verschwinden.

Die Tochter des Wirts, die uns das Essen bringt, trampelt wie ein Soldat. Sie stellt Teller und Schüsseln ab, lacht uns treuherzig an und läuft durch die winkligen Gänge des Hauses nach draußen, um uns durch die Glasscheiben zu beobachten und herauszubekommen, wann der nächste Gang fällig ist. Sodann poltert sie mit dem Hauptgericht heran, dem schließlich auf dieselbe Weise der Nachtisch folgt: *frutas secas con miel*, Walnüsse mit Honig.

Wie viele Menschen der südlichen Sierra hat auch unsere uncharmant-liebenswürdige Bedienung blondes Haar und blaue Augen. Die Bewohner dieser Gebirgsgegend stammen ursprünglich aus Galicia. Sie haben von den Mauren, außer der Art der Bewässerung und der Feldbestellung, auch deren architektonische Tradition übernommen. Ansonsten aber wurden die islamischen Siedler von den Gallegos ausgerottet beziehungsweise vertrieben, so daß es heute wohl nirgendwo auf der iberischen Halbinsel so viele reinrassige Nachkommen der christlichen Nordspanier gibt wie in Las Alpujarras.

Noch scheuer als in Capileira, wo die Dorfbewohner schon gelegentlich Kontakt mit Fremden haben, sind die Leute in Bubión. Diesen Ort, der etwas tiefer — jedoch in Sichtweite — liegt, kann man nur über die Landstraße erreichen. Zur Linken, an einem Steilhang, weidet eine auseinandergezogene Ziegenherde mit ihren Kitzen. Der Hirt wirft einem Bock, der sich verstiegen hat, seinen Stecken vor die Füße, um ihn zu den anderen Tieren zurückzuscheuchen. Das Wasser, das von den Bergen kommt, wird in einem System von Auffangbächen und Leitungen zusammengeführt, sodann in Becken gestaut und etappenweise ins Tal hinabgeleitet, um die terrassenförmig angelegten Felder zu benetzen.

Bubión ist ein armes Dorf. Die Gassen sind ungepflastert; überall liegen Ziegenködel; und von den Abflußrinnen her riecht es nach Urin. Aus einem schäbigen Haus, das aber durch eine leuchtend-blaue Pumpe geschmückt wird, tritt eine alte Frau. Sie sieht, wie wir gerade ihrer eingeklemmten Katze unter einem Holzstapel hervorhelfen, und sie winkt uns zu sich herein. Ein kleiner finsterer Raum, fast unmöbliert, und als Nebengelaß eine fensterlose Kammer, in der ein Metallbett steht. Auf dem Bettzeug liegt ein Sack mit Viehfutter, und über den Estrich laufen Hühner und Tauben. Das Bild der Muttergottes, das neben einem blinden Spiegel hängt, ist mit Wachsblumen geschmückt. Einige Erinnerungsstücke stehen auf der Kommode: Fotografien und ein aus rosa Wolle gefertigtes Häschen. Die Alte räumt einen Stuhl frei und bietet uns Milch an. Als wir uns verabschieden, küßt sie uns auf beide Wangen und schlägt das Kreuz. *Vaya con dios!*

Weil wir die Strecke nach Pampaneira nicht über die Serpentinen der Landstraße zurücklegen wollen, benutzen wir die Abkürzung durch die Felder, die uns die Alte beschrieben hat. Es geht vom Kirchplatz aus abwärts: zunächst durch einige Gäßchen; dann, nachdem wir aus der Ortschaft heraus sind, an Rinnsalen entlang. Der Pfad zwischen den beiden Dörfern ist ein Abstieg über Geröll und glitschige Steine. Oft müssen wir über nasse Stellen springen, doch auch so bleiben die Füße nicht trocken. Der Weg, wiewohl er strenggenommen gar nicht existiert, ist trotzdem nicht zu verfehlen. Immer wieder zeigt uns eine liegengebliebene Kindersandale, ein abgegangener Absatz oder eine nägelstrotzende Schuhsohle, wo es weitergeht — hinweg über den rutschenden Schotter.

Wir erreichen Pampaneira erst in der Nachmittagshitze. Weil es im Dorf kein Restaurant gibt, suchen wir eine kleine Bar auf, in der wir verdünnten Rotwein trinken und ein paar Streifen *jamón serrano* essen, den berühmten im Schnee gepflegten Schinken aus Las Alpujarras.

Gegen vier trifft der Bus der Transportes Alsina Graells nach Bérchules ein. Wir hören das Fahrzeug heranbrummen, nachdem es unten im *barranco* die schmale Brücke überfahren und das Wehr des Elektrizitätswerkes passiert hat. Der Schaffner, der uns seit unserer Anreise aus Granada kennt, begrüßt uns wie alte Bekannte. Als wir vor unserem *mesón* in Capileira aussteigen, weht uns der Abendwind entgegen, der von den Gletschern herabfällt und der nun kalt das Tal von Poqueira streift.

Nach dem Essen gehen wir durch die Gassen des Ortes, und wie jeden Abend beenden wir unseren Rundgang in der einfachen Kneipe, die sich neben unserer Unterkunft befindet. Hier verkehren die Landarbeiter. Sie kommen mit der Dunkelheit herein, legen ihre Hacken und Heugabeln auf die Tische und umstehen die Theke, hinter der zerrissene Stierkampfplakate und das Deckblatt eines alten Kalenders mit einer Busenschönheit hängen. Es gibt einen herben Rotwein. Und als *tapas*, als Beigaben, werden nicht die üblichen andalusischen Leckerbissen wie Leberstückchen oder kleine salzige Fische serviert, sondern nur rohe Zwiebeln und gewürfelte Häppchen grüner Gurke.

Andalusischer Sommer

Grillengezirp und über den Weg huschende Eidechsen. Es ist Abend, und die Sonne bescheint nur noch die obere Etage der gegenüberliegenden Häuser. Da beginnt in der schmalen Hauptstraße des Städtchens das große Promenieren. Die Menschen bewegen sich zum Ortsrand hin, wo heute in den Parkanlagen eine Kapelle spielen wird.

Auch eine Nonne ist mit ihren Zöglingen unterwegs, mit drei- bis fünfjährigen Mädchen, die grüne Trägerröcke und beigefarbene Blusen anhaben. Die Gruppe kommt an einem Geschäft vorbei, an dessen Tür Ansichtskarten aushängen. Eine der Kleinen bleibt stehen und drückt blitzschnell einer Karte einen Kuß auf. Drei, vier Mädchen tun es ihr nach. Die Nonne zieht die Kinder weiter und sagt vorwurfsvoll, daß man nicht einfach irgendwelche fremden Dinge mit den Lippen berühren dürfe. Da kräht das Mädchen, das die Karte entdeckt hat: „Aber es war doch die Madonna!"

Piropos, Schmeicheleien, die mit Anzüglichkeiten durchsetzt sind, fliegen defilierenden Halbzarten zu, die zu zweit auf und ab gehen, bis die Diskothek Miami aufmacht.

In der Oberstadt, wo die älteren Leute auf Stühlchen vor den Häusern sitzen und wo die Frauen mit ihren Fächern den ausgebliebenen Abendwind improvisieren, steht ein mit roten Holzblenden verzierter grüner Kiosk. Hier gibt es Sonnenblumenkerne, Salznüsse, Bonbons und Dauerlutscher. Damit auch die Allerkleinsten an das Fensterchen heranreichen, steht unter der Bude ein dreistufiger Tritt.

Plötzlich ein Aufschrei — eine fast noch volle Eistüte klatscht aufs Pflaster! Zwei Mädchen, Freundinnen, liegen sich in den Armen. Küssen sich, lachen. Und im Mund der einen sieht man noch das rosa Eis.

Jérez, Sherry-Stadt

Beim alljährlichen Winzerfest in Jérez de la Frontera versammelt sich die Bürgerschaft vor der Kathedrale.

Die Weinkönigin und andere Mädchen in der Tracht der Beerenleserinnen tragen Körbe voll Trauben die Stufen hinauf — mit der Bitte, die Trauben nach der Erteilung des Segens mit Füßen treten zu dürfen.

Dann werden die Körbe in Kelter entleert. Burschen mit Nagelschuhen stehen schon bereit.

Sobald der Saft zu fließen beginnt, läßt man Tauben zum Himmel aufsteigen, und das Echo wirft das Flügelgeknatter von Mauer zu Mauer.

Gegenüber der Stierkampfarena

Die Männer, die im Café gegenüber der Stierkampfarena bei ihren leeren Gläsern und Kaffeetassen sitzen, haben, wenn sie nicht gerade rauchen, fast alle einen Zahnstocher zwischen den Lippen. Dieser Zahnstocher wandert beim Reden langsam von einem Mundwinkel zum anderen. Sooft die Diskussion einen Höhepunkt erreicht, wird das Holzstäbchen wie eine Waffe gegen den Gesprächspartner gewendet... *No hombre...* Man verleiht seinen Argumenten mit einigen rasch vorstoßenden Bewegungen Nachdruck.

Sonntagvormittag im *pueblo*. Ein Geistlicher schlurft in staubigen Sandalen vorüber, und ein offensichtlich betrunkener Schuhputzer kommt über den Fahrdamm gewankt. Er gerät beinahe unter ein Lastauto und torkelt gegen die Hauswand, wo er seinen Kopf in eine Fensternische legt. Er wimmert, faßt sich an den Magen, rutscht zusammen und fällt über seinen Kasten.

Nach einer Weile erhebt er sich, schleppt sich gebückt an den Bordstein und erbricht Blut. Als er sich umdreht, geht es ihm besser. Er verzieht sein Gesicht, in das sich die scharfen Mundwinkelfalten des Magenkranken eingegraben haben, zu einem verlegenen Lächeln. Zwischen seinen Zähnen wird ein Blutrest sichtbar.

Der Mann klemmt sich seine Fußbank unter den Arm und nimmt den Kasten mit dem Schuhputzzeug auf. Dann wendet er sich den gleichmütig gebliebenen Gästen zu, von denen sich aber keiner die Schuhe putzen läßt.

Verwinkeltes arabisches Andalusien

Verwinkeltes arabisches Andalusien, angewandter Kubismus, lange vor Picasso und Juan Gris.

„Du wirst einen schönen Hund haben, der bei jedem Wind bellt und nur auf dich hört."

„Ich möchte dich zu meinem Amulett verzaubern, dann könnte ich dich direkt an meinem Herzen tragen."

Vorbei die Zeit, da in diesen Tälern die Mauren ihre Lieder seufzten. Heute plärren Schlager aus den Radios der Autos, die in ehemaligen Ziegenställen stehen, umfunktioniert zu Garagen von Geschäftsleuten aus Granada und Motril, die hier — nicht anders als auf Sylt — ihre Wochenenden in aufgekauften Bauernhäusern verbringen.

Die Idylle ist schäbig geworden, sie hat sich in einige wenige Winkel verkrochen, wo die Nostalgie der Großstädter ihrer noch nicht habhaft geworden ist.

Ein Postamt zum Beispiel, in einem *pueblo,* wo das vorige Jahrhundert überdauert. Blendendweiß gekalkt die Fassade. Ein Geranientopf. Ein Vogelbauer. Sonst weiter nichts.

Nur ein Hinweisschild: *Post*. Und daneben, in einer verschlossenen Tür, ein Briefeinwurfschlitz.

Das Sterben besorgen andere

„Das Zarte“, hat Juan Ramón Jiménez einmal gesagt, „ist in Spanien schon ein rechtes Problem.“ Diese Bemerkung, die, für sich genommen, eher beiläufig, ja harmlos klingt, bekommt eine tiefere Bedeutung, wenn man sie in Bezug setzt zur Grundeigenschaft des hispanischen Menschen, zu seinem Machotum.

Geprägt vom jahrhundertelangen Feldzug gegen die Mauren, ist der Kastilier, der in historischer, psychologischer und kultureller Hinsicht dominante Typ des Spaniers, ein Nachkomme jener unerbittlichen Ritter und Kriegsknechte, die alles Weiche, alles „Weibische“, in sich unter Verschluß hielten, um stark zu sein und stark zu bleiben für den nie endenden Waffengang mit den Muselmanen, die schließlich — nicht zuletzt wegen ihrer sublimeren und sanfteren Wesensart — besiegt und von der Halbinsel vertrieben worden sind.

Der Kampf als immerwährender Lebensinhalt hatte den Spanier zu einem stolzen und verschlossenen Geschöpf gemacht, das sich in sein Ich wie in eine Zwingburg zurückzog, wobei es zu einer Verkümmerung des Seelischen kam, in proportional umgekehrtem Verhältnis zum Ausmaß des Gewinns an politischem und sozialem Einfluß.

Die spanische Gesellschaft war hierarchisch gegliedert auf eine unveränderbare archaische Art. Der König beherrschte den Adel, der Adel unterjochte den Bauern, und der Bauer patronisierte Frau und Vieh. Alle Beziehungen waren auf repressiver Gewalt begründet, auch im Umfeld der Kirche, die mit ihren Verboten und Strafandrohungen bereits das Diesseits zu einem Vorraum der Hölle machte.

Als Folge der Angst- und Spannungszustände, unter denen das spanische Volk litt, bildeten sich Verhaltensweisen und Bräuche aus, die es ermöglichten, die Aggressionen abzuleiten.

Einer der Mechanismen zur Triebentlastung blieb, auch nach der Vertreibung der Mauren, der Krieg, der nach 1492 über den Atlantik getragen wurde, in die Neue Welt, die Columbus entdeckt hatte.

Andere Möglichkeiten der Kompensation waren die Inquisition und — der Stierkampf. Beide Phänomene hängen, verästelt in den verborgensten Wurzeln des Volkscharakters, miteinander zusammen.

Mit Hilfe der Inquisition wehrte der Spanier die Ideen der Aufklärung ab, die sein mittelalterliches Weltbild irritierten. Der christliche Glaube, in dessen Diensten der iberische *caballero* so viel Blut vergossen hatte, sollte nicht durch profane Einflüsse verwässert werden, durch ketzerische protestantische Gedanken, die auch zu einer Veränderung der Machtstrukturen führen mußten.

Der spanische Landedelmann und das von ihm unterworfene Bauernvolk verbarrikadierten sich gegen Europa. Sie zogen sich hinter den Pyrenäen auf sich selber zurück und entwickelten eine statische, ewigkeitsorientierte Zivilisation, die anhand des Kirchenkalenders ihre streng reglementierten Feste feierte.

Das Leben war bedrückend, düster, ohne Perspektiven und ohne Hoffnung auf Veränderung. Doch es gab drei Auswege, drei Fluchtwege: die abenteuerliche Reise übers Meer nach Amerika; den religiös-inbrünstigen (oder mystischen) Aufstieg zum Himmel; sowie, schließlich, den Stierkampf.

Die *corrida de toros* war seit der zunehmenden Säkularisierung im Schatten der französischen Aufklärung das wichtigste Ventil, das der Nation zur Verringerung des Binnendrucks im kollektiven wie auch im privaten Seelenhaushalt zur Verfügung stand.

Dem Stierkampf in seiner jetzigen Form, die sich erst im achtzehnten Jahrhundert herausgebildet hat, war die adlige Hatz zu Pferde vorausgegangen, ein turnierähnliches Töten, das einige Merkmale der Wildschweinjagd aufwies.

Bei diesen hochgemuten Selbstinszenierungen bravouröser Männer der oberen Stände spielte das Volk allenfalls die Rolle von Zaungästen, von gleichgültig geduldeten Gaffern am Rande des Kampfplatzes, der noch keine Arena im heutigen Sinne war, sondern der Platz vor dem Herrenhaus oder eine durch ein paar Viehschranken begrenzte Weide.

Der Stierkampf verwandelte sich vom Ritterspiel zum demokratisierten Massenspektakel, als — infolge institutionsimmanenter Gegenströmungen wie Jesuitentum, Mystik und Marienkult — die Inquisition ihre Unterdrückungspraktiken aufgeben mußte und als, im Zusammenhang hiermit, der von der Kirche gestützte Adel an Bedeutung und Einfluß verlor.

Auf den seniorialen Stierkämpfer, der hoch zu Roß gesessen und — *picador* und *matador* in einem — den Todesstoß mit der Lanze vollzogen hatte, folgte nun der *torero*, der sich unberitten in die Arena wagte.

Als einem Mann, der fast immer aus den untersten Schichten des Volkes stammte, machte es ihm nichts aus, daß er sich mit den Füßen im Staub zum Kampf stellen mußte. Er tat nur, was er auch schon früher getan hatte: auf Dorfplätzen, wo er Stiere unter Einsatz seines Lebens gereizt und getötet hatte, um durch sein verwegenes Gehabe Eindruck auf Mädchen und auf andere Burschen zu machen.

Der moderne Stierkampf hat, wenn seine Manager und deren Propagandisten ihn auch gern mit dem Mithraskult der Antike in Verbindung bringen, recht wenig mit alten Mythen zu tun. Vielmehr ist die *corrida* heutiger Aufbereitung die wirkungsvoll ästhetisierte Zusammenfassung vieler barbarischer Praktiken, die von der iberischen Landbevölkerung seit altersher ausgeübt werden und von denen manche bis in unsere Tage hinein stattfinden, so daß die in jüngster Zeit entstandene spanische Tierschutzbewegung empört nach einem Ende der grausamen Rituale verlangt.

Da werden Hähne in die Erde eingegraben und gesteinigt. Oder aber Hähne werden, mit dem Kopf nach unten, über einer Dorfgasse aufgehängt und qualvoll von Männern getötet, die unter ihnen hindurchschreiten und mit Messern oder auch mit bloßen Händen ihre Geschicklichkeit zur Schau stellen wollen.

In anderen Gegenden zieht man alte, kaputtgearbeitete Esel solange und so schnell an einem Strick übers Kopfsteinpflaster, bis sie stürzen, sich das Fell zerschinden und sich die Beine brechen; der Tod der Tiere, denen keinerlei Dankbarkeit für ihre lebenslange Geduld zuteil wird, ereignet sich unter dem Gejohle einer herzlosen Menge.

Auch der Stierkampf geht auf solche Atavismen zurück, bei denen unwissende brutale Menschen sich abzureagieren versuchen. Jedes Jahr wieder werden in spanischen Dörfern unbeschreibliche Gemetzel veranstaltet. Junge Burschen, die sich hervortun wollen, fallen mit Knüppeln, Steinen, Taschenmessern und Scheren über Jungstiere her, und nicht selten enden die Scheußlichkeiten damit, daß dem zusammenbrechenden Tier die Hoden abgeschnitten werden.

Der Wunsch, das eigene Mannestum durch die Kastration eines extrem potenten Geschöpfes öffentlich unter Beweis zu stellen, ist eine der Triebfedern der *corrida*, die auch noch bei den „verfeinerten", weil durch ein Reglement bestimmten Kämpfen in der Arena erkennbar wird... dann, wenn dem besiegten Stier ein Ohr, oder, in Umkehrung dieser symbolträchtigen Handlung, dem als Feigling entlarvten *torero* der Zopf abgeschnitten wird.

Ob auf dem Platz eines schäbigen, bedeutungslosen Dorfes oder in den imposanten Arenen von Salamanca, Ronda, Sevilla, Valencia, Pamplona und Madrid — die Mordlust des Publikums ist stets die gleiche. Die Olé-Olé-Schreie sind eine *capa* aus Blutrausch und Lebensverachtung, die durch die Lüfte geschwenkt wird, hinweg über die schicksalhaft miteinander ringenden *combatanten*.

Die Zuschauer, einfach, weil sie das Geld für eine Eintrittskarte haben entrichten können, vermögen gefahrlos ihre Tötungswut zu delegieren. Mag der *torero* oder mag sein schnaubender Kontrahent gewinnen, den Triumph unbeschadeter Genugtuung tragen so oder so die Voyeure davon. Sie brauchen sich, in jeder Phase des Geschehens, nur auf die Seite des Stärkeren, Geschickteren, des mit mehr Fortune Ausgestatteten zu stellen: Mann oder Tier, das bleibt sich letzten Endes gleich — auf den Rängen gibt es immer nur Sieger, nur Menschen, die andere für sich sterben lassen und die, abergläubisches Nachspiel uralter Besänftigungsriten, den vermeintlich auf lebendige Opfergaben versessenen Göttern Ersatzkandidaten anbieten.

Der Tod in der Arena ist ein Stellvertretertod. Aber er ist auch, weit von allen Mythen entfernt, ein Schaustellertod.

Als armer Teufel, der er vor seiner Karriere mit *capa, muleta* und Degen war, hat der *torero* sich bloß deswegen zum berufsmäßigen Töten von Stieren entschlossen, weil das Auftreten vor einem zahlungskräftigen Großstadtpublikum die einzige Möglichkeit für ihn bot, dem sozialen Elend zu entkommen.

„Hunger hat spitzere Hörner als der Stier." Dieser Satz, oft zitiert, ist der einfache Schlüssel zum Verständnis des Werdegangs vieler berühmter Stierkämpfer, die keine hohen Ideale kennen, sondern einfach viel verdienen und Autos, Landhäuser und schöne Frauen besitzen wollen.

Der *torero*, pointiert gesagt, ist in einem Dienstleistungsberuf tätig, in dem, jedenfalls sofern er in eine Spitzenposition gelangt, Einsatz und Gewinn ungewöhnlich hoch sind, doch in dem auch, hinter den Kulissen, besonders korrupte Geschäftsmethoden herrschen. Den Stieren werden, um die mit hohen PR-Einsätzen aufgebauten *matadore* zu schonen, vor den Kämpfen nicht selten die Hörner angefeilt; Zeitungskritiker erhalten Bestechungsgelder; kurz: alle Tricks des *big business* kommen zur Anwendung, schließlich geht es um Riesengewinne, allein die Züchter von Stieren verdienen jährlich 30 Millionen Mark.

Doch wenn die *corrida* auch längst zu einem vulgären und moralisch verrotteten Schauspiel verkommen ist, das oft nur ausländischer Touristen wegen veranstaltet wird — die Kultur Spaniens ist untergründig immer noch mit diesem grausamen Opferkult verbunden, von dem selbst der empfindsame Federico García Lorca gesagt hat, er mache den eigentlichen poetischen und vitalen Reichtum seines Landes aus und stelle überhaupt das kultivierteste Fest dar, das es auf der Welt gäbe. „Was würde", fragte der Dichter nicht ohne Pathos, „aus dem spanischen Frühling, aus unserem Blut und aus unserer Sprache, wenn die dramatischen Hörnerklänge des Stierkampfes nicht mehr ertönten?"

Auch Lorca, sonst ein Liebhaber zartester Stimmungen, bewunderte rückhaltlos die *fiesta nacional*, bei der biologische Aktivität und geometrische Präzision Abläufe von unvorhersehbarer Brisanz hervorrufen: „Der Stier hat seine Bahn, der *torero* die seine; zwischen beiden ist ein Gefahrenmoment — der Scheitelpunkt des furchtbaren Spiels."

Wie riskant die *corrida* für den Mann in dem von Gold und Silber durchwirkten „Lichtgewand" sein kann, sollte sich in Lorcas eigenem Lebenskreis zeigen: 1935, als sein Freund, der geachtete Stierkämpfer Ignacio Sánchez Mejías, der seinem Beruf bereits entsagt hatte, noch einmal in die Arena zurückgekehrt war und — getötet wurde, ein Unglücksfall, der dem Poeten Anlaß zu seiner berühmten Totenklage gab, die in ihrem ersten Teil immer wieder mit der stereotyp verwendeten Sentenz „am Nachmittag um fünf Uhr" rhetorisch aufgeladen wird:

Am Nachmittag um fünf Uhr.
Am Nachmittag war es um fünf Uhr genau:
Ein Knabe brachte das weiße Leintuch
am Nachmittag um fünf Uhr.

Ein Korb mit Kalk stand längst bereit
am Nachmittag um fünf Uhr.

Alles andre war Tod und nur Tod
am Nachmittag um fünf Uhr.
...
An den Ecken Gruppen aus Schweigen
am Nachmittag um fünf Uhr,

und nur der Stier erhobenen Herzens!
am Nachmittag um fünf Uhr.

Wie Lorca ein Dichter war, der sich für den Stierkampf interessierte, so war Sánchez Mejías ein Stierkämpfer, der sich für die Poesie interessierte, so sehr, daß er selber zum Literaten wurde und Theaterstücke verfaßte.

Sánchez Mejías, der auch, beraten von Lorca, als Begründer und Impresario einer Tanzgruppe von sich reden machte, die von der grandiosen Künstlerin *La Argentina* geleitet wurde, hat, aus einer grenzüberschreitenden Tollheit, den jungen Rafael Alberti einmal dazu gebracht, ihm in seiner *cuadrilla* zu dienen, eine Gehilfentätigkeit, die den Verfasser von *Matrose an Land* und *Die Geliebte* jählings erkennen ließ, daß es eine astronomische Entfernung gibt „zwischen einem Mann, der sich über ein Sonett beugt, und einem Mann, der frei und schutzlos in der Sonne steht, vor sich... diesen Blitzstrahl, der ein eben aus dem Zwinger gelassener Stier ist".

Ein anderer folgenreicher Frontenwechsel zwischen Tauromachie und Poesie kam ebenfalls durch Sánchez Mejías zustande, in der Mitte der zwanziger Jahre, als der kunstbesessene *torero* herausfand, daß der in der Provinz Sevilla lebende Stierzüchter Francisco Villalón Gedichte schrieb.

Villalón, von dem es hieß, er ließe in trockenen Jahren seine Kutsche grün anstreichen, damit es auf der tellerflachen Landschaft seiner niederandalusischen Heimat wenigstens ein bißchen Grünes gäbe, wurde bald von den Dichtern der 27er Generation, besonders von Lorca und Alberti, als einer der ihren anerkannt.

Zwar waren seine Verse — symptomatisch für einen beflissenen Autodidakten — mit Bildungsgut überladen und mit Versatzstücken durchsetzt. Doch wo der Dichter die Lösungen nicht mit antikisierenden Mitteln und durch mythologische Deutungsversuche anstrebte (etwas, was er besonders in *La toriada*, einem Riesenpoem über den Stierkampf, nicht vermied), gelangen ihm Verse, die durchtränkt von Ambiente der Marismas sind, des sumpfigen Gebiets nördlich der Guadalquivirmündung:

> Mein Pferd, jetzt ist es müde,
> müde, mein Marschlandpferd,
> das weder Angst vor Stieren hat,
> noch vor Degenreitern.
>
> Bei Tagesanbruch,
> Musik von Kuhglocken und Sporen,
> kreuzen sich
> die Treiberspieße.

Der Kampfstierzüchter Villalón und der *torero* Sánchez Mejías verkörpern die glanzvolle Seite des Stierkampfes. Sie gehörten beide der Oberklasse an, und was sie taten, geschah nicht aus Not, sondern aus Leidenschaft — anders als bei den meisten *matadoren*, die sich nur deshalb der „Stunde der Wahrheit" stellten, weil sie dem Elend entkommen wollten, so wie der berühmte El Cordobés, der in jungen Jahren sein Leben als Hühnerdieb hatte fristen müssen.

Toreros sind, wie Juan Goytisolo festgestellt hat, gleichgültig gegenüber der vermeintlichen Metaphysik ihres Handwerks. Die Glorie wird von ihnen als Mittel zum Zweck begriffen: als Gelegenheit, sich über das Gros der Hungerleider zu erheben, aus deren Mitte sie stammen.

Doch wie groß der Erfolg auch sein mag — jeder *torero* weiß, wie wetterwendisch das Glück und wie zerbrechlich der Pokal seines Ruhmes ist. Ein Schritt in die falsche Richtung, und die Bahre, das „Wachstuch", machen der Szene ein Ende. Ein Schritt in die andere Richtung, und es hagelt Flaschen, Krüge und was sich sonst als Wurfgeschoß eignet, alles fliegt unter Gespött und Gejohle in die Arena, von dort her, wo Selbstgefälligkeit und Mordlust unauflösbar miteinander verbunden sind.

Nie hätte man es im Mittelalter oder in der Zeit des Barock gewagt, einem *rejoneador*, einem berittenen Stierkämpfer adliger Herkunft, im Falle des Versagens oder eines feigen Ausweichens Schmähworte zuzurufen, wie sie der zu Fuß agierende *torero* hören muß, der sogar dann, wenn er sich höchster Anerkennung erfreut, nicht wie eine Respektsperson behandelt wird, sondern viel Schultergeklopfe und Kumpanei ertragen muß; niemand spricht ihn als „Don", als „Herr", an, man nennt ihn schlicht beim Vornamen, beim Spitznamen sogar.

Der *torero* ist eine Figur, die für Geld etwas tut, von dem die anderen wollen, daß sie es auch fertig brächten — ohne Geld, nur aus männlicher Kraft und in machohafter Pose.

Wohl gibt es auch Frauen, die sich todesmutig in die Arena wagen. Doch sie sind die Ausnahme. Außerdem gehört das Feminine beim Stierkampf durchaus dazu: als das gewöhnlich Ausgesparte, wenn auch zutiefst Komplementäre.

Picasso, dessen Intuition größer war und tiefer reichte als die psychologische Ausdeutungskunst, hat nicht nur Frauen gemalt, die dem Stier (und dem Minotaurus) als *matadore* gegenüberstehen. Er hat auch den Stier selber dargestellt als ein Wesen, das keinen erkennbaren menschlichen Feind hat und den Degen gegen sich selber erhebt.

Anhand von Picassos sublimen Hinweisen ließe sich, mit aller Vorsicht, folgende Hypothese entwickeln: die *corrida* ist die nach außen projizierte und in den Akteuren der Arena gleichsam sichtbar gemachte Inszenierung eines verborgenen Seelendramas, das in der Brust eines jeden Zuschauers stattfindet.

Der durch die Lanzenreiter geschwächte und fortan mit seinem gesenkten Nacken zur richtigen Kopfhaltung gezwungene Stier gibt dem Betrachter ebenso die Möglichkeit zur Identifikation wie der *torero*, der mit einer Abfolge von mehr oder weniger eleganten Schritten imponiert, wobei er unmerklich von der Defensive in die Offensive übergeht.

Man hat davon gesprochen, daß die Bewegungen, die ein *torero* vollführt, zunächst graziös und weiblich wirken, dann aber immer härter und männlicher werden.

Der *torero* — El Cordobés hat das bis zur Frivolität zu steigern gewußt — dreht dem Stier seinen Unterleib zu, fast, als wolle er sich auf lustmörderische Weise deflorieren lassen.

Bei der *corrida* sind Eros und Thanatos ebenso im Spiel wie Anima und Animus.

Der Mann im Publikum kann sich als sexuelles Wesen mit der Kraft und der Wildheit des Stieres eins fühlen. Doch dem bewußten Machotum steht die unbewußte Überantwortung an den *torero* entgegen. die von dem ganz im Männlichkeitswahn befangenen passiven Teilnehmer psychologisch nicht durchschaut wird.

Weil der Stierkämpfer die todbringende *espada*, den langen Stoßdegen, in der Hand hält, kommt niemand auf die Idee, in ihm die Versinnbildlichung des Weiblichen zu erblicken, das — von Dirnen und Tänzerinnen einmal abgesehen — in Spanien ja nie an die Öffentlichkeit trat, sondern immer nur im Verborgenen existierte: als ans Haus gefesselte Frau oder (innerpersonale Entsprechung der externen gesellschaftlichen Situation) als vom Mann in sich selbst unterdrückte Anima.

Dem Spanier, Jiménez hat es erkannt, fehlt der Sinn fürs Zarte, Gemütshafte, Lyrische, Weiche. Aus Opposition zu dieser Dominanz des Machohaften schuf der Autor in seiner andalusischen Elegie *Platero und ich* die Gestalt eines liebenswerten Esels mit struppigem Silberfell, das Grautier Platero, das er zum Vertrauten seines Herzens machte: „Schau, Platero, was sie aus dem Fluß gemacht haben, mit ihren Bergwerken, mit ihrer hartherzigen, lieblosen Raffgier. Sein rotes Wasser ist heute abend kaum noch imstand, da und dort, zwischen violettem und gelbem Schlamm, einen Schimmer der sinkenden Sonne aufzufangen; und nur noch Spielzeugschiffchen können in seiner Rinne fahren. Welche Armseligkeit!"

Platero, dem Gefährten seiner Einsamkeit, teilt der Poet in den prosagedichtähnlichen Skizzen seines Buchs Stimmungen, Dinge und Sachverhalte mit, die er den unsensiblen Mitbewohnern seines Dorfes gegenüber nie äußern würde: „Der Brunnen... Platero, was für ein urtiefes, urdunkelgrünes, urfrisches, urklangvolles Wort!"

In dem Stück *Die Esel des Sandhändlers* demaskiert Jiménez die Brutalität und Gleichgültigkeit, die in Spanien überall auf dem Lande den Tieren zuteil werden. „Schau, die Esel am Ufer des Quemado — langsam, niedergedrückt, unter ihrer ausladenden Traglast, der roten Masse nassen Sandes, worin, wie im Herzen, tiefeingestochen der stachlige Knüttel steckt, der frisch vom wilden Ölbaum geschnittene Knotenstock, mit dem man sie schlägt..."

Wie anders die Einstellung, die der Dichter der Kreatur gegenüber einnimmt: „Du, wenn du vor mir stirbst, mein Platero, wirst nicht auf der Karre des Büttels fortgeschafft, hinaus ins endlose Marschland oder in die Schlucht neben dem Weg zum Bergwald, wie die anderen armen Esel, wie die Pferde und die Hunde, die keinen haben, der sie mag. Du wirst nicht daliegen mit entfleischten, blutverschmierten, von den Raben bloßgelegten Rippen... hab keine Sorge, Platero. Ich werde dich am Fuß der großen, runden Pinie im Garten auf La Piña begraben.. die kleinen Buben werden bei dir spielen, und die kleinen Mädchen werden neben dir auf ihren niedrigen Stühlchen nähen. Du wirst erfahren, was für Verse die Einsamkeit mir eingibt... Und das ganze Jahr über werden die Stieglitze, die Zeisige und die Grünfinken im niemals welkenden Wipfel dir einen Musikpavillon bescheren, einen zierlichen Baldachin, gewölbt aus Zwitschertönen, zwischen deinem ruhigen Schlaf und dem unendlichen, beständigen Blau des Himmels von Moguer."

Es ist paradox: in einem Land, das alles Erlebnisbetonte und Innige gewöhnlich bereits im Keim erstickte, haben Poeten wie Jiménez und Lorca eine empfindsame und pantheistische Poesie geschrieben, die auf der ganzen Welt kaum ihresgleichen hat.

Der Mangel in der Realität erschuf Überfluß in der Phantasie. Doch gibt es in der spanischen Dichtung nicht nur anmutige Evokationen, sondern auch Ansätze zur analytischen Durchdringung.

„Aufstehen, schwitzen, ein paar Brotkanten kauen, dann sterben. Keine Vergnügungen, nichts. Das Feiern den andern überlassen..." So charakterisiert Lorca das kümmerliche Dasein andalusischer Landleute in *Yerma*, einer seiner Bauerntragödien, in der die weibliche Titelfigur die gegen das andere Geschlecht gerichteten anklagenden Worte spricht: „Ich habe noch niemals einen Mann beim Essen sagen hören: Wie gut diese Äpfel schmecken! Ihr nehmt euch stets, was ihr wollt, ohne auf Feinheiten zu achten." Yerma, die unverstandene Frau, drückt das Empfinden vieler Spanierinnen aus, wenn sie mit lyrischer Emphase ausruft: „Sieh, wie allein ich bin. Wie wenn der Mond sich selbst am Himmel suchte."

Bei dem Bestreben der Männer, ihre Frauen lebenslang ins Haus zu sperren und ihnen das soziale Leben wie auch die Weite der Natur vorzuenthalten, wirkten perverserweise ältere Frauen dabei mit, die Gebote des *machismo* durchzusetzen.

In Lorcas Theaterstück *Bernarda Albas Haus* ist es eine sechzigjährige Witwe, die aus ihrer eigenen Verbitterung das Material für den Käfig schafft, in dem sie ihre unverheirateten Töchter gefangenhält: „Für acht Jahre, in denen getrauert werden soll, darf nicht einmal der Wind von der Straße in dieses Haus hineinfahren."

Das Leben und die Freude werden abgewiesen im Namen des Todes. „Die Herzen", sagt Bernarda, „gehen mich nichts an, ich will eine schöne Fassade und Eintracht in der Familie."

Auch in *Bluthochzeit* behandelt Lorca das Thema der Gefühlsunterdrückung und der gezügelten Triebe, Komponenten des sozialen Verhaltens in Spanien, die mit dem fatalistischen Glauben an die Unveränderbarkeit der existentiellen Bedingungen zusammenhängen. Die Mutter des Bräutigams, der von einem Rivalen umgebracht wird, vermag in ihrer Schicksalsergebenheit nicht zu erkennen, daß das Verhängnis das Ergebnis übersteigerter männlicher Ehrvorstellungen war; so hält sie die Objekte, die Waffen, derer sich die tötliche Raserei bedient, für den Grund allen Übels: „Das Messer... Das Messer... Verflucht seien alle Messer und der Bube, der sie erfand... Und die Flinten und die Pistolen und das kleinste Messer und selbst die Hacken und Forken... Alles, was den Körper eines Mannes zerfetzen kann."

In der spanischen Gesellschaft standen sich bis zum Ende der Franco-Ära nicht nur Mann und Frau, Anima und Animus als hoffnungslos entzweite Prinzipien gegenüber; auch Tradition und Fortschritt, Arm und Reich, Mensch und Tier, Mensch und Natur verhielten sich unversöhnlich zueinander.

Was fehlte, waren die Übergänge, war das Androgyne, all das, was Kommunikation stiften und Versöhnung bringen konnte.

Das Unvermögen zum gesellschaftlichen wie zum innerpersonalen, zum seelischen Interessenausgleich hatte seine Entsprechung in einem hypertrophen Individualismus, der sich auf privater Ebene als solipsistischer Einsamkeitsrausch und in politischer Hinsicht als Anarchismus manifestierte.

„Man kann“, sagte José Ortega y Gasset eine Woche vor Ausbruch des großen Brudermordens vor der Cortes, dem spanischen Parlament, „in einer Demokratie, in einer Monarchie oder auch unter einem kommunistischen oder einem faschistischen Regime leben, doch man kann nicht in einer Anarchie leben. Wir leben jedoch in einer Anarchie, und so sind wir hier heute zusammengekommen, um der Demokratie die letzte Ehre zu erweisen.“

Die Unfähigkeit der 2. Republik, die soziale Frage zu lösen und vor allem das Landarbeiterelend zu beenden, hatte dem spanischen Anarchismus neue Energien zugeführt, die sich aus Hunger, Wut und Rachegelüsten speisten. Ein um sich greifender Pfaffenhaß reaktivierte die restaurativen Elemente des Klerus, der ein Bündnis einging mit ins Mittelalter verliebten Monarchisten, der verängstigten Bourgeoisie, der aktionswütigen jungen Falange-Bewegung und dem putschsüchtigen Militär. Liberaler und sozialistischer Reformwille wurden überspielt, und die Kommunisten, die stärkste Partei im republikanischen Lager, konzentrierten sich zeitweilig mehr auf die Liquidierung von ideologisch abweichenden Linken als auf den Kampf gegen die franquistischen Truppen.

Kein Dichter hat dem Leid des ganz aufs eigene Bewußtsein zurückgeworfenen spanischen Menschen so überzeugend Ausdruck zu geben vermocht wie Miguel Hernández, der als Hütejunge zur Poesie gekommen war und der es unendlich viel schwerer gehabt hatte, sich einen Weg zu bahnen als die anderen Poeten seiner Zeit, die alle aus bürgerlichen Verhältnissen stammten: „Heute, ohne es zu begreifen, gehts mir, ich weiß nicht wie, /

heute bin ich bloß des Leidens wegen da, / heute gibt es keine Freundschaft für mich, / heute habe ich nur den Drang, / mir das Herz aus der Brust zu reißen / und es hinzulegen unter einen Schuh. /.../ Je mehr ich mich betrachte, umso größer wird mein Leid: / wie ihn abschneiden, diesen Schmerz? mit welcher Schere?"

Hernández' gesellschaftlicher Standort war nicht der seiner Dichterkollegen, wenn diese ihm auch Sympathie bekundeten, Förderung zuteil werden ließen und, ganz allgemein, ihre soziale Gesinnung publik machten.

Miguel Hernández, der selbst das Kind im Ochsenjoch war, von dem eines seiner Poeme handelt, konnte und wollte nicht seinen Ursprung verleugnen, seine Abstammung von armen, ungebildeten Landleuten, die ihn geprägt, aber auch auf die Jesuitenschule geschickt hatten, so daß er die poetische Stimme eines bis dahin stimmlosen Teils der Bevölkerung seines Landes werden konnte:

> Lehm heiße ich, wenn ich auch Miguel heiße.
> Lehm ist mein Beruf und meine Bestimmung, Lehm,
> der alles beschmutzt, was seine Zunge beleckt.

Dieser Dichter, der seine Herkunft als eine moralische Verpflichtung nahm, den Habenichtsen und Herumgestoßenen die Treue zu halten (eine noble Gesinnung, die er schließlich in einem franquistischen Gefängnis mit dem Leben bezahlen mußte), ergriff die Partei des Stiers, den er sogar selber zu Wort kommen ließ — in einem Spottgedicht auf den *torero* und dessen prunkvoll protzende Vorausabteilung:

> Auf, auf, zum Ruhm, ihr Stierkämpfer!
> Mein Mond zeigt an: viertel vor Voll.
> Leichtsinnige Nacheiferer der Eidechse,
> schmückt ihr grell euren Rücken.

Ich schnelle mich gegen die Lanzenreiter
wie ein Pfeil vom Bogen meines Gehörns.
Auf also, zum Ruhm, sofern ich — Vagabund der Arena —
euch nicht zuvor mit goldenem Schnurrbart aufspieße.

Schmachvoll und empörend wie die Ausbeutung der Landarbeiter durch die Oligarchie war für Miguel Hernández das zeremonielle Hinschlachten von Stieren, ob das nun während einer glanzvollen *corrida* oder bei einer tumben *feria* in irgendeinem Dorf geschah.

Wer wie Hernández Brutalität verabscheute und Ungerechtigkeit für den entscheidenden Konstruktionsfehler im Mechanismus der kosmischen Ordnung hielt, konnte in einer geschundenen Kreatur keinesfalls die Bestie — das inkorporierte Böse — sehen, sondern nur das animalische Konterfei eigener Pein:

Wie der Stier bin ich zu Trauer und Schmerz
geboren, bin gezeichnet wie der Stier
von einem teuflischen Eisen an meiner Flanke,
und bin als Mann gezeichnet von der Frucht meines Geschlechts.

Das Andalusien Federico García Lorcas

Notizen vom Mai 1968 — mit drei Nachträgen

Im Geburtsdorf des Dichters

Fast zwanzig Kilometer von Granada entfernt liegt Fuente Vaqueros, das Geburtsdorf Federico García Lorcas. Man kann den Ort mit der Stadtstraßenbahn erreichen, mit einem klapprigen Gefährt, das seinen Weg direkt durch die Felder der schon am frühen Vormittag im Glast flirrenden Ebene nimmt.

Der Fahrtwind weht die versengten Gardinen ins Innere des Wagens. Zwischen den Weizenhalmen brennt wilder Mohn. Und in den Ackerfurchen und Bewässerungsgräben bauscht sich wie Watte der Samen von Pappeln.

Bevor wir nach Fuente Vaqueros kommen — die Straßenbahnschienen enden hier unvermittelt im Sand des Marktplatzes —, haben wir ein kurzes Gespräch mit einem Mann, der fast böse wird, als wir, vorsichtig vorfühlend, jene Ansicht äußern, die in Spanien als die offizielle Version über den Tod Lorcas kursiert. „Nein", sagt er, ohne irgendwelche Rücksicht auf die Mitfahrenden zu nehmen. „Das war kein Irrtum." Als wir ihn fragen, ob denn die faschistische Führungsspitze gewollt habe, daß man den Dichter liquidiere, schüttelt er den Kopf. Nein, Franco habe den Tod García Lorcas nicht angeordnet. Es seien Männer aus Granada gewesen. Örtliche Befehlshaber. Aber immerhin sehr einflußreiche Leute. Und man kenne sie auch. Jeder hier kenne sie, und jeder verachte sie.

Nachdem wir ausgestiegen sind, verweist uns der *señor*, der so mutig und so zornig aufgetreten ist, an einen wettergegerbten Greis mit Baskenmütze, der zusammen mit einigen Landarbeitern in einem Schattenfleck des sonntäglichen Marktplatzes steht. Der Alte, so erfahren wir, sei ein *amigo* des Dichters gewesen, er könne uns weiterhelfen.

Der hagere Mann mit der Baskenmütze führt uns über den Platz und biegt, immerfort auf uns einredend, in eine sonnendurchflutete Straße ein, um schließlich mit der flachen Hand gegen eine verschlossene Tür zu schlagen.

Hier, gibt er uns zu verstehen, hier sei der Poet geboren worden: im Erdgeschoß dieses Hauses, das heute im Besitz fremder Menschen ist. Wir sind verwirrt und holen die Lorca-Monographie von Günter W. Lorenz aus der Tasche.

Das Gebäude, das darin als Geburtshaus bezeichnet wird, sieht anders aus, größer, auch irgendwie ansprechender. Außerdem gibt es auf der Abbildung einige Bäume unmittelbar vor der blendenden Fassade, während in der Straße, in der wir uns befinden, keine Bepflanzung existiert.

Wir halten dem Alten das Buch hin und übersetzen ihm die Bildunterschrift. Wir fragen, ob er sich vielleicht irre. Oder ob es früher hier anders ausgesehen habe. Ob die Bäume, die auf dem Foto zu sehen sind, inzwischen womöglich gefällt worden seien.

Der Mann schüttelt den Kopf. Die Darstellung im Buch sei falsch. García Lorca — er, Esteban Rojas, wohnhaft sein ganzes Leben hindurch hier, in Fuente Vaqueros, Real 23, müsse es schließlich wissen — sei in dieser Straße, in der Calle de la Trinidad, geboren. Das Haus aber, das in dem Buch abgebildet ist — das sei das Haus, in das die Familie später übergesiedelt wäre. Dieses Gebäude liege in der Calle de la Iglesia.

Er schreibt die Namen in unser Merkheft und geleitet uns in die Kirchenstraße, die parallel zur Dreieinigkeitsstraße verläuft. Und dort sehen wir nun tatsächlich das andere Haus mit den Bäumen davor.

Der Alte verschwindet durch eine Tür an der Ecke, nachdem er uns zuvor bedeutet hat, daß wir warten sollen. Er kommt sehr bald wieder und hat eine große vergilbte Gruppenaufnahme in der Hand, auf der mehrere Reihen Schulkinder mit ihrem Erzieher abgebildet sind. Ganz vorn sitzt — mädchenhaft herausgeputzt und als einziger mit einem großen runden Hut auf dem Kopf — Lorca, den Esteban Rojas, der auf dem Foto in der letzten Reihe steht, liebevoll „Federico" nennt. Wir sind überwältigt, einem Manne ins Gesicht zu blicken, der den zum Mythos gewordenen Dichter noch persönlich gekannt hat.

Allerdings werden wir sogleich aus dem Abenteuer unseres emotionalen Höhenflugs herausgerissen. Denn Esteban Rojas, in der Meinung, uns genug geboten zu haben, macht jetzt durch Reiben von Daumen und Zeigefinger klar, daß er ein Trinkgeld erwarte.

Wir geben ihm fünfundzwanzig Peseten, haben aber plötzlich Zweifel, ob die Informationen überhaupt stimmen. Also gehen wir zurück in die Calle de la Trinidad und sehen uns noch einmal das Haus Nr. 4 an, das aus Parterre und Obergeschoß besteht. Links und rechts neben der Tür befindet sich jeweils ein Fenster mit grünen Rolläden. Die Etage darüber hat — überm Hauseingang — einen Balkon, der, wie viele spanische Balkons, kaum Platz für einen halben Schritt bietet.

Unsicher, ob Federico García Lorca nun hier geboren worden sei oder nicht, gehen wir die Straße entlang. Ein Mann treibt eine aus Ziegen und Schafen bestehende Herde an uns vorbei. Dann taucht eine dicke Frau auf, die uns fragt: „García Lorca — el poeta?" Sie macht mit ihren Armen die Bewegung des Wiegens und deutet auf eine schwarzgekleidete Greisin. „La niñera!" ruft sie, „la niñera!"

Wir kehren um und gehen auf die Alte zu.

Da steht sie vor uns... Carmen Ramos González... das weißhaarig gewordene Kindermädchen Federico García Lorcas, das der Dichter im Sinn gehabt haben muß, als er

1935 bei einem Künstleressen in Barcelona leidenschaftlich ausrief: „Was würde aus den Kindern der Reichen, gäbe es keine Dienstboten, die sie mit der Wahrheit und dem Gefühl des Volkes in Berührung bringen?"

Im gleißenden Mittagslicht geht die Alte mit uns durch einige Nebenstraßen.

Schließlich hebt sie die Hand — zum Zeichen, daß wir uns einen Moment zu gedulden hätten. Sie verschwindet hinter einem Vorhang, der den Eingang eines Ladens bildet.

Bald darauf rafft sie das Tuch zusammen und winkt uns herein. Wir werden einer Matrone vorgestellt, die hinter dem Ladentisch steht und die ins Innere des Hauses ruft. Ein Mann kommt eine im Halbdunkel liegende Treppe herunter, und von der Straße tritt eine Kundin hinzu.

Ach Federico. Wie alt wäre er heute eigentlich. Man wird sich nicht recht einig. Und jemand schreibt auf ein Stück Packpapier: 65. Wir berichtigen: 69. Der Poet sei 1898 geboren worden — am 5. Juni 1898.

Stimmt, 98 schon. Die blauen Augen der *niñera* sehen uns jung an.

Wenig später führt uns die Alte abermals durchs Dorf und klopft an eine Tür, aus der — sie kann es nicht wissen, daß wir ihn schon kennen — Esteban Rojas kommt.

Wir sind erschöpft und betreten eine Kneipe. Männer mit Hüten im Nacken sitzen an den Tischen und umstehen die Bar, hinter der in einem Regal als Dauerschmuck ein künstlicher Weihnachtsbaum steht. Ein Fernseher, der abwechselnd Beat-Bands und Flamenco-Gruppen präsentiert, findet wenig Beachtung. Wir bestellen Brandy, der — seiner speziellen Rebengrundlage wegen — den Geschmack des Jérez-Weines hat.

Noch einmal nehmen wir die Monographie zur Hand. Einem Landarbeiter, der uns neugierig über die Schulter blickt, zeigen wir die Aufnahme von dem Haus in der

Calle de la Iglesia. Rasch versammelt sich eine Schar aufgeregter Männer um uns, und man bestätigt uns lebhaft, daß der Dichter in der Calle de la Trinidad geboren wurde. Allen ist großer Stolz anzumerken, daß man Bilder von ihrem Dorf im fernen Alemania in einem Buch abgedruckt hat. Immer wieder tippen die Leute auf einzelne Fotos und rufen: *La madre! El padre!* García Lorca am Piano erweckt besondere Bewunderung.

Ungelenke Finger durchblättern die Seiten, die einreißen. Ein *campesino*, der sich die ganze Zeit über abseits gehalten hat und der als einer der letzten nach dem Buch greift, ist so überwältigt, daß sich ihm die Augen röten und er hinausgeht. Das Bändchen wird auch dem Jungen gezeigt, der die Gläser spült. Dies hier sei Fuente Vaqueros. Der Kleine sagt schroff: „No!" Er, der gerade wieder die Banalität eines ländlichen Sonntags erlebt, kann es einfach nicht glauben, daß sein Heimatort irgendwelche Bedeutung besitzt.

Der Wirt ist ein verhältnismäßig gebildeter Mann, dem sogar die Fotos von Unamuno, Ortega y Gasset und Dalí etwas sagen.

Schließlich machen uns die Anwesenden darauf aufmerksam, daß die Straßenbahn vor der Tür steht. Wir verabschieden uns und steigen — hinter einer Zigeunerin, die ein saugendes Kind an der Brust hat — in die *tranvía*, die uns nach Granada zurückschaukelt, während uns vom Fahrerstand aus ein feister Zivilgardist mustert.

Altes Granada

Die von der Plaza Nueva zur Alhambra hinaufführende Cuesta de Gomérez lebt ganz vom Fremdenverkehr. Es gibt hier Geschäfte, in denen Stickereien, geschnitzte Kästchen, intarsienverzierte Spieldosen und ziselierte

Schmuckstücke zum Verkauf ausliegen. Und an mehreren Häuserfassaden hängen Gitarren, die bei offenen Ladentüren angefertigt werden. Bisweilen verirrt sich der Finger eines Instrumentenbauers in die Saiten und reißt zwei, drei *cante-jondo*-Töne an. Doch die meisten Handwerker haben kein Verhältnis mehr zur traditionellen Musik. Sie fabrizieren und offerieren einfach Instrumente, die erworben und verzollt werden, um dann irgendwo in der Welt ungespielt herumzustehen und zu verstauben.

Es gibt aber auch noch das alte verschwiegene Granada, das sich um das Grün seiner *patios,* seiner Innenhöfe, versammelt.

Dieses Granada, das in der orientalischen Bauweise des Albaicín fortbesteht, blieb auch im Habitus und in der Gesinnung mancher seiner Bürger am Leben... derjenigen, die nach außen hin freilich kaum in Erscheinung treten.

„Granada", heißt es bei García Lorca, „liebt das Verkleinerte. Die Volkssprache bildet ihre Ausdrücke in der Verkleinerungsform... Das Diminutiv hat nur die Aufgabe, zu begrenzen, einzuschränken, die Dinge oder Gedanken aus der großen Schau ins Zimmer zu ziehen und in unsere Hand zu legen. Die Zeit wird begrenzt, der Raum, das Meer... Die Entfernung und selbst, als Überraschendstes, die Bewegung. Wir wollen nicht, daß die Welt so groß, das Meer so tief ist. Es ist nötig, die unermeßlichen Begriffe... häuslich zu machen."

Mit diesem Granada der Kontemplation und der philosophisch hergeleiteten Genügsamkeit kamen wir in unserem *hostal* in Berührung, wo hinter den meist zugezogenen Fenstern eine Atmosphäre melancholischer Zeitlosigkeit und seufzerbegleiteten Verfalls herrschte. Da war zwar bisweilen Lärm zu hören, aber der rührte entweder von den Autos auf der Straße oder von den Kreissägen der Gitarrenwerkstätten her.

Im Hause selbst war es still, kühl und zu dunkel zum Lesen.

Der Wirt, ein Mann, der, wie er uns erzählte, Stierkämpfe nicht mochte und der sich stets unauffällig im Hintergrund hielt, lebte zwischen vier Frauen, von denen zwei, die Mutter und die Ehefrau, nur manchmal als schwarzgekleidete Schemen aus der Wohnetage in die Küche hinunterhuschten, während das Zimmermädchen und die Bedienung im Eßraum diejenigen waren, die mit ihren zupackenden Händen und ihrer Kontaktfähigkeit überhaupt erst die Voraussetzungen für das zurückgezogene Dasein der *patronas* und des unter ihrer moralischen Obhut träumenden Mannes schufen.

„Granada erschrickt noch immer über seinen großen, kalten Turm und begibt sich, mit einem Myrtentopf und einem eiskalten Wasserstrahl, in sein Kämmerchen, um aus hartem Holz kleine Elfenbeintürme zu schnitzen."

Der Wirt in seinem dunklen Anzug war — seine schüchternen Äußerungen verrieten das ebenso wie die Einrichtung des Hauses, etwa der im Treppenaufgang hängende Spiegel, der sein fleckiges Glas in einem maurischen Holzrahmen aufbewahrte — weniger in der Gegenwart heimisch als in der Zeit vor dem Beginn des Massentourismus, als die Stadt noch den Charme einer rückständigen Provinzkapitale besaß und als er selber ein Junge gewesen war, der im Hause Manuel de Fallas Zutritt hatte und der dem *maestro* sogar die Noten umblättern durfte.

Alhambra und Albaicín

Die Alhambra, obwohl eines der faszinierendsten Kulturmonumente aller Zeiten, ist heute ein unter den Händen der Restauratoren erstarrtes Fossil.

Wer hierherkommt, um sich auf den Wachturm der Alcazaba führen zu lassen, um in den architektonischen Wunderwerken des Löwenhofs nach Spuren einer vergangenen Haremswelt zu suchen oder um in die Leere jenes Saales hineinzustaunen, in dem vermutlich die Katholischen Könige kurz nach der Kapitulation der Mauren Columbus die Genehmigung für seine „Indienfahrt" erteilten; wer den toten Prunk und die aus dem Kreislauf der Geschichte ausgeschiedenen Räume und Gelasse allein zum Anlaß bildungsgeschichtlichen Erlebens nimmt, der täte gut daran, sich von Federico García Lorca sagen zu lassen: „Alle Reisenden sind auf falschen Wegen. Um zum Beispiel Granadas Alhambra kennenzulernen, bevor man ihre Höfe und Säle durchwandert, ist es bedeutend nützlicher und viel pädagogischer, den köstlichen Alfajor von Zafra oder der Nonnen Alajúküchlein zu essen, die mit ihrem Geruch und Geschmack das authentische Klima des Palastes wiedergeben, als er noch belebt war."

Schönheit und Funktion der Alhambra erschließen sich am besten vom Albaicín aus, vom anderen Berg der Stadt. Hier, inmitten ihres Volkes, haben die arabischen Herrscher residiert, bevor sie sich aus strategischen Gründen entschlossen, das jenseits des Darro liegende Massiv zu einer separaten Festung auszubauen.

Der Albaicín mit seinen zusammengedrängten Häusern und seinen kleinen Plätzen bewahrt bis heute Reminiszenzen an die islamische Vergangenheit auf: etwa in dem *bañuelo,* dem alten Badehaus, und in dem Minarett der Iglesia de San Juan de los Reyes, vor allem aber in der maurischen Bauweise der Wohngebäude sowie in den Physiognomien und in der Lebens- und Erlebnisweise seiner Bewohner.

Übrigens hat Granada seine — heute fast nur noch auf dem Albaicín anzutreffende — geschichtsabgewandte Eigenart nicht erst entwickelt, als die Spanischen Könige nach einer Zeit siegreicher Euphorie ihren Sitz ins zentrale Kastilien verlegten.

Granada war schon zur Zeit der Nazaritenkönige weniger dynamisch als Córdoba, diese eine Million Einwohner zählende und von blühendem wissenschaftlichen Leben erfüllte Kalifatsmetropole. Und es war auch nicht so unbekümmert und weltoffen wie das am schiffbaren Unterlauf des Guadalquivir gelegene Sevilla. Granada wurde bereits von Abul Walid Ismáil ibn Muhammad al Saqundí, einem arabischen Schriftsteller des dreizehnten Jahrhunderts, wegen seiner Subtilität und seiner femininen Grazie gerühmt als „eine Augenweide, ein Ort, der die Seelen zu entzücken vermag."

Auf dem Albaicín, wo sich das Islamische nur mit Vorbehalten hat taufen und hispanisieren lassen, werden die Gärten noch heute mit Wasser benetzt, das durch eine jahrhundertealte Leitung aus einer Quelle in der Sierra de Alfacar kommt, aus der Fuente Grande, die die Mauren Ainadamar, Springbrunnen der Tränen, nannten und die sich in der Nähe von jenem Platz befindet, an dem man Lorca erschossen und verscharrt hat.

Der Albaicín ist ein atmosphärisch-pittoresker Stadtteil, der bisher nicht zur *sightseeing*-Idylle verkam, sondern der noch weitgehend seiner eigenen Gesetzmäßigkeit folgt, dem Rhythmus der Tageszeiten und dem Kalendarium seiner Feste.

In den Geschäften herrscht nachbarschaftliche Vertraulichkeit, und in den Webereien und Tischlereien, kleinen Familienbetrieben, die bis zum späten Abend geöffnet haben, entstehen Dinge, die zwar nach traditionellen Mustern gefertigt, aber mit großer Sorgfalt und individuellem Geschick hergestellt werden.

An einem armseligen Haus hängt der Zelluloidkörper einer Puppe — mit blaßrosa Geranien gefüllt. Der Puppenkopf, dem das Schädeldach fehlt, dient ebenfalls als Blumenbehälter, genau wie ein zerrissener Autoreifen.

Hin und wieder weht einem Kühle entgegen... aus einem der *patios*, in denen Menschen die Mittagszeit in der

Nachbarschaft von Pflanzen verbringen. Freilich: für die prachtvollsten Anlagen, in die man nur durch Gitter blicken kann, trifft zu, was Pedro Soto de Rojas, der Zeitgenosse Góngoras (damals selbstverständlich ohne jede sozialkritische Absicht) geschrieben hat: „Paradies, für viele verschlossen — Gärten, für wenige offen."

Mit der Straßenbahn in die Sierra Nevada

Wir fahren — mit der Straßenbahn — hinaus zu den Gebirgsdörfern der Sierra Nevada. Der Río Genîl, oft von Pappeln gesäumt, schießt mit erheblichem Gefälle auf Granada zu.

Die Menschen, die mit uns im Wagen sitzen, sind Bergbauern. Sie mustern uns mit versteckter Neugier. Zwei Mädchen jedoch, denen dicke schwarze Zöpfe über den Rücken baumeln, fixieren uns unverhohlen, immerfort kichernd und jede unserer Bewegungen kommentierend. Als wir uns, um eine bessere Aussicht zu haben, an die andere Wagenseite setzen, vertauschen die beiden gleichfalls ihre Plätze.

Mehrmals überquert die Bahn den Fluß auf halsbrecherischen Viadukten, dann wieder geht es durch Tunnel oder zentimeternah an Felswänden vorüber, die bewachsen sind mit eisblumenähnlichem Moos. Die Straßenbahn hält, ohne daß wir ein Dorf sehen. Nur eine Bank und eine Steinmauer, die den Fuß des dahinterliegenden Berges einfaßt. Die beiden Mädchen sind aufgestanden und laden sich gegenseitig ihre Lasten — große mit verrosteten Töpfen, Deckeln und Dosen gefüllte Körbe — auf den Kopf. Sie steigen aus und gehen mit nackten Füßen über den heißen Sand davon.

Die Bahn ruckt an. Und ein Bauer legt einen Sack vor sich auf den Boden und tastet behutsam in das Gackern hinein, um die Hühner unter den Sitz zu schieben.

Wir fahren bis zur Endstation und klettern hinab zum Genil. Das Wasser ist eisig. Wir trinken, kühlen unsere Pulse. Danach machen wir uns auf den Weg und folgen einem von Unkraut überwucherten Schienentrakt.

Von der Bergwand über uns löst sich Geröll, auch einige größere Brocken, die neben uns auf den Schotter fallen, und wir kehren um und entdecken schließlich ein Schild mit der Aufschrift: *Probibido el paso! Durchgang verboten!* Auf dem Hinweg haben wir die Warntafel nicht sehen können — sie ist so angebracht, daß man sie nur lesen kann, wenn man bereits aus dem Gefahrengebiet zurückkehrt.

Wir steigen zum Dorf Güéjar Sierra hinauf und kommen an einem Brunnen vorbei, an dem gewaschen wird, und an zwei Marktständen, wo Hosen, Hemden, Büstenhalter und Plastikschüsseln feilgeboten werden. Vor einer zerbröckelnden Hauswand sitzen zwei alte Weiblein, die Gemüse putzen. Eine Frau trägt an einem Drahtbügel ein gestärktes Kommunionkleid vor sich her. Ein Hund spielt mit einer Gänsekralle. Und Ziegen mit Gehörn, das gedreht ist wie das der Gemsen, versperren uns den Weg.

In einer Bar bestellen wir Landwein, erhalten aber Bier. Der Wirt, der mit seinem stämmigen Körper und seiner Glatze wie ein Film-Gangster aussieht, entledigt sich vor aller Augen seines verschwitzten Pullovers und zieht ein Hemd an, das seine Frau gerade draußen bei einem der Händler erstanden hat.

Ein Bauer kommt herein und tauscht gegen einige frische Bohnenschoten zwei Flaschen Bier ein, die er sofort trinkt. Der Wirt, bevor er in die Kühltruhe greift, fühlt prüfend die Schoteninhalte ab.

Später, beim Abstieg zum Genil, sehen wir am Dorfende eine Frau, die auf dem Estrich ihres Hauses einen Korbstuhl schrubbt. Die Frau singt auf gutgelaunte Weise ein trauriges Lied — ein Lied mit langgezogenen Tönen.

Als wir uns nähern, ändert sie schelmisch den Text ab und verstärkt ihre Stimme, um ihrer Nachbarin Kunde davon zu geben, daß da gerade *do' extranjeeero', zwei Freeemde,* aufgetaucht sind.

Für die Freiheit

In der Mitte eines nach ihr benannten Platzes steht das Denkmal der Mariana Pineda, einer Granadiner Freiheitskämpferin, die im 19. Jahrhundert bei einem Aufstand ihr Leben verloren hat.

Über Mariana Pineda, deren Märtyrergestalt Lorca ins Zentrum seines ersten gültigen Dramas gestellt hat, sagte der Dichter 1927: „Sie ist keine Heldin für Oden... Mariana ist bürgerlich. Lyrisch. Zum Schluß verwandelt sie sich in die Verkörperung der Freiheit, weil sie erkannt hat, daß ihr Liebhaber sie mit der Freiheit betrog. Niemand hatte von ihr gesprochen. Niemand hatte sich um sie gekümmert. Es war meine Pflicht, sie zu rühmen."

Einige Jahre später machte Lorca vollends deutlich, wie tief in ihm das Bild der am Galgen gestorbenen Kämpferin für einen spanischen Liberalismus verwurzelt war: „Mariana Pineda gehört zu den stärksten Emotionen meiner Kindheit. Die Kinder in meinem Alter und ich faßten uns damals an den Händen, bildeten Kreise, die sich rhythmisch öffneten und schlossen, und sangen mit melancholischem Ton, der sich mir tragisch darstellte:

> Ach, welch Trauertag ist in Granada,
> der die Steine selbst zu Tränen rührt,
> sehn sie Marianita hingerichtet,
> weil sie nichts verrät, durch nichts verführt!

... Eines Tages kam ich an der Hand meiner Mutter nach Granada, und aufs neue stieg vor mir die Volksromanze auf, ebenfalls von Kindern gesungen, deren Stimmen jedoch schwerer und feierlicher, noch dramatischer als die in den Straßen meines kleinen Dorfes waren... Ich hatte in Granada ihr Denkmal, das ich immer betrachtete, vor meinem Fenster."

Das taubenumflatterte Standbild befindet sich jedoch nicht an der Stelle, an der das Todesurteil vollstreckt wurde. Der Ort der Hinrichtung, ein Schulhof, liegt im Westteil der Stadt. Er ist von beinahe vollkommener Anonymität. Kein Reiseführer und kein Touristenprospekt weist ihn aus. Als wir, durch Zufall schon ganz in die Nähe unseres Ziels gekommen, einen Studenten fragen, kann er uns ebensowenig Auskunft geben wie vor ihm andere Passanten. Niemand verbindet mit dem Namen Mariana Pineda eine Vorstellung.

Schließlich haben wir die Stätte trotzdem gefunden. Ein schmaler mannshoher Steinsockel, und darauf eine schlanke Marmorsäule mit verrostetem Eisenkreuz. Nur mühsam können wir die Schrift entziffern:

Mariana Pineda
Por la Liberdad
Año 1831

Mariana Pineda, 1831 für die Freiheit gestorben. Scherben und Abfälle bedecken den Platz. An vier Pfeilern, die die Stele umgeben, befinden sich noch Haken. Doch die Ketten, die daran gehangen haben, sind verschwunden.

Wir gehen ins Hotel zurück, schlagen nach:

> Überall herrscht Angst. Zum Ängstgen!
> Menschenleer sind alle Straßen.
> Nur der Wind weht, und die Leute
> schließen ein sich in die Häuser.

Eine derart bedrohliche Stimmung lastete auch im Sommer 1936 auf Granada, als der Bürgerkrieg ausgebrochen war und als Lorca sich vergeblich dadurch in Sicherheit zu bringen trachtete, daß er bei Luis Rosales, einem falangistischen Dichter, mit dem er befreundet war, Unterschlupf suchte. Der Poet wurde aufgespürt, abgeführt, inhaftiert, ermordet.

Manuel de Falla, der 1922 mit Lorca zusammen das *cante-jondo*-Fest in der Alhambra organisiert hatte, sagte später, daß er zunächst der Meinung gewesen sei, die Verhaftung könne allenfalls mit der ambiguenten Einstellung des Autors zur Religion zu tun haben. Darum sei ihm das Ganze auch als ein mühelos aufzuklärendes Mißverständnis erschienen. Trotzdem hat sich der wegen einer Knieverletzung damals gerade stark behinderte de Falla am nächsten Tag in aller Frühe zur Militärkommandantur aufgemacht.

Die Intervention kam jedoch zu spät. Lorca war schon nicht mehr in Granada. Man hatte ihn, zusammen mit einigen anderen Gefangenen, nach Víznar abtransportiert. Und da der Dichter bei der Füselierung nicht sofort tot gewesen sei, habe man ihm — so jedenfalls hat es Manuel de Falla später Sigesmundo Romero gegenüber verlauten lassen — noch zusätzlich den Schädel eingeschlagen.

Mit den Jahren wurde der Mord zu einer immer größeren Hypothek für das Franco-Regime. Deshalb ist es nicht verwunderlich, daß liberalere Männer der Granadiner Stadtverwaltung Ende der sechziger Jahre nach Möglichkeiten Ausschau hielten, sich zu dem längst weltweit bekannt gewordenen Dichter vorbehaltlos zu bekennen — mit dem Ziel, das offizielle Spanien wenigstens teilweise, wenigstens nachträglich, moralisch zu entlasten.

Die Studentenkammer der wissenschaftlichen Fakultät der Universität von Granada ging mit einer beispielhaften Tat voran. Sie veranstaltete vom 13. bis zum 16. Mai 1968 eine *Huldigung an Federico García Lorca*. Und der Bildhauer Francisco López Burgos erhielt sogar von offiziöser Seite den Auftrag, ein Lorca-Denkmal zu gestalten.

Das geplante Monument, von dem wir seinerzeit im Atelier des Künstlers schon das Modell sahen, sollte oben auf dem Albaicín stehen oder aber am Zusammenfluß von Darro und Genil: *Los dos ríos de Granada... Die zwei Flüsse von Granada...*

Schließlich jedoch, weil die reaktionären Kräfte die Oberhand behielten, blieb das Denkmal Modell, und man trat statt dessen an López Burgos mit dem Ansinnen heran, eine Büste von José Antonio Primo de Rivera, dem Gründer der Falange, anzufertigen.

Die Todesschlucht bei Víznar

Wir sind nach Víznar gefahren und gehen den Camino de la Fuente, den Weg zur Quelle, entlang.

Die ganze Zeit über vergleichen wir die Landschaft, die uns umgibt, mit der im Buch beschriebenen Topographie, doch wir entdecken nur wenig Übereinstimmung: „Die gefesselten Häftlinge wurden etwa eine Viertelstunde weit an letzten bebauten Feldern vorbei, dann über den Camino de la Fuente bis in die Nähe der Quelle im *barranco,* in der Schlucht von Víznar eskortiert, wo der Weg endet und nur noch ein schmaler Fußsteig an einem meist trockenen Bachbett entlang führt. In der Nähe einer Brücke trieben die Wächter die Opfer die Schlucht hinunter, wo sie sich in dem sandigen, trockenen Boden selbst ein Massengrab schaufeln mußten. Der Barranco de Víznar liegt bereits in den Bergen. Über der Stelle, wo Lorca sich sein Grab aushob, befindet sich ein Felsplateau, von dem aus der Blick weit über die grüne und fruchtbare Ebene der Vega reicht. Dort, in der Vega, liegt auch — sichtbar von hier aus — Fuente Vaqueros, der Geburtsort des Dichters, nur ein paar Kilometer vom Schauplatz des Mordes entfernt. Hinter der Schlucht ragen die steilen, roten Schieferwände der Sierra de Elvira auf. Auf einem der Felskegel steht einsam ein Kreuz. Der Boden im *barranco* ist so trocken, daß auf ihm nur einige Hyazinthen und Binsen gedeihen. In diesen Sandboden, der bläulich schimmert, gruben die ‚Delinquenten' ihre Gräber."

Es ist unmöglich, das fern in der Ebene liegende Fuente Vaqueros auszumachen. Und wir können auch nirgendwo rote Schieferwände entdecken. Nach einem langen Fußweg, als wir bereits eine andere Ortschaft unter uns im Tal liegen sehen, kehren wir um. Doch von Víznar aus machen wir uns dann abermals auf, und wir sind froh, als wir endlich zwei Menschen treffen: einen Mann auf einem Esel, der davonreitet, und einen Landarbeiter, den wir — völlig konfus geworden — nach dem Barranco de Víznar fragen.

Der Mann macht eine weitausholende Handbewegung, die mehr auf die Vega als auf das Gebirge deutet. Wir seien, sagt er, gewiß hier, um uns die Fuente Grande, die Große Quelle, anzusehen?

Da wir eine Anspielung auf das an Lorca begangene Verbrechen vermeiden wollen, stimmen wir zu. Ja, die Fuente Grande, die sei unser Ziel. Die Fuente Grande im Barranco de Víznar.

Der Landmann sieht uns skeptisch an. Die Große Quelle liege doch gar nicht im *barranco,* sondern dort drüben — bei Alfacar! Er zeigt nach Westen, dorthin, wo wir vor einer Stunde waren.

Wir legen gemeinsam ein Stück Weg zurück, und der Mann erzählt uns etwas, was wir nicht verstehen. Dann fordert er uns auf, mit ihm in ein Feld hinabzusteigen. „Comer", sagt er und pflückt Bohnen ab, die er uns hinhält. Wir essen die Feldfrüchte, die bitter schmecken.

Bald haben wir wieder den *camino* unter den Füßen. Und nach einem langen Marsch in schattenloser Glut sind wir an der Fuente Grande. Die imposante Quelle, die den Ausgangspunkt eines umfangreichen Bewässerungssystems bildet, ist von einer Mauer eingefaßt. Am perlenden Grund wachsen Pflanzen, die dem glasklaren Wasser ein aquariumähnliches Aussehen geben.

Zwischen einer Baumgruppe entdecken wir eine Gaststätte, die jedoch geschlossen ist. Weil uns der Durst plagt, gehen wir auf ein Mütterchen zu, das auf einem kleinen roten Stuhl sitzt. Wir fragen die Alte, ob sie die Wirtin sei. Sie antwortet nicht, steht aber auf und schlägt mit dem Krückstock gegen eine Tür. Im Haus bleibt es still. Da ruft sie in den Garten hinein, und gleich darauf erscheint eine Frau, die das Lokal für uns aufschließt und uns, als wir nach etwas zu trinken und zu essen fragen, zwei Gläser und eine fast volle Flasche Rotwein hinstellt. Wortlos verläßt die Frau den Raum, in dem es nach Sägespänen, Staub und Alkoholdunst riecht. Bald kommt sie zurück: mit einem Teller roher Bohnen.

Als wir uns erholt haben und aufbrechen wollen, erkundigt sich die Frau, die wir erst draußen suchen müssen, wieviel Glas Wein wir getrunken hätten. Wir wissen es nicht und bekommen Pfennige abverlangt. Die Bohnen dürfen wir überhaupt nicht bezahlen — die seien auf den *campos* gewachsen.

Nachdem wir uns bedankt haben, erkundigen wir uns auch hier nach dem Barranco de Víznar. Die Wirtin zeigt in die Richtung, aus der wir kommen.

Wir kehren also um und sind wieder auf dem Camino de la Fuente. Jetzt gibt es nur noch eine Möglichkeit, den Ort des Verbrechens zu finden — wir müssen nach bläulich schimmerndem Sand Ausschau halten. Und wir müssen sehen, ob wir auf einer Bergspitze ein Kreuz entdecken können.

Diesmal finden wir die Stätte: eine Steinrinne, ein trockenes Bachbett, wo der Boden tatsächlich bläulich, blauschwarz ist. Zwar gibt es zwischen den Felsen keine Hyazinthen, doch kleine Kiefern und — *Binsen*. Auf dem Grat über uns konturiert sich, schwach vor einer Wolke, ein Kreuz.

Lange klettern wir im Geröll umher und zerreißen uns die Schuhe, immer in der Hoffnung, Anhaltspunkte zu finden, Spuren zu entdecken. Vergeblich. Die Landschaft ist ein schweigender Komplize der Mörder.

Niedergeschlagen gehen wir zurück nach Víznar, wo wir in einen Laden treten, von dessen Decke herab riesige Schinken baumeln.

Auf dem Boden sitzen Landarbeiter und lassen eine halbvolle Flasche Wein von Mund zu Mund gehen.

Wir erbitten eine Ration Schinken, und als uns ein Stück auf den sehr schmutzigen Boden fällt, finden wir es angesichts der Armut der Anwesenden anständiger, das Fleisch aufzuheben und zu essen.

Der Alte, der uns vormittags Bohnen angeboten hat, begrüßt uns, und wir laden ihn zu einem Glas Wein ein. Er lehnt ab. Der Arzt habe ihm Alkohol verboten. Doch eine Limonade, die würde er trinken. Bald darauf, als wir unsere Geldbörse hervorholen, erfahren wir, daß alles schon bezahlt sei. Die Limonade. Und auch unser Wein. Als wir darauf bestehen, die Zeche zu begleichen, zeigt sich der *campesino* unnachgiebig, geradezu gekränkt. Hier, in Spanien, seien wir seine Gäste. Wir könnten ihn ja bewirten, wenn er einmal nach Deutschland käme.

1. Nachtrag: „Die ganze Wahrheit" (1975)

Durch eine Tagebucheintragung seines Freundes Rafael Martínez Nadal wissen wir, daß Lorca am 16. Juli 1936, also unmittelbar vor Ausbruch des Bürgerkrieges, von Madrid nach Granada gefahren ist — in demselben Schlafwagen des Andalusien-Expresses, in dem sich auch Ramón Ruiz Alonso befand.

Lorca, als er den Mann, der ihn einen Monat später verhaften sollte, im Gang des Zuges auftauchen sah, wandte sich erschrocken ab. Und Nadal, der sich erkundigte, wer dieser Mensch denn sei, bekam zur Antwort: „Ein Granadiner Abgeordneter. Ein wirklich abscheulicher Charakter."

Federico García Lorca, der schon seit geraumer Zeit wegen der am politischen Horizont aufziehenden Wolken in größter Aufregung gewesen war, wurde nun durch das Erscheinen des rechtskatholischen Politikers zusätzlich beunruhigt. Deshalb bat er seinen Freund, den Wagen zu verlassen und auch nicht auf dem Bahnsteig stehenzubleiben, damit er die Vorhänge zuziehen und sich vor „jener Bestie" im Bett verbergen könne.

Lorca, nach Tagen des Schwankens, hatte sich gegen den Rat seiner Bekannten dazu durchgerungen, Madrid zu verlassen. Doch kaum war er in Granada angekommen, als die Stadt in die Hand nationalistischer Rebellen fiel. Es kam zu einem Blutbad durch die neuen Machthaber, die allein im August mehr als fünfhundert Personen an der Mauer des Stadtfriedhofs erschossen. Jede Nacht fuhren mehrere Lastwagen mit gefesselten Häftlingen den Alhambra-Hügel hinauf, und dann hörte man im Morgengrauen über das Genil-Tal hinweg die Salven.

Bevor Lorca um den 10. August herum Schutz bei der Falange-Familie Rosales suchte, lebte er in der Huerta de San Vicente, dem Sommerhaus seiner Eltern, das am Stadtrand von Granada stand. Zu der Angst des Dichters, von einer der Bomben getroffen zu werden, die republikanische Flugzeuge über der Stadt abwarfen, kam die Furcht vor persönlichen Anfeindungen.

Zwei Männer, offensichtlich Angehörige der „Schwarzen Kommandos", bespitzelten ungeniert das Haus. Und bald erhielt der Dichter einen anonymen Brief, in dem man ihm, außer seiner politischen Gesinnung und seinem Unglauben, sein Privatleben vorwarf und ihn mit dem Tode bedrohte.

Zwar stellte sich bei einer Durchsuchung heraus, daß man eigentlich hinter dem Bruder des Verwalters her war. Doch Lorca, weil man ihn schlug und beschimpfte, fühlte sich nun bei seinen Eltern so unsicher, daß er Luis Rosales, den jungen falangistischen Dichter, anrief.

Rosales kam sofort mit dem Auto herausgefahren, und er bot Lorca an, ihn durch die feindlichen Linien zu schmuggeln oder aber ihn in der Villa von Manuel de Falla einzuquartieren, in der man ihn ganz bestimmt nicht suchen würde. Lorca lehnte beides ab. Eine Flucht durchs Kriegsgebiet erschien ihm als zu gefährlich. Und de Fallas Gastfreundschaft mochte er nicht in Anspruch nehmen, weil das Verhältnis zu dem älteren Freund stark abgekühlt war, seit Lorca mit seiner *Ode an das Allerheiligste Altarsakrament* das religiöse Empfinden des Komponisten verletzt hatte.

Lorca, der sich besonders durch die Tatsache gefährdet sah, daß sein Schwager, der sozialistische Bürgermeister von Granada, inhaftiert worden war, bestand darauf, ins Haus der Rosales zu ziehen. Dort erhielt er nicht nur Unterkunft, er wurde auch von der Familie aufs herzlichste aufgenommen.

Er durfte die Bibliothek benutzen. Und die Frauen ließen sich von seinen Reisen nach Nord- und Lateinamerika erzählen, oder sie hörten seinen Klavierdarbietungen von *cante-jondo*-Liedern zu.

Wann immer das Gebrumm von Flugzeugmotoren zu hören war, verkroch sich der Dichter unters Bett, und er fand gewöhnlich erst wieder zu sich, wenn die Damen ihn mit einigen Tassen Lindenblütentee beruhigt hatten.

Aus der Sicht der fünf Rosales-Brüder, von denen einige zu den führenden Mitgliedern der Granadiner Falange gehörten, bestand für Lorca jedoch nicht die geringste Gefahr. Sie belustigten sich über ihren sensiblen Gast, weil er sie bat, die Pistolen draußen zu lassen, wenn sie hereinkamen, um mit ihm zusammen die Mahlzeiten einzunehmen.

„Es wäre", sagte Luis Rosales 1972 in einem Interview, das er *Los Domingos de ABC*, der bekannten Madrider Wochenend-Beilage gab, „eine Kleinigkeit gewesen, Federico zu verbergen... Aber niemand dachte auch nur für einen Augenblick daran, daß Lorcas Leben auf dem Spiele stehen könnte."

Das Verhängnis begann am Nachmittag des 16. August. Es wurde inszeniert von einem Renommier-Proletarier der ultra-katholischen CEDA-Partei: von Ruiz Alonso, der bei den Februarwahlen seinen Abgeordnetensitz in den Cortes verloren hatte und der mit Lorca im selben Nachtzug nach Granada gekommen war.

Ruiz Alonso, obwohl sein Name 1948 sogar von dem Falange-Propaganda-Chef, Innenminister und Franco-Schwager Serrano Suñer der Öffentlichkeit preisgegeben wurde, stellt weiterhin jede Schuld in Abrede. Zwar gibt er zu, die Arretierung vorgenommen zu haben; er bestreitet aber jedes persönliche Interesse an dem Vorgang. Und er behauptet sogar, daß Lorca ihm eine Zigarette angeboten und sich bei ihm ausdrücklich bedankt habe, nachdem alles so reibungslos verlaufen und der Dichter „sicher" im Amtsgebäude des Zivilgouverneurs angelangt war.

Ian Gibson, der irische Verfasser der Studie *The Death of Lorca*[1], kommt nach eingehenden Recherchen zu der Ansicht, daß Ruiz Alonso, von dessen bigotter und verschlagener Wesensart er sich in mehreren Gesprächen ein Bild machen konnte, die Unwahrheit sagen muß.

Da ist vor allem Ruiz Alonsos Aussage, er habe Lorca in der Calle de Angulo allein abgeholt und sei dann mit ihm — und zwar in Begleitung eines der Rosales-Brüder — zum nahen Sitz des Zivilgouverneurs gegangen. Augenzeugenberichten zufolge war die Verhaftung (bei der geschickt ein Zeitpunkt abgepaßt wurde, zu dem Lorca mit den Frauen Rosales allein im Hause war) eine großangelegte Aktion. Gewehrschützen hatten das ganze Viertel abgeriegelt. Und zum Abtransport des Gefangenen wur-

1 Ian Gibson: The Death of Lorca, W. H. Allen, London & New York 1973.

de ein Auto benutzt — ein Oakland, an dessen Steuer ein Raufbold und Weiberheld namens Juan Trescastro saß.

Trescastro, ein 1947 gestorbener Großgrundbesitzer, der sich der nationalen Bewegung erst nach dem Umsturz anschloß, hat in Granada nicht nur herumerzählt, an der Verhaftung teilgenommen zu haben. Er hat sich auch — anders als Ruiz Alonso — damit gebrüstet, bei der Erschießung dabeigewesen zu sein. „Wir haben eben Federico García Lorca getötet. Wir haben ihn in einem Graben liegen lassen, und ich habe ihm zwei Kugeln in seinen Hintern gefeuert — dafür, daß er ein Schwuler war."

Diese Bemerkung Trescastros wurde am 20. August 1936 von dem Stadtverordneten Ángel Saldaña in der Bar Pasaje gehört. Und am selben Tag äußerte sich Trescastro dem Maler Gabriel Morcillo gegenüber: „Don Gabriel, heute morgen haben wir deinen Freund abgemurkst, den Dichter mit dem großen dicken Kopf."

Obwohl er Trescastros Äußerungen über Lorcas Homosexualität ausdrücklich anführt, widerspricht Gibson der Meinung des französischen Lorca-Biographen Jean-Louis Schonberg, wonach die Ermordung des Dichters lediglich durch eine Eifersuchtsaffäre zwischen Männern verursacht worden sei. Schonbergs These wurde 1956 nur allzu bereitwillig von der offiziellen Madrider Presse aufgegriffen, die („Politik war nicht das Motiv!") von dem belastenden Befund ablenken wollte, daß die Hinrichtung Lorcas, wie privat auch der Anlaß für die Denunziation und die Verhaftung gewesen sein mag, letztlich lediglich auf Weisung des Zivilgouverneurs José Valdés Guzmán hat vollzogen werden können.

Die Frage, auf die es bis heute keine zufriedenstellende Antwort gibt, ist die nach dem Beweggrund, den Valdés Guzmán hatte, den möglicherweise zunächst nur aufgrund eines privaten Racheaktes inhaftierten Dichter liquidieren zu lassen. Valdés Guzmán war — nicht zuletzt durch die Rosales-Brüder — über den literarischen Rang Lorcas hinreichend unterrichtet. Er und auch der blutrünstige General Queipo de Llano, der Oberkommandierende aller aufständischen Truppen in Südspanien, müssen eine genaue Vorstellung davon besessen haben, was für eine Flut publizistischer Reaktionen durch eine Erschießung des bekannten Dichters zwangsläufig ausgelöst werden würde. Gibson weist darauf hin, daß Valdés Guzmán im Falle Lorcas viel länger als bei anderen Opfern gezögert hat, bevor er das Urteil sprach und den Gefangenen nach Víznar überstellen ließ.

In einem gewissen Widerspruch hierzu stehen die Angaben, die José Luis Vila-San-Juan[2] macht, der erste Spanier, der den Mut aufgebracht hat, dem Schicksal Lorcas bis in die fatalsten politischen Einzelheiten nachzuspüren. Vila-San-Juan, der wie viele Spanier dazu neigt, den Fanatikern der CEDA-Partei eine größere Schuld als der Falange bei der Ermordung des Poeten zuzuschreiben, behauptet, der Zivilgouverneur habe Lorca schon am 17. August nach Víznar abgeschoben. Doch der Befehl, die berüchtigte Durchgangsstation *La Colonia* total zu „säubern", sei erst erteilt worden, nachdem General Varela den republikanischen Sperriegel vor Granada im Westen durchbrochen hatte und nun für Valdés Guzmán die Gefahr bestand, von diesem ausnahmsweise korrekten faschistischen Offizier mit den „weißen Handschuhen" bei seinen Bestialitäten ertappt zu werden.

Eine ganz ungeheuerliche Vermutung über Lorcas Tod wurde 1966 in Umlauf gesetzt — unter Berufung auf Ramón Pérez de Ayala, den bekannten Romancier, der seinerzeit Botschafter der spanischen Republik in London war.

Pérez de Ayala hat angeblich gesagt, daß Rafael Alberti

2 José Luis Vila-San-Juan: García Lorca, Asesinado: todo la verdad, Editorial Planeta, Barcelona 1975.

in den Augusttagen des Jahres 1936 in einer von Radio Madrid ausgestrahlten Sendung ein agitatorisches Gedicht vorgelesen habe, „in dem die Rebellenführer in unflätigster Weise beschimpft wurden". Dieses Poem ließ sich, Pérez de Ayala zufolge, „ganz unmöglich Lorca anlasten, der in seiner Ausdrucksweise stets korrekt und elegant war. Die Zeilen trugen vielmehr unmißverständlich die Handschrift Albertis, der seinen Rundfunkbeitrag damit beendete, daß er Lorca für die Zusendung dankte und daß er ihm eine baldige Entlassung wünschte."

Nach dieser Version, die befremdlicherweise auch von Vila-San-Juan aufgegriffen wurde, wäre es also ein Lorca unterschobenes Propaganda-Elaborat gewesen, das den Dichter in letzter Konsequenz vor die Gewehrläufe des Mordkommandos brachte.

Alberti hat die skandalöse Beschuldigung, den Tod des Dichterkollegen und Weggenossen indirekt und ungewollt mitverursacht zu haben, aufs schärfste zurückgewiesen. Er ging gerichtlich gegen den argentinischen Verleger Codex vor, der im Rahmen einer Buchserie über den Spanischen Bürgerkrieg die Äußerungen von Pérez de Ayala publik gemacht hatte.

Länger als drei Jahrzehnte hindurch ist man der Ansicht gewesen, Lorca sei von der Guardia Civil umgebracht worden, von Angehörigen jener Truppe, die von 1936 bis 1939 unzählige Gewalttaten beging und die sich auch schon im neunzehnten Jahrhundert zu Pogromen gegen die Zigeuner hatte hinreißen lassen:

> Ihre Schädel sind aus Blei,
> darum weinen sie auch nie.
> Ihre Seelen sind aus Lack —
> damit kommen auf der Straße
> über Land sie hergeritten.

Es war Lorcas berühmte *Romanze von der Guardia Civil*, die der Legende Vorschub leistete, der Dichter sei von Zivilgardisten ermordet worden. Warum sollte die Erschießung nicht ein Racheakt gewesen sein für jene Verse, in denen das brutale Verhalten von berittenen Polizisten dargestellt wurde, die plündernd und vergewaltigend in eine Siedlung wehrloser und unschuldiger Zigeuner einbrachen: „Rosa, Sprößling der Camborio, / hockt vor ihrer Tür und ächzt — / beide Brüste, abgeschnitten, / hingelegt auf eine Schale."

Als die Zeitung *Adelante* in Valencia am 15. September 1937 den Bericht eines vermeintlichen Augenzeugen veröffentlichte, der gesehen haben wollte, wie Lorca bei Padul auf der Straße nach Motril von Zivilgardisten getötet wurde, fand die Nachricht über Lateinamerika ihren Weg in die Welt.

Erst Gibson, der zahlreiche Mitwisser und sogar den mutmaßlichen Totengräber ausfindig zu machen verstand, hat schlüssig nachgewiesen, daß es eine Valdés Guzmán unterstellte Einheit war, die den Poeten füsilierte.

Die Exekution, deren Opfer auch zwei *banderilleros*, ein einbeiniger Dorfschullehrer aus der Vega und dessen Sohn waren, fand im Norden Granadas statt: zwischen Víznar und Alfacar am Camino de la Fuente.

2. Nachtrag: Fünfzig Jahre danach (Juli 1986)

Ein halbes Jahrhundert nach seiner Ermordung werden Federico García Lorca in Spanien — und besonders in seiner Heimatprovinz Granada — zahlreiche Huldigungen dargebracht.

Sein Geburtshaus in Fuente Vaqueros soll in Kürze als Museum der Öffentlichkeit zugänglich werden. Und an der Stelle, von der man heute annimmt, daß der Leichnam des Erschossenen dort verscharrt worden sei, hat man einen Park errichtet, der den Namen des Dichters trägt. Eine Gedenktafel ehrt zugleich mit dem prominenten Toten alle anderen Opfer des Bürgerkrieges.

Am Aufgang, einer aus roten Steinen errichteten Freitreppe, stehen die ersten Verse aus Lorcas vielzitierter und gern von Flamencosängern dargebotenen *Kleinen Ballade von den drei Flüssen*, dem Auftaktpoem der Sammlung *Dichtung vom tiefinnern Sang*:

Durch Oliven und Orangen
strömet der Guadalquivir.
Die zwei Flüsse von Granada
stürzen sich vom Schnee zum Weizen.

O Liebe,
die ging und nicht kam!

Das Zentrum des Parks bildet ein Rondell mit einem großen Wasserbecken und einer Springbrunnenanlage. Im Halbkreis sind weißblaue Granadiner Kacheltafeln mit Gedichten und Gedichtzitaten an der Begrenzungsmauer angebracht.

Direkt dem Eingang gegenüber stehen einige Zeilen aus der Elegie, die Antonio Machado, der große Dichter der Generation von 1898, verfaßt hat, als er von der Bluttat erfuhr. Machado, der sein Gedicht unter dem unmittelbaren Eindruck der Todesnachricht schrieb und noch nicht die näheren Umstände kannte, war der Meinung: „Das Verbrechen geschah in Granada — in seinem Granada!"

Was der Republikaner Machado in seinem von Zorn und Schmerz durchbebten Poem forderte, nämlich, Lorca „ein Denkmal aus Stein und Traum" zu errichten — das ist nun, fünfzig Jahre nach dem grausamen Geschehen, verwirklicht worden, zwar nicht, wie der anklagende Dichter angeregt hatte, in der Alhambra, doch eben hier, in der Nähe des Ortes, an dem sich die selbsternannten Henker vor aller Welt für immer ins Unrecht gesetzt haben.

Zu beiden Seiten der Tafel mit den suggestiv memorierenden Worten Machados sind Verse aus den Büchern Lorcas zu lesen: populäre Passagen aus den *Zigeunerromanzen*, ein Zitat aus der ersten Verssammlung des Autors, ein weiteres aus seinem Buch *Lieder*, ferner eine Sentenz aus der Klage um den bei einer *corrida* zu Tode gekommenen Stierkämpferfreund Ignacio Sánchez Mejías und — ergreifendster Text wohl von allen — eine Strophe, die Lorca in New York geschrieben hat, in wehmutsvollem Rückblick auf seine Kindheit:

> Von damals meine Augen, von neunzehnhundertzehn,
> die haben nicht gesehen, wie man die Toten eingrub,
> auch nichts vom Aschenfeste dessen, der des Morgengrauens wegen weint,
> und nichts vom Herzen, das wie ein verlassenes Seepferdchen zittert.

Sein Leben lang hatte sich der Dichter vor Gewalttaten gefürchtet: „Wo immer ich auch bin, / ich erblicke / den Dolch / im Herzen.“ Dieser Grundtenor zieht sich durch das ganze Werk: „Todesschreie stiegen auf /.../ Dreimal schoß aus ihm das Blut, / und dann starb er — im Profil. / Münze, die lebendig war, / und die nimmermehr geprägt wird.“

Lorcas tragische Weltsicht, die ihn vom Tod als der Schneide eines Rasiermessers reden ließ, stimmte auf absurd-schicksalhafte Weise mit dem grauenvollen Ende am Camino de la Fuente überein.

Freilich: der Park, den man jetzt hier oberhalb von Alfacar geschaffen hat, nimmt der Hinrichtungsstätte etwas von ihrem dramatischen Ernst.

Wo früher nichts weiter war als ein nackter Berghang mit einem kleinen, verloren wirkenden Olivenhain, befindet sich nun diese kultivierte Anlage aus gemeißeltem Stein und ein paar frisch gepflanzten Pappeln und Zypressen, die nicht ins übrige Landschaftsbild passen.

Schon in den letzten Jahren der Franco-Zeit hatte man zwischen der Fuente Grande und der Stelle, an der die Füsilierung stattgefunden haben muß, einige Villen gebaut — vielleicht, weil Granadiner Bürger erneut Gefallen an dieser Gegend fanden, in der einst die Mauren in palastähnlichen Gebäuden und myrtenübergrünten Gärten sommerliche Erholung gesucht haben, vielleicht aber auch, weil man die Spuren verwischen und das Ambiente verharmlosen wollte.

Die Villen und der Park lassen nichts mehr von der abweisenden Gebirgswelt spürbar werden, die hier noch vor zwei Jahrzehnten einen Eindruck von Düsternis und unermeßlicher Einöde erweckte.

All die Versionen über die Ermordung Lorcas, die sich zu einer gemeinsamen Fama des Unheils verwoben, sind einer zivilisatorischen Übersichtlichkeit gewichen, die es schwermacht, noch etwas von jener Stimmung aus Angst, Brutalität und Todesschreien zu spüren, die hier beim Morgengrauen des 19. August 1936 geherrscht hat.

Das Verlangen, Federico García Lorca zu ehren und die Erinnerung an ihn im Gedächtnis der Menschen zu verankern, hat eine Unzahl von Aktivitäten ausgelöst. Auf die Eröffnung des Parks am 27. April 1986 folgte im Mai eine Serie von wissenschaftlichen Vorträgen. Und am 5. Juni, dem Geburtstag des Dichters, fand unter dem Motto „am 5. um 5 Uhr“ in Fuente Vaqueros eine Erinnerungsfeier statt, bereits die zehnte ihrer Art.

Neben *cante-jondo*-Künstlern und rezitierenden Schauspielern treten in dem *pueblo* mit den weißgekalkten Häusern Jahr für Jahr bekannte Dichter auf. Auch Rafael Alberti, der es zu Lebzeiten Lorcas versäumt hatte, der Einladung seines als Rivalen empfundenen Kollegen zu folgen, war nun schon zweimal bei den Festivitäten dabei — auf dem großen langgestreckten Dorfplatz, den mittlerweile ein Denkmal schmückt, dort, wo die Calle de la Trinidad abzweigt, die Straße, in der der Dichter geboren wurde und die heute seinen Namen trägt, so wie inzwischen viele andere Straßen in Spanien.

Irritierenderweise hat das Geburtshaus eine neue Nummer erhalten: aus der 4 ist eine 2 geworden, ein administrativer Vorgang, der ein Stück Identität auslöscht und Verwirrung in die Chroniken bringt.

Zur Zeit ist das Geburtshaus noch geschlossen. Doch bald wird es seine Tür als Museum auftun. Die jetzt noch leeren Räume sollen ursprungsgerecht möbliert werden. In der oberen Etage, unter den schweren dunklen Balken, die das Dach tragen, werden in Schaukästen Bücher und Dokumente zu besichtigen sein; unten, nur durch eine Portiere vom Hauptraum getrennt, befindet sich das knapp drei mal vier Meter große Zimmer, in dem der Dichter zur Welt kam. Ein fast bis auf den gefliesten Boden hinunterreichendes Fenster gibt den Blick auf den *patio* mit dem Ziehbrunnen, einer Pumpe und ein paar Pflanzen frei.

Fuente Vaqueros hat sich verändert. Ein freierer Geist hat Einzug gehalten. Zwar gibt es immer noch alte Männer und Tagelöhner, die auf den Stühlen vor einer Bar sitzen, ohne sich ein Getränk leisten zu können, doch die Ökonomie und die Bildung machen Fortschritte, man sieht weniger Esel und Mulis, dafür mehr Landwirtschaftsmaschinen und Motorräder, und die Jungen treffen sich abends in einer Diskothek. Überall ist viel gebaut worden, und der Marktplatz wurde modernisiert.

Die Schienen der alten Straßenbahn, die früher auf dem Sand lagen, sind verschwunden. Nur an einer Stelle blinkt noch ein kurzes Stück Stahl unter der Asphaltdecke hervor.

Das Haus in der Kirchenstraße, der spätere Wohnsitz der Familie, existiert nicht mehr. Es wurde abgerissen und durch ein ausdrucksloses größeres Gebäude ersetzt.

Von ein paar älteren Frauen erfahren wir, daß vor einigen Jahren Carmen Ramos gestorben sei, Federicos Kindermädchen, das zu den Personen gehört hat, die den Abstand zwischen dem wohlbehüteten Großgrundbesitzersohn und den anderen, den armen Kindern des Dorfes verringert haben und seine Sympathie für das Volk und die Volkskunst erweckten.

Carmen Ramos, die von den Dorfbewohnern weiterhin mit dem Kosenamen *La niña Ramicos*, das kleine Ramos-Mädchen, bedacht wird, hatte noch, als sie schon alt und gebrechlich war, mit sachlicher Zärtlichkeit von ihrem einstigen Schützling gesprochen: „Mein Vater hat für seinen Vater gearbeitet, der war sehr reich. Er hatte viel Boden und viele Gespanne... meine Mutter hat für Federico die ersten Puppen gebastelt, aus gefärbten Lumpen und bemalter Pappe. Vorher hatte Federico auf der *plaza* Schausteller mit Puppen gesehen. Dann, später, hat ihm seine Mutter richtige Puppen gekauft, ein ganzes Puppenspiel. Ich war ungefähr elf, als ich für dauernd in ihr Haus kam. Federico war sechs Jahre jünger als ich. Ich blieb drei Jahre da, aß mit ihnen, schlief bei ihnen, gehörte zur Familie. Federico liebte *coplas*: ‚Warum entfernst du dich / so weit vom Dorfplatz? / Ich will die Zauberer / und die Prinzessinnen suchen!' Er errichtete gern Altäre, und ich mußte ihm helfen. Er hielt Messen ab und sagte uns anderen Kindern, daß wir weinen sollten, wenn er betete und traurige Dinge aussprach. Ich kam erst in ihr Haus, als sie schon in der Kirchenstraße wohnten. Ach, mein Gott. Federico durfte nie allein auf die Straße. Seine Mutter nahm ihn an der Hand, wenn sie in die Kirche gingen. Sie meinten, er würde sonst auf den Feldern rumstromern. Mich ließen sie mit ihm zusammen Blumen pflücken gehen, für seinen Altarschmuck. Seine Spiele gefielen den Buben und den Mädchen. Die Karwochenprozession und Fronleichnam, wenn es blumengeschmückt durch die Straßen ging — Federico griff das alles auf. Dann zog die Familie weg: nach Valderrubio. Später nach Granada. Sein Vater wurde immer reicher.

Er kaufte Land auf, viel Land, auch das Gut von Daimur Alto. Ja, sie zogen von hier weg nach Valderrubio, das ja auch Asquerosa heißt. An Fuente Vaqueros lag Don Federico, dem Vater von Federico, jetzt nichts mehr. Im Winter wohnten sie in Granada, und im Sommer gingen sie nach Valderrubio. Don Federico hat auch die Vega de Zujaira gekauft. Später besaß er noch ein Landhaus ganz nahe bei Granada, die Huerta de San Vicente, die nannte er so nach seiner Frau, Doña Vicenta. Als Federico hier wegging, war er sieben oder acht Jährchen alt. Ich habe ihn zuletzt bei einem Besuch gesehen, den ich mit meinem Vater und meinem Sohn in der Huerta gemacht habe. Das muß ein paar Jahre vor dem Krieg gewesen sein."

Lorca hat sich sein ganzes Leben hindurch zu Granada bekannt, doch noch inniger verbunden ist er Fuente Vaqueros gewesen. Als der Dichter nach dem Ausrufen der 2. Republik mit dreißig gestifteten Büchern in seinem Heimatdorf den Grundstock zu einer Volksbibliothek legte, sagte er in einer Rede, die bisher unbekannt war und die nun von Andrés Soria Olmedo, gemeinsam mit Manuel Fernández Montesinos, dem Neffen des Dichters, anhand des Manuskripts transkribiert und gedruckt worden ist: „Ihr könnt mir alle glauben, daß ich euch von Herzen dankbar bin und daß ich, wenn man mich in Madrid oder in einer anderen Stadt nach meinem Herkunftsort fragt, stets Fuente Vaqueros nenne..."

Immer wieder hat Lorca in Interviews und Statements hervorgehoben, wie sehr sein Charakter und seine Inspirationen aus der Landschaft kamen, in der er aufgewachsen war: „In meiner Kindheit, im Dorf, habe ich gelernt, einfach zu sein... Hirten, Felder, Himmel, Einsamkeit... Ich wundere mich sehr, wenn man glaubt, daß das, was in meinen Stücken enthalten ist, von mir erfundene Gewagtheiten seien, Dichterkühnheiten. Nein, nein. Das sind authentische Umstände..."

Die Einfachheit, von der Lorca im Zusammenhang mit

seiner Kindheit auf dem Lande spricht, ist ein wichtiger Bestandteil des Raffiniert-Verfeinerten, das sich in der Architektur, in der Musik und in der Poesie Andalusiens offenbart.

Auch in der Huerta de San Vicente, dem herrenhausähnlichen Sommersitz der Familie Lorca, ist die Noblesse des Schlichten allgegenwärtig. Hier befinden sich noch alle Möbel und mancherlei Gebrauchsgegenstände, dort, wo sie zurückgelassen wurden, als die verschreckten Angehörigen des ermordeten Dichters und seines gleichfalls umgebrachten Schwagers, des damaligen Bürgermeisters von Granada, für lange Jahre ins Ausland gingen.

Die Huerta de San Vicente ist heute fast erreicht von dem vordrängenden Hochhausgürtel am Stadtrand der Kapitale, den man in seiner ganzen deprimierenden Uniformität vor Augen hat, wenn man auf der Terrasse steht. Die Umwandlung des Gartens in einen Park mit vielen Bäumen soll künftig Abhilfe schaffen, und das Haus soll ebenfalls in den Zustand eines Museums überführt werden.

Vorerst aber herrschen noch Ruhe und Intimität in den Räumen. Die zugezogenen Vorhänge sperren die Julihitze aus. Und in der Bibliothek, linker Hand neben der Diele, verstaubt ein altes, mit der Hand aufzuziehendes Grammophon mit dem klassischen Emblem des jaulenden Hundes: *his master's voice*.

In der Küche steht ein kleiner Herd mit einem auf das Kohlebecken abgesenkten Behälter, aus dem sich jederzeit heißes Wasser schöpfen ließ.

Eine gekachelte Treppe führt zu den Schlafzimmern der oberen Etage. Der Raum, den Federico bewohnte, ist nur eine gekalkte Kammer, spartanisch eingerichtet. Das gedrechselte Holzbett ist breit, doch von überraschender Kürze. Überm Bett: die Muttergottes; und vorm Bett: ein weißes Tischchen. Ein paar Bilder sind für eine Ausstellung vorübergehend entfernt worden, aber eine Malerei von Alberti ist hängengeblieben.

Das Fenster führt auf einen Miniaturbalkon, und der Ausblick, den der Dichter hier genoß, gab ihm luzide Stimmungen ein und ließ ihn in Briefen schwärmen: „Im Garten blühen soviel Jasmine und Nachtschatten, daß wir alle im Hause am Morgen unter lyrischem Kopfschmerz leiden, der so wunderbar ist wie der Schmerz des gestauten Wassers... Das ist das Wunder Andalusiens." Oder: „... ich wohne wieder in der Huerta de San Vicente in völliger Idylle, esse den ganzen Tag auserlesene Früchte, singe mit meinen Geschwistern auf der Schaukel und mache so viel Unfug, daß ich mich manchmal schäme, wenn ich an mein Alter denke."

Beherrschendes Inventarstück in Lorcas Zimmer ist der mittelbraune, breit ausladende Schreibtisch, mit niedrigen Aufbauten an den Seiten, in denen sich je zwei Schubfächer befinden — eines ist von ausgelaufener Tinte verfärbt.

„Nichts bleibt als die Stille." Diesen Vers Lorcas aus einem der Gedichte des *Poema del cante jondo* hat Cristóbal Halffter als Titel seines zweites Konzerts für Violincello und Orchester gewählt, das er dem ermordeten Lyriker zugeeignet hat. Die Uraufführung fand, dargeboten von dem Orchester des Südwestfunks Baden-Baden und mit Rostropowitsch als Solisten, im Juni 1986 in Granada statt, in Anwesenheit von Königin Sofía.

Nach Jahrzehnten des Totschweigens und der offiziellen Vernachlässigung wird der Dichter aus Fuente Vaqueros nun mit Ehrungen überschüttet.

Sogar eine Ausstellung über die Musik der Generation von 1927 bekommt, obwohl es nur wenig Korrespondierendes zwischen den gefeierten Komponisten und dem Dichter gibt, das Etikett *Huldigung für Federico García Lorca*.

Wie immer, wenn eine überragende Persönlichkeit Gelegenheit dazu bietet, mischen sich ehrliche Respektbekundungen mit Selbstdarstellungsversuchen und kommerz-orientierten Unternehmungen.

Eine Nationale Kommission zur Fünfzigjahrfeier, geleitet von Andrés Soria Olmedo, koordiniert die Förderungsmaßnahmen des Kulturministeriums, der Junta von Andalusien, der Abgeordnetenkammer der Provinz Granada, der Granadiner Stadtverwaltung, der Universität von Granada, der Gemeindeverwaltung von Fuente Vaqueros und der Lorca-Stiftung.

Ein Philologe aus Michigan, Andrew A. Anderson, hat eine Anthologie mit Proben aus dem poetischen Werk zusammengestellt und mit Anmerkungen versehen. Manuel Angeles Ortiz organisierte eine Ausstellung mit Zeichnungen Lorcas. Außerdem sind Lesungen aus dem Werk vorgesehen, in der Stadt wie auch in der Provinz Granada. Das Drama *El público* freilich wird nur rezitiert, nicht inszeniert; die Bühnenerprobung dieses schwierigen konfessionellen Stückes mit homoerotischer Problematik fand (sieht man einmal von zwei Einstudierungen durch Studententheater in Texas und Puerto Rico ab) in Deutschland, in Wuppertal, statt.

Die Universität von Granada gab eine *Lyrik-Anthologie zu Ehren von García Lorca* heraus, mit Beiträgen ortsansässiger Dichter; zu den Autoren dieses Buches gehört Juan de Loxa, der Direktor des Lorca-Museums in Fuente Vaqueros.

Besonders groß sind die Aktivitäten von Film und Fernsehen. Nach der genialen Behandlung und Transformation des Dramas *Bluthochzeit* durch Carlos Saura und den Flamencotänzer Antonio Gades, der filmische Aufbereitungen von Theaterstücken durch andere Regisseure vorausgingen, verlagert sich die Neugier jetzt weg von den Werken Lorcas — hin zu seiner Person und den Umständen seines Lebens.

In diese Richtung wies bereits in der zweiten Hälfte der siebziger Jahre die auf dem Festival von San Sebastián als bester spanischer Film ausgezeichnete Studie *An einen unbekannten Gott*, in der der Protagonist, ein schwuler Varietékünstler, die personale Verschlüsselung Federico García Lorcas sein sollte.

Schon 1976, kurz nach Francos Tod, hatte José Antonio Zorilla einen 19-Minuten-Streifen mit dem Titel *Die Schlucht von Víznar* gedreht. Jetzt, zum 50. Todestag, bereitet das spanische Fernsehen zwei Serien vor, von denen die wichtigere *Lorca: Tod eines Dichters* betitelt ist. Diese vierteilige Ereignis-Nachstellung von Juan Antonio Bardem, in der Lorca durch den englischen Schauspieler Nicolas Grace (bekannt geworden durch das TV-Spiel *Wiedersehen mit Brideshead*) verkörpert wird, basiert auf einem Drehbuch von Ian Gibson, der nach seinen Recherchen über die Umstände und die Hintergründe von Lorcas Ermordung nun mit dem ersten Band einer umfangreichen zweiteiligen Biographie des Dichters an die Öffentlichkeit getreten ist.

Auch die Fernsehgesellschaften anderer Länder haben Teams in die Provinz Granada entsandt. In England, in der Bundesrepublik, in der Schweiz, in Italien, in Japan — überall interessiert man sich für das Leben und, mehr noch, für den Tod des einstmals verfemten Dichters, den man allerdings nicht immer der Essenz seines Werkes wegen inspiziert, sondern bisweilen wegen anekdotischer und delikater Lebensmomente... in der Absicht, aus dem Lyriker und Dramatiker Federico García Lorca seinerseits eine auf Leinwand und Bildschirm wirksame Kunstfigur zu machen.

3. Nachtrag: Erneute Schüsse auf den Toten (September 1986)

Federico García Lorca war unpolitisch, apolitisch. Doch er lebte in einem politisch total überhitzten Milieu, in einem Land krasser sozialer Gegensätze und in einer Zeit sich unentwegt verstärkender weltanschaulicher Polarisierung.

Sein — an und für sich ganz unspektakuläres — kurzes Künstlerdasein wurde von zwei dramatischen Daten markiert, begrenzt. Es sind dies die Jahre 1898 und 1936.

1898, im Jahr von Lorcas Geburt, verlor Spanien im Krieg gegen die USA die letzten überseeischen Besitzungen: Cuba, Puerto Rico, die Philippinen. Es war der Augenblick der größten nationalen Demütigung, der Beginn einer langanhaltenden Identitätskrise.

1936 aber begann der Bürgerkrieg; und Lorca gehörte zu den Opfern einer der ersten von ungezählten Massenmordaktionen, mit denen beide Lager, das rechte wie das linke, ihr moralisches Ansehen untergruben.

Der Dichter selber war weder ein Roter noch ein Schwarzer. Er stand zwischen Tradition und Moderne, zwischen Künstlern und Spießern, zwischen Kommunisten und Falangisten.

Zwar trumpfte er gegen Ende seines Lebens einem Interviewer gegenüber auf: „Rede ich nicht wie ein richtiger Sozialist?“ Doch in seiner Behauptung schwang Ironie, Selbstironie, mit, und der Kontext seiner Antworten war voll von Widersprüchen, die auch in anderen Erklärungen zutage traten.

Derselbe Lorca, der 1936 den Bund Antifaschistischer Schriftsteller mitbegründete, war — zum Entsetzen seiner linken Künstlergefährten — mit José Antonio Primo de Rivera befreundet, dem Gründer der Falange-Partei, der ein großer Verehrer seines Talents war, vor allem ein Bewunderer der *Zigeunerromanzen*, ungeachtet der Tatsache, daß dieses Buch wegen der *Romanze von der Guardia Civil* vielen konservativen Spaniern als politische Provokation erschien.

Lorca, der Sohn reicher Eltern, doch der Sympathisant der armen Landbevölkerung, war ein Mensch, der keiner Gruppe, keiner Richtung angehörte.

Wohl haßte er die Bourgeoisie, die Klasse seiner Herkunft, dies jedoch nicht aus ideologischen, sondern aus persönlichen Gründen: er fühlte sich unter seinesgleichen unverstanden, wegen seiner Sensibilität, seiner Dichtung, seiner Homosexualität.

Andererseits blieb er auch unter den Intellektuellen Madrids und Barcelonas ein verkappter Außenseiter. Dem Anschein nach gut Freund mit allen, hielt er sich innerlich auf Distanz. Keines der überlieferten Fotos zeigt etwas von jenem „gesunden breiten Lachen", das er sich selbst nachsagte und mit dem er die Leute seiner Umgebung von der Heiterkeit seines Wesens zu überzeugen versuchte.

Lorca war nur dann in seinem Element, wenn er über Poesie reden, seine neuesten Werke vortragen oder am Klavier *cante-jondo*-Lieder und anderes spanisches Volksgut intonieren und mit seiner kräftigen Gesangsstimme zu Gehör bringen konnte.

Allein die Kunst belebte ihn. In alltäglichen Lebenssituationen wirkte er traurig, verschlossen. Und immer wieder, aus den geselligsten Anlässen heraus, sprach er unvermittelt über den Tod, ja einmal — Dalí hat sich betroffen darüber geäußert — mimte er sogar theatralisch sein eigenes Begräbnis: wie sein Sarg hinweggetragen wurde über das Stolperpflaster Granadas.

Wer ihn nicht hörte, bloß sah, auf den machte er einen so ungraziösen Eindruck, daß man ihn mit einem Schwan verglich, der sich außerhalb des Wassers nur plump zu bewegen vermag.

Lorca hatte eine einzige Chance, sein Existenzkonzept zu verwirklichen und ein Dichterleben zu führen — er mußte mit der Literatur Geld verdienen. Das brachte ihn dazu, sich vom Schreiben von Versen immer stärker auf das Verfassen von Theaterstücken zu verlegen.

Schon im November 1924 teilte er seiner Familie aus Madrid mit, daß sein Drama *Mariana Pineda* beim Vorlesen in Schriftstellerkreisen begeisterte Zustimmung gefunden habe und daß sich ihm nach der Aufführung gewiß alle Türen öffnen würden.

Zugleich jedoch betonte er den nicht ideologie-gebundenen Charakter seiner Arbeit über die Granadiner Freiheitsheldin, in deren Scheitern er eigene Lebensängste thematisierte: „... es ist ein *Werk der reinen Kunst*, eine Tragödie, die ich, ihr wißt es, ohne politisches Interesse angefertigt habe, und ich möchte, daß der Erfolg ein *poetischer* sein wird..."

Mariana Pineda war, genau wie die *Romanze von der Guardia Civil*, ein im neunzehnten Jahrhundert angesiedelter historischer Stoff, ohne aktuelle Bezüge oder Verweise.

Doch Lorca wurde, ungeachtet seines Desinteresses an Politik, in die Auseinandersetzungen seiner Epoche hineingezogen, als in den dreißiger Jahren die Literatur mehr und mehr zu einem Instrument des Parteienkampfes wurde.

Weil der Dichter das Bürgertum haßte, fiel es ihm leicht, bestimmte provozierende Äußerungen zu tun. Trotzdem hörte er nicht auf, sich als „Sohn aus gutem Hause" zu erkennen zu geben, als jemand, der nur dann zu arbeiten, zu schreiben brauchte, wenn er Lust dazu verspürte.

Die Rechten hielten den Poeten für ein fragwürdiges Individuum, das konspirative Beziehungen zu den Linken unterhielt und das — eine Art Verrat an der zentralistisch-kastilischen Staatsidee — in seinen Phantasien das maurische Granada König Boabdils gegen das Granada der Katholischen Könige ausspielte.

Den Linken wiederum, den Parteigängern des Fortschritts, war Lorca zu ästhetisch und zu romantisch orientiert; sie sahen in ihm einen Schöngeist, der nicht genügend gesellschaftspolitische Brisanz in seinen andalusischen Dramen entwickelte, sondern nur (*Doña Rosita bleibt ledig oder Die Sprache der Blumen*) das Seelenleben von Bürgern durchleuchtete oder aber die archaischen Rituale des Landlebens bloßlegte, ohne dabei zum

Umsturz aufzufordern und Signale zur Landreform zu geben.

Die künstlerischen Arbeiten Lorcas sind das Werk einer Übergangszeit, in der sich Altes und Neues, Zeitloses und Zeitgebundenes, Seinshaftes und Geschichtliches, Soziales und Psychogrammatisches durchdringen. Zu komplex ist die Stoffbehandlung, als daß sich aus den Texten ein unmittelbarer Nutzen für die Vertreter des konservativen oder des progressiven Spaniens ziehen ließe.

Lorca, der irisierende Zwischentöne und Bilder von nachleuchtender Faszination schuf, war ein traumatisierter Träumer, kein Kämpfer; und wenn er gelegentlich — etwa in seinem Dramenfragment *Komödie ohne Titel* — mit der Idee der Revolution spielte, dann lag seiner Eingebung ein künstlerisch-anarchischer Impuls zugrunde, nicht eine fundamentale klassenkämpferische Haltung.

Der Dichter, der in einem ideologischen Niemandsland lebte und ohne materielle Grundlage war, bekam eine Möglichkeit zur Verbesserung seiner Verhältnisse nach der Etablierung der Republik, als er Hauptverantwortlicher des frisch ins Leben gerufenen Studententheaters *La Barraca* wurde, einer Wanderbühne, mit der er durch die Provinzen ziehen konnte, hinaus auf die Dorfplätze, wo er ein naives, aber begeisterungsfähiges Publikum antraf, das die Kunst noch aus dem Herzen begriff.

Sogar seine eigene Poesie stellte er jetzt zurück. So wichtig war ihm die Begegnung mit den Landleuten, die ihm auch deswegen nahestanden, weil er seine ersten Lebensjahre selber in Dörfern verbracht hatte. Im Gegensatz zu dem Alberti jener Jahre, der sich ganz als Agitator verstand, faßte Lorca seine Erziehungsarbeit als Traditionspflege auf: er präsentierte die spanischen Bühnenklassiker.

La Barraca bot dem Dichter die Gelegenheit, das Gefühl der Entfremdung, des Ausgestoßenseins, zu überwinden, unter dem er litt, seit ihn Dalí und Buñuel wegen seiner *Zigeunerromanzen* niedergemacht und ihn hierdurch mitveranlaßt hatten, für längere Zeit in die USA zu reisen, ins als feindselig empfundene New York, wo ihm die Technisierung und Anonymisierung des Lebens zur Pein wurden.

Die Arbeit für *La Barraca* brachte den Dichter wieder in Tuchfühlung mit dem einfachen ruralen Leben Spaniens, und es machte Lorca eine geradezu kindliche Freude, den Bauern und Landarbeitern das Geschenk großer Theaterdichtung darbringen zu können.

Wie fast alles im Dasein des Poeten hatte auch sein Verstricktwerden in die Aktivitäten des ambulanten Theaters persönliche, ja private Gründe. Der Kultusminister der Republik, der Sozialist Fernando de los Ríos, war ein Freund der Familie, und der junge Dichter hatte einst — wenn auch mit geringem Erfolg — bei ihm in Granada Vorlesungen über Politisches Recht gehört. Später dann war es de los Ríos gewesen, der den Autor dazu ermuntert hatte, die Reise in die Vereinigten Staaten zu wagen.

Ohne den Kontakt zwischen Lorca und de los Ríos wäre *La Barraca* vermutlich niemals gegründet worden. So nun aber besaß der Poet endlich eine berufliche Plattform, die seine Existenz stabilisierte, auch psychisch: durch die Theatertätigkeit gewann er Abstand zu sich, zu den Intrigen seiner Künstlerkollegen, zu seinen Schwierigkeiten als Homosexueller und sogar zu seinem lyrischen Werk, das man ihm verleidet hatte.

Wenn Lorca sich zur Zeit der Republik verschiedentlich politisch geäußert hat, dann, weil er dem gesellschaftlichen Klima Rechnung zu tragen bemüht gewesen ist, doch auch, weil er nicht noch einmal so isoliert im Künstlermilieu dastehen wollte wie gegen Ende der zwanziger Jahre, als man ihm seinen *andalucismo* vorgeworfen hatte, seine Liebe zum ländlichen spanischen Süden, die damals als etwas poetisch Unreifes und geistig Rückständiges galt.

Lorca, dieser, wie man heute sagen würde, durch und durch grüne Dichter, verteidigte seine regionalistischen Vorstellungen weiterhin unter den veränderten Bedingungen der dreißiger Jahre, als Urbanismus und Internationalismus den Ton angaben.

Es war mehr als eine Laune, als ein poetischer Spaß, wenn er 1933 eine seiner Episteln mit „Rex de Andalucía", „König von Andalusien", unterzeichnete. Der Dichter beharrte auf seinem Ursprungsmilieu als der Basis seines Erlebens und dem Fundus seiner Sujets. Die ihm in den Mund gelegten Gesinnungsbekundungen werden relativiert durch andere Verlautbarungen, etwa durch die 1934 in einem Brief an Ezio Levi gemachte Aussage, daß er sich als kindlicher Charakter verstehe, mit geringem Interesse an sozialen und öffentlichen Fragen.

Die Bühnenerfahrungen, die Lorca mit *La Barraca* machte, kamen ihm bei der Niederschrift seiner späteren Dramen zugute, bei der Konzeption von Stücken, die samt und sonders in Andalusien spielten.

Das Beharrungsvermögen, mit dem dieser Dichter bei sich und seinen Themen blieb, löste bei den Intellektuellen der spanischen Geisteszentren teilweise mehr Befremden als Bewunderung aus. Doch weil die Größe und die Einmaligkeit unübersehbar wurden, erweckte Lorca trotz seiner unzeitgemäßen Stoffe Neidgefühle bei Kollegen, deren Kurs nicht so sicher von einem inneren Kompaß bestimmt wurde, wie das bei ihm, dem ganz aus der Intuition heraus produktiven Poeten, der Fall war.

Während Dalí und Buñuel ihre boshaften Attacken bald einstellten und später sogar bereuten, blieb bei Alberti ein Stachel zurück, der noch heute zu schmerzen scheint. Der Dichter von *Matrose an Land*, der es einst absichtsvoll verschleppte, Lorca zu besuchen, läßt seit einigen Jahren keine Gelegenheit aus, vor dem Daseins- und Wirkungshintergrund seines Freundfeindes zu posieren.

Nach der Publikation einer Reihe von Klageliedern, die alle auf den Tenor „nie war ich in Granada" gestimmt waren, holte Alberti sein Versäumnis am 24. Februar 1980 nach. Er folgte einer offiziellen Einladung und bekam vom Bürgermeister den Stadtschlüssel ausgehändigt, der zur berühmten Puerta de Elvira paßt, jenem Tor, durch das 1492 die kapitulierenden Mauren das christliche Heer hatten einziehen lassen.

In dem Gedicht, das Alberti über die symbolische Inbesitznahme Granadas geschrieben hat, spricht er ausschließlich von sich, dem ihm schmeichelnden Huldigungsakt sowie von der Menschenmenge, die ihn erwartete; kein Wort verliert er über Federico García Lorca, dem er seinen triumphalen Einzug verdankt.

Albertis Einstellung zu dem Rivalen seiner frühen Jahre bleibt zwiespältig. Immer wieder rankt er sich an Lorca hoch. Bei jeder Gedächtnisveranstaltung, jeder Denkmalenthüllung ist er zugegen, um Statements abzugeben und Gedichte zu lesen. Doch der Eindruck, den er erzeugt, hinterläßt Unbehagen.

Auf die Frage nach der künstlerischen Bedeutung Lorcas weicht er aus und erklärt, daß er Jiménez für den größten spanischen Dichter des Jahrhunderts halte.

Sehr befremdlich mutet es an, wenn Alberti angesichts des gewaltigen Werks, das sein Kontrahent in den nur achtunddreißig Jahren seines Lebens geschaffen hat, die Ansicht vertritt, das alles sei bloß Auftakt, „Entwurf", gewesen.

Statt Auskunft über die Genialität Lorcas zu geben, nennt Alberti den Dichter einen guten Kerl, und er erzählt Anekdoten, in denen er Federico als skurrilen Typ erscheinen läßt, der zu Übertreibungen neigte und allerlei kindsköpfige Späße trieb. Die Aussage „Er war ein außergewöhnliches Geschöpf" wird sogleich eingeschränkt durch den Zusatz „mit all seinen Fehlern".

Alberti versteht es, seine Suada des Lobes mit kleinen

Spitzen und verborgenen Anzüglichkeiten zu durchsetzen. Seine Taktik läßt sich gut anhand eines Gesprächs nachweisen, das er schon 1977 mit José Miguel Velloso geführt hat und das den Abschluß seines 1984 in der Biblioteca de la Cultura Andaluza publizierten Materialienbandes *Federico García Lorca / poeta y amigo* bildet.

Immer wieder windet sich Alberti, wenn er präzise Angaben machen soll; und er erweckt den lebhaften Protest von Velloso, als er — offensichtlich aus eigenem Profilierungsbestreben — den Dichter aus Fuente Vaqueros in ein ungünstiges Licht rückt und Leute anführt, die heute schlecht über Lorca sprechen und seine „Dichtung als eine dekorative Dichtung" bezeichnen.

Federico, der gute Freund aller Poeten seiner Generation — das ist ebenso eine verfälschende Fiktion wie gewisse Bürgerkriegslegenden, beispielsweise die abgeschmackte Propagandalüge, die aus der Ermordung Lorcas Kapital zu schlagen versucht hatte, indem sie den Dichter als einen Heroen des Widerstands ausgab, der mit einer Freiheitsparole auf den Lippen als martialischer Märtyrer in den Tod gegangen sei.

Lorca war Republikaner, aber kein „Roter"... wie hätte er sonst im Hause franquistischer Freunde Zuflucht suchen können, als er sich in der Huerta de San Vicente, dem Granadiner Sommerhaus seiner Familie, nicht mehr sicher fühlte.

Der Dichter stand zwischen den Fronten; genauer gesagt: die Front, die Spanien in zwei feindliche Lager teilte, lief mitten durch ihn hindurch, so wie sie durch Landstriche, Städte, Dörfer, Familien lief.

Was sein Werk so plausibel macht: die Synchronizität von Tradition und Moderne, das ließ ihn Anteil an der Gefühlswelt und dem Gedankengut *beider* Spanien haben... ein Umstand, der dazu führt, daß sich an ihm immer wieder die Gemüter erhitzen, die Geister scheiden.

Als kürzlich in Alfacar ein Zivilgardist beerdigt wurde,

der im Baskenland von Eta-Terroristen getötet worden war, zogen nach der Beisetzung einige Männer zum nahen Lorca-Park hinauf und schossen auf die Tafel mit den Versen, die sich am Eingang befindet.

Nachdem die Bürgerkriegswunden endlich vernarbt sind und Spanien frei ist von der Bürde der Franco-Diktatur, reißt nun der Kampf, den radikale Autonomisten gegen die Zentralregierung in Madrid führen, neue Gräben auf, und in gespenstischer Weise beleben sich einstige Feindbilder.

Im August 1986 wurde Federico García Lorca abermals zum untauglichen Objekt dumpfer Leidenschaften, als man in verständnisloser Wut ein paar Gewehre abfeuerte, diesmal vollends ins Irreale zielend, auf den Geist des längst unsterblich gewordenen Poeten.

Guadalquivir: von der Mündung zur Quelle

Heiß wie aus einem auf die Höchststufe gestellten Fön bläst durch die heruntergekurbelten Fenster Luft ins Taxi. Felder mit braunen Sonnenblumen wechseln ab mit Flächen niedrig über den Boden hin wachsenden Weins. Wir nähern uns, auf der neuen *autopista*, Jérez de la Frontera, der Stadt des Sherry, die an vielen Stellen durch überdimensionale Reklameschilder auf ihre bekanntesten Marken hinweist.

Unser Ziel ist jedoch nicht der Binnenort Jérez, sondern Sanlúcar de Barrameda, ein Städtchen an der Mündung des Guadalquivir, das einstmals Ausgangspunkt von Columbus' dritter Reise sowie von Magalhães' Erdumsegelung war. Sanlúcar ist ein verschlafener Ort, dem immer noch viel von jener provinziellen Solidität anhaftet, die in einem Stück Volkspoesie zum Ausdruck gekommen ist:

> Sanlúcar de Barrameda,
> mein Dorf,
> du bist klein,
> nur wenige kennen deinen Namen.
> Ich aber wünsche,
> man könnte dich falten,
> in die Tasche stecken und mitnehmen
> wie ein Stück Papier,
> wenn sie mich zu den Soldaten holen.

Sanlúcar, mit seinem behäbigen Strandleben, hat etwas von der Atmosphäre der guten alten Sommerfrische bewahrt. Die Urlauber, fast ausschließlich Spanier, die ihre Stunden zwischen unscheinbaren Badehäuschen und dem Meer verbringen, sind Menschen aus der näheren Umgebung oder aber Leute, denen die kühleren Seebäder des Nordens zu mondän sind und denen auch das internationalisierte Milieu an den Mittelmeerküsten nicht behagt.

Schlicht wie der Bahnhof der — nur nach Süden führenden — Strandbahn sind die Restaurants und die wenigen Bars, die freilich mit einer lokalen Köstlichkeit aufwarten können: mit *manzanilla*-Wein. Der *manzanilla,* von manchen Kennern mehr noch geschätzt als der *fino,* die leichteste Art des Sherry, ist ein Getränk von sehr heller Farbe und einem ganz spezifischen Aroma, das seine letzten Nuancen dem salzigen Atlantikwind verdankt. *Manzanilla* heißt Kamille, und der Wein führt seinen Namen offensichtlich auf sein Aussehen zurück, auf die blasse Kamillentee-Tönung.

Nahe bei Sanlúcar, ein Stück den Guadalquivir hinauf, liegt Bonanza (auf deutsch Windstille), die Hafenstation. Ihr gegenüber, auf der anderen Seite des Flusses, beginnen die Marismas, riesige Delta-Sümpfe, die zum Naturschutzgebiet des Coto Donaña gehören.

Diese letzte ursprüngliche Region Westeuropas, in der es noch zahlreiche seltene Vogelarten und sogar einige verwilderte Kamele gibt, wurde in jüngster Zeit zwar ebenfalls schon in Raumordnungs- und Urbanisationsüberlegungen einbezogen, doch einstweilen ist der *coto*, auf den der World Wildlife Fund bereits sein kritisch-wohlwollendes Augenmerk gerichtet hat, noch reine Wildnis. Und wer etwa von der Guadalquivir-Mündung nach Norden, nach Huelva will, findet keine einzige Brücke, sondern muß, sofern er nicht die Seeroute benutzt, den umständlichen Weg über Sevilla antreten.

Huelva, eine nahe der portugiesischen Grenze gelegene Hafenstadt, bildet den Ausgangspunkt für einen Abstecher nach La Rábida und Moguer.

In La Rábida, dem Kloster an der Mündung des Río Tinto, des eisenhaltigen Roten Flusses, leiert ein Franziskanermönch den Besuchern Geschichten über Columbus vor, der hier Unterstützung fand, bevor er am Morgen des 3. August 1492 mit seinen drei Karavellen in See stach, um hinter den Horizonten seiner Imagination und seines Ehrgeizes einen unbekannten Kontinent zu entdecken.

Moguer, die Endhaltestelle des Busses, der einen von Huelva aus nach La Rábida bringt, ist das Geburtsdorf des Lyrikers und späteren Nobelpreisträgers Juan Ramón Jiménez. Dieser Dichter, der eine allzu behütete Kindheit in einem „alten Haus mit großen Salons und grünen Patios" verbrachte, hat — aus dem dekadenten Geist des *modernismo* ebenso wie aus dem Erlebnis der nationalen Demütigung von 1898 — eine Poesie geschaffen, die ihn als eine der sensibelsten Gestalten der Geistesgeschichte ausweist.

Jiménez, den eine geradezu hysterische Geräuschempfindlichkeit zeitweise dazu brachte, seinen Phantasien nur von einem Zimmer mit gepolsterten Wänden aus zu folgen, verkörpert die weichen lyrischen Züge des iberischen Wesens. Er, dessen erster erfolgreicher Versband bezeichnenderweise *Arias tristes, Traurige Arien*, hieß, stand seelisch dem portugiesischen *saudade*-Gefühl näher als dem spanisch-kastilischen *soledad*-Bewußtsein.

Soledad — das ist ein herbes männliches Einsamkeitserleben, das auf der wasserlosen Hochebene der Meseta entstanden ist und dem sich die Emotionen des Stierkampfes ebenso zuordnen wie die masochistisch-anstachelnden Linienführungen bestimmter *cante-jondo*-Arten, besonders der Zigeuner-*siguiriya*.

Saudade hingegen ist der Ausdruck eines Schmerzes, der sich elegisch verströmt und der zu sentimentaler, ja theatralischer Übertreibung neigt. *Saudade*, so hat man gesagt, sei die Anwesenheit der Abwesenheit.

Aus diesem Empfindungsbereich abgründigen Leidens und ziellosen Sehnens wurde Jiménez schöpferisch, als er seinen Subjektivismus in der Figur des Eselchen Platero abspiegelte:

> Zu zweit kamen wir beladen von den Bergen zurück: Platero mit Majoran, ich mit gelben Schwertlilien... Von der Anhöhe bekam der mit glänzenden bunten Kacheln gekrönte Turm des Dorfes bei Anbruch der blauen Stunde ein bedeutenderes Ansehen. Von nahem schien er die Giralda in Sevilla, wie man sie aus der Ferne erblickt, und meine Sehnsucht nach den großen Städten, durch den Frühling verschärft, fand darin einen schwermütigen Trost...
> Und plötzlich dachte ich an Platero. Obwohl er doch unter mir ging, hatte ich ihn vergessen, so als gehörte er zu meinem Körper.

Moguer, wenngleich man die Gründung des Ortes bereits den Kelten beziehungsweise den Römern zuschreibt, ist — wie viele spanische Dörfer — von einem eigentümlich geschichtslosen Reiz. Die weißgekalkten Häuser mit den schwarzen Fenstergittern ziehen sich in die vegetabilische Verschwiegenheit ihrer Innenhöfe zurück. Und die Gassen, in denen *sol y sombra*, Sonne und Schatten, geometrische Fronten bilden, führen hinaus zu den Feldern, wo Männer arbeiten, die sich mit Nackentüchern vor der Hitze schützen.

In einem Eukalyptuswäldchen sehen wir einen Esel. Er bewegt sich an einem langen Strick. Frißt, wirft sich auf den Rücken, wälzt sich über knackende Zweige, läßt unbeteiligt sein hartes Fell tätscheln, pißt, stößt heisere Schreie aus und sucht sich, von Fliegen eskortiert, ein kühleres Plätzchen.

Südlich der Guadalquivir-Mündung, an der Bucht von Cádiz, liegt Puerto de Santa Maria, meist nur Puerto, Hafen, genannt. Puerto ist ebenfalls ein bedeutender Ort der Sherry-Erzeugung. Und einige der *bodegas,* der Weinkellereien, haben der Familie Rafael Albertis gehört, des Dichters von *Matrose an Land*, der die Wirklichkeit der niederandalusischen Küstenzonen sinnlich vervielfältigte und der von den Häfen des Lichts aus seine poetischen Barken auf den Kurs maritimer Unendlichkeit brachte.

Wie Jiménez, sein großes Vorbild, hat auch Alberti das Jesuiten-Kolleg in Puerto besucht. Doch während sich das Städtchen des Nobelpreisträgers, der hier nur einige Ausbildungsjahre verbrachte, fast wie eines Einheimischen rühmt, ist der — immerhin in Puerto geborene — Alberti nicht einmal den Schülern des Colegio de San Luis Gonzaga ein Begriff.

Daß der Dichter in seiner Heimat keinerlei Identität besitzt, mag daran liegen, daß er schon 1917, im Alter von fünfzehn Jahren, mit seinen Eltern nach Madrid übersiedelte. Entscheidender aber ist wohl die Tatsache, daß Alberti in den dreißiger Jahren eine extrem klassenkämpferische Position bezogen hat, weswegen er am Ende des Bürgerkrieges gezwungen war, ins lateinamerikanische Exil zu gehen. Zwar kann man mittlerweile in Spanien die Werke des Lyrikers wieder unbeanstandet in den großen Buchhandlungen kaufen, der Autor selber aber ist zum Zeitpunkt unseres Besuchs am Ort seiner seelischen und geistigen Wurzeln völlig unbekannt.

Cádiz, auf einer in den Atlantik hinausragenden Landzunge gelegen, wird als Muschel des Meeres und auch als *tacita de plata*, als Silbertäßchen, bezeichnet. Solche Beinamen poetisieren, sie stimmen nur auf die Distanz — etwa, wenn man sich der Stadt von der offenen See her nähert. Ist man jedoch angekommen, geht man durch die engen von Benzindunst blauen Straßen oder wird man im Hotelzimmer, wo man vor der mittäglichen Augusthitze Zuflucht sucht, von Wanzen und Flöhen gepiesackt, dann läßt sich nicht übersehen, daß man sich an einem Platz befindet, an dem Nimbus und Realität weit auseinanderklaffen.

Die Bahnlinie, die Cádiz mit Madrid verbindet, führt an ihrem südwestlichen Ende in einem großen Bogen um die Bahía de Cádiz. Der Landfinger, an dessen Spitze die Stadt wie ein Nagel liegt, ist mitunter so schmal, daß man zu beiden Seiten des Zuges das Meer sehen kann: hier den Atlantik, dort die Bucht.

Der Wind geht durch die geöffneten Fenster, quer durchs Abteil.

Die Salinen, die oft bis auf wenige Meter an die Schienen heranreichen, sind graue unansehnliche Rechtecke. Doch als wir auf einem hohen weißen Hügel einen Mann mit einer Schaufel arbeiten sehen, kommt uns ein Gedicht Albertis über die Salzgärten in den Sinn:

> Und es saugen die Salzteiche schon
> des Meeres Bläue ein.
> Salzsieder, lasset mich
> Salzkorn des Salzwerks sein.
>
> Wie schön, in der Morgenfrühe
> zu fahren vor der See
> hin zu den weißen Häuschen
> auf Loren voll salzigem Schnee.
>
> Ich lasse die Seefahrt, Mutter,
> um Salzwerker zu sein.

Kaum ist der Zug in San Fernando eingefahren, wird er von Hunderten entlassener Matrosen gestürmt. In kürzester Zeit ist auch unser Abteil belegt, überbelegt. Elf Personen drängen sich auf sechs Sitzen. Und Seesäcke, die nicht in der Gepäckablage Platz finden, stehen am Boden und türmen sich auf dem Gang.

Trotzdem herrscht beste Stimmung. Brötchen werden ausgepackt, und Rotweinflaschen, die von Mund zu Mund gehen, fliegen — kaum ausgetrunken — aus dem Fenster. Lieder, von Händeklatschen und Fußstampfen begleitet, dröhnen durch den Waggon: Märsche, Shanties und — immer wieder und mit besonderer Inbrunst — *Lili Marleen*. Bald wird die Hitze unerträglich. Die Matrosen ziehen ihre Hemden aus. Und mit dem Rotweindunst verbindet sich Schweißgeruch.

Allmählich klingt die Euphorie, mit der die jungen Männer das Ende ihrer Militärzeit begrüßen, ab. Sie kramen aus den Seesäcken Geschenke hervor, die sie ihren

Angehörigen mitbringen wollen. Spitzendeckchen, Bordüren und Döschen kommen zum Vorschein, und voller Rührung werden die Namen der heimatlichen *pueblos* genannt.

Der Zug fährt die ganze Zeit durchs Guadalquivirtal. Immer wieder sieht man den Fluß. Ein imposantes Gewässer, grün vom Schatten der Uferpappeln.

Der Guadalquivir ist die Lebensader Andalusiens. Die Olivenfelder, die uns stundenlang begleiten, wären nicht denkbar ohne diesen Strom, der auch im Sommer nicht versiegt. „Oh gran río, gran rey de Andalucía", „O großer Fluß, großer König Andalusiens", hat Luis de Góngora in einem Sonett gesagt. Und Antonio Machado, der wichtigste lyrische Repräsentant der sogenannten 98er Generation, nahm den Fluß zum Anlaß, ein Sinnbild für den verströmenden Charakter des Lebens zu schaffen:

O Guadalquivir! Ich sah dich
in Cazorla entspringen;
heut, in Sanlúcar, sterben.

Ein Sprudeln von klarem Wasser
unter einer grünen Pinie
warst du. Wie herrlich du rauschtest!

Nun, wie ich, nahe dem Meere,
Strom von zähem, brackigen Schlamm
— träumst du von deiner Quelle?

Dieses Gedicht hatte schon vor Jahren in uns den Wunsch erweckt, eine Guadalquivir-Reise zu unternehmen. Und so sind wir jetzt, nachdem wir den Strom bei Sanlúcar haben ins Meer münden sehen, unterwegs zur Quelle, die irgendwo in der Sierra de Cazorla liegt.

Zunächst jedoch wollen wir Baeza sehen, eine Stadt im oberen Tal des Guadalquivir, in der Antonio Machado von 1912 bis 1919 als Lehrer gelebt hat. Machado, der noch ganz vom Ideal einer Erneuerung des Spanischen aus dem Geist des Kastilischen beherrscht gewesen ist, empfand das zurückgebliebene andalusische Städtchen als etwas seinem Wesen absolut Konträres; deshalb gebrauchte er das böse Wort: „poblachón moruno", „maurisches Kaff".

Der Dichter hatte kurz vor der Übersiedlung aus dem nordspanischen Soria nach Baeza seine Frau verloren. Nun projizierte er Verzweiflung und Bitternis auf die neue Umgebung, die ihm zum Widerpart seines Selbst, zum Abbild seines fatalistischen Lebensgefühls wurde:

> In diesen Dörfern — lauscht man hier
> dem Herzschlag der Zeit? Nein.
> In diesen Dörfern ringt man
> unablässig mit der Uhr,
> mit dieser Monotonie,
> die nur leere Zeit mißt.
> Aber ist deine Stunde die meine,
> deine Zeit, Uhr, meine Zeit?
> (tic-tic, tic-tic...) Es war ein Tag
> (tic-tic, tic-tic...), der vorbeiging,
> und was ich am meisten liebte,
> der Tod nahm es mit sich fort.

Baeza, auf einem Hügel erbaut, ist eine Stadt, durch deren Gassen heute noch Bauern mit ihren Mulis ziehen. Wind treibt Sandschleier und Papierfetzen vor sich her, hinauf zur Kathedrale. In die Mittagsglut fräst sich ein Metallgeräusch ein, das aus einer Baumkrone kommt — lärmend sirrende Zikaden. Hunde liegen wie tot im Schatten der Mauern. Und auf dem Marktplatz, unter den Arkaden, dösen die Kellner vor den ausgestorbenen Cafés.

Erst am frühen Abend beginnt das Flanieren. Kinder ziehen ihre Eltern zur *feria*, zum Jahrmarkt, der aus nichts weiter als aus einigen Buden mit Naschwerk, einer Schiffsschaukel und einem handgetriebenen Karussell besteht. Die hölzernen Esel und Pferde freilich drehen sich mit leeren Sätteln — begehrt sind nur die Plätze in den beiden Taxis.

Um den Brunnen drängen sich Durstige. Männer, die beim Weggehen noch einmal einen Mundvoll Wasser in hohem Bogen aufs Pflaster speien. Und Mädchen und Frauen, die zierlich trinken — mit gespitzten Lippen, den Puls und die Wangen betupfend. Sogar Babys, die nicht recht wissen, was vorgeht, werden über den aufschießenden Strahl gehalten.

Rasselnd fliegen Fächer auf und zu, die hier nicht nur Attribut des Weiblichen, lockendes Accessoire sind, sondern die noch eine Funktion erfüllen. Gerät man in den Wirkungsbereich eines der Fächer, spürt man einen kräftigen Luftzug, der kaum weniger erfrischt als ein Ventilator.

Die Cafés und Bars sind nun bis auf den letzten Platz besetzt. Unter den Füßen knirscht es von Schneckenhäusern und Gambaschalen.

Chicos, kleine Schnecken, werden am häufigsten verlangt. Sie sind in gewürztem Wasser gebrüht, und erst wenn es einem nicht gelingt, ihr Fleisch herauszusaugen, nimmt man einen Zahnstocher zu Hilfe.

Die Sierra de Cazorla liegt im Osten der Provinz Jaén. Sie ist das bedeutendste Waldgebiet Andalusiens. Von dem Bergnest Cazorla sind es noch gut zwanzig Kilometer bis zur Quelle des Guadalquivir. In Serpentinen geht es durch ein Naturschutzgebiet mit wildreichen Forsten. Mehrmals taucht tief unten im Tal der Fluß auf, und hinter einer kleinen Brücke, in einem Stau, baden einige Familien, die sich hier mit ihren Picknickkörben eingefunden haben.

Die Bergwände rücken näher zusammen. Dann, unverhofft, zeigt ein Wegweiser mit der Aufschrift *Nacimiento del Guadalquivir* hinein in dichtes Gestrüpp. Auf einem schmalen Pfad gelangen wir an das äußerste Ende der *cañada,* des Engpasses, über den sich der Gipfel des Arroyo de Santo Domingo erhebt.

Das Wasser kommt unter einem Stein hervor, und es

sammelt sich in einem Becken, von dem aus es — überfließend — seinen Lauf nimmt. Wir trinken. Und wir sonnen uns, zusammen mit den Eidechsen, auf einem Granitblock.

Schließlich gehen wir den Sandweg zurück und folgen dem Fluß, jetzt in seiner natürlichen Richtung.

Mit Zigeunern nach Córdoba

Auf der ersten Station hinter Bobadilla steigt eine zehnköpfige Zigeunerfamilie ins Abteil. Die nette alte Dame in Schwarz, die uns gegenübersitzt und die uns gerade erzählt hat, daß sie zu ihren Kindern nach Montilla will, deutet mit dem Kopf über die Schulter. „Gitanos", sagt sie geringschätzig.

Die Zigeuner haben zwei Stühle mitgebracht: einen Kinderstuhl und ein wackliges Möbel, von dem schon die Bastfransen herabhängen. Eine der Frauen, die einen Säugling stillt, setzt sich auf den Kinderstuhl, und sie verläßt diesen Platz auch nicht, als der Zug anfährt und die übrigen Familienmitglieder sich auf Bänken niederlassen, die von niemandem beansprucht worden sind.

Zwei kleine Mädchen rutschen mit nacktem Po über den Boden des Waggons. Sie stecken alles, was sie finden, in den Mund, und sie spucken alles, was ihnen nicht schmeckt, wieder aus — Zigarettenkippen, abgesengte Streichhölzer, Papier. Einmal erhebt sich eines der Kinder und läuft zu der stillenden Frau. Es greift in die Bluse und holt die andere Brust heraus, um rasch ein paar Schluck zu trinken.

Die beherrschende Gestalt des Clans ist ein kräftiger alter Mann, der einen Cordobeser auf dem Kopf hat und der zwischen seinen Handflächen einen dicken Stock hin und her dreht, während er die ganze Zeit über fürchterlich mit den Augen rollt.

Ein rundes Weißbrot wird aus einer Emailleschüssel hervorgeholt und aufgeteilt. Der Alte, der es genießt, daß ihn die Mitreisenden beobachten, wischt sich nach jedem der trockenen Bissen theatralisch den Mund ab, und er benutzt für seine Demonstration ein riesiges kariertes Tuch.

Dann, nachdem ein Weinkrug die Runde gemacht hat, stellt sich ein etwa zehnjähriger Junge im Gang auf und stößt unverhofft einen jener Schreie aus, mit denen die Zigeuner die Stille zerreißen, um aus der Dürftigkeit, aus dem Elend ihrer Lebensumstände, auszubrechen und in Freiheitsräume zu gelangen, die für sie nur in der Sphäre der Imagination zu erreichen sind.

Die *siguiriya* ist die elementarste und leidenschaftlichste Form des Zigeuner-Gesangs und eine der geheimnisvollsten Liedformen überhaupt. Die Zigeuner, Angehörige eines Volkes von schriftloser Kultur, haben jedoch bis heute nicht die geringste Vorstellung davon, aus welchen Quellen sich ihre Kunst speist. Für sie, die vaterlosen „Söhne ihrer Mütter", die seit Jahrhunderten kein anderes Ziel haben, als ihr Leben zu bestreiten, ist es völlig bedeutungslos, was die Musikwissenschaftler mittlerweile herausfanden. Die Zigeuner singen, ohne den Ursprung ihres Gesanges zu kennen. Sie tanzen, ohne danach zu fragen, von welchen räumlich und zeitlich entfernten Impulsen die Choreographie ihrer augenblicksfrischen Emotionen mitbestimmt wird.

Rettete der traditionsbewußte Jude in der Diaspora seine Identität durch die ununterbrochene Pflege seines geistigen Erbes, so bewahrte der Zigeuner sein Wesen gerade dadurch, daß er keinen angestammten Kanon von Inhalten und Formen besaß. Das Denken des Zigeuners war niemals auf die Erhaltung eines festen Kerns gerichtet, den man gegen fremde Einflüsse verteidigen mußte. Der Zigeuner trat für keine überpersönlichen Werte ein. Ihm war und ist es fast ausschließlich darum zu tun, seine kreatürliche Physis zu erhalten. Als ein Nomade, der keine unverbrüchlichen Ansichten und keine weltanschaulichen Überzeugungen zu vertreten hatte, war der Zigeuner, dieser ahistorische Zaungast, in der einmaligen Lage, alles, was sich ihm im Bereich der Historizität anbot, zu nutzen, ohne es bewußt kultivieren zu müssen wie eine stammesmäßige oder nationale Überlieferung.

Für die spanischen Zigeuner, die, nachdem sie über

Nordafrika ins Land gekommen waren, immer näher an die Mauern der andalusischen Städte heranrückten, bestand keinerlei Notwendigkeit, ganz in der Kultur des iberischen Gastvolkes aufzugehen. Vielmehr konnten die *gitanos* das musikalische Gut vieler Regionen aufgreifen und Byzantinisches mit Arabischem mischen.

Stilistische Reinheit interessierte die Zigeuner nicht im geringsten. Ihnen war es gleichgültig, ob einige der Lieder, die sie sangen, zum Formenkreis des *cante jondo* oder zu dem weniger angesehenen des *cante chico* gehörten. Mochten manche Gesangsarten (so — außer den *siguiriyas* — vor allem die *saetas*, die *soleares* und die *martinetes*) auch als *jondo*, als emotional tief, gelten; und mochten andere (etwa die *malagueñas*, die *granadinas* und die *sevillanas*) als *chico*, als klein, als nebensächlich angesehen werden: den Zigeunern war nicht daran gelegen, das Profunde über das Beiläufige zu stellen. Sie bedienten sich aller Gattungen, ganz nach dem wechselnden Stand ihrer Stimmungen und Launen.

Cante jondo und *cante chico*, großer und kleiner Gesang. Im *flamenco* verschmelzen sie zu einer Einheit, die vom Erhabenen bis zum Kitschigen reicht, vom schmerzvollen Aufschrei bis hin zur affektierten Attitüde.

Wir sind im Zug nach Córdoba, und der kleine Zigeunerjunge singt mit heiserer Stimme eine *siguiriya*. Als das Lied zu Ende ist, steht er verlegen da. Die Reisenden stecken ihm ein paar Peseten zu, die er, bewundert von seinem jüngeren Bruder, wieder und wieder zählt. Schließlich gibt er das Geld seiner Mutter, und die läßt es in ihrem Brustbeutel verschwinden.

*

In Córdoba findet gerade eine Agrarmesse statt. Traktoren und Sortiermaschinen unter hohen Palmen. Und zwischen Zelten und Buden herrscht die quirlige Atmosphäre einer südlichen Kirmes.

Staub, Musik — und der Geruch von Ölgebäck und gebratenem Fisch. Überall sind Tanzbühnen errichtet, auf denen sich Halbwüchsige und Kinder vergnügen. Die Mädchen tragen Flamenco-Kleidchen, duftige Gewänder, in deren Volants die Mütter ihre eigenen unerfüllt gebliebenen Sehnsüchte hineingeschmuggelt haben.

Eine Blume im Haar und mit grünem Lidschatten und schwarzem Lidstrich — so staksen auf hochhackigen Schuhen Drei-, Vierjährige neben ihren Eltern her, daß es nur so wippt. Oft sind die Kleidchen und Schuhe auf Zuwachs gekauft.

Viele Besucher der *feria* haben Kastagnetten in den Händen, und manche lassen die Hölzer vor den eigenen Ohren klappern, um sich lärmmachend davon zu überzeugen, daß sie in alldem Gedränge noch vorhanden sind. Umstehende feuern die Tanzenden an. Und nicht einmal in den Pausen zwischen zwei *sevillanas* finden die Beine Ruhe. Sie improvisieren bereits die nächsten Schritte. Oder sie folgen den Klängen einer entfernteren Kapelle.

Die kleinen Jungen sind ebenfalls in Tracht. Sie haben enge schwarze Hosen und geknotete Blusen an, und breitrandige Cordobeser geben ihren erregten Gesichtern vollends eine abenteuerliche Note.

Die Tänze sind narzißtisch. Zärtliche Spiralen um das Ich. Manchmal gelingt es einer *señorita*, so viel Aufmerksamkeit zu erzielen, daß sich ein Kreis klatschender Bewunderer bildet. Dann leuchten die Augen der Mutter auf, bis die *piropos*, die Schmeicheleien der Burschen, seltener werden und die Kleine sich erschöpft an den Tisch ihrer Familie begibt, wo sie, bevor sie sich setzt, ihren weiten gestärkten Rock mit einem Schwung über die Stuhllehne wirft.

Durch Zufall gelangen wir in ein Zelt, in dem das Oficina de Turismo, das staatliche Fremdenverkehrsamt, mit Wein, Bier, Fanta und Folklore wirbt. Eine *miss turista* soll gewählt werden. Und während im Publikum noch darüber getuschelt wird, welche der Kandidatinnen, die sich da auf die Bühne haben locken lassen, wohl gewinnen wird, glauben wir die Siegerin bereits in jener hochgewachsenen Blondine zu erkennen, die mit ihrer Grace-Kelly-Erscheinung einfach der Prototyp der Juroren sein müßte.

Unsere Vermutung bestätigt sich. Die Dame aus Alemania macht tatsächlich das Rennen. Man hängt ihr eine weiße Spitzenmantilla um und überreicht ihr einen Plüschstier. Zwei rassige Spanierinnen erhalten bloß Trostpreise.

Granada ist nicht die Alhambra

Eine winzige weißgekalkte Bar; und nebenan ein düsterer, fast schäbiger Raum, grün gestrichen — mit Holztischen, Klappstühlen. Wir verlangen, was alle hier essen: *caracoles*, Schnecken. Schnecken in brauner scharfgewürzter Sauce. Dazu Wein.

Weil der Wirt in dem Gesprächs- und Gesangslärm unsere Bestellung nicht hört, ruft seine halbwüchsige Tochter: Ehhh, papaíto — Heee, Papachen. Die Verkleinerungsform fast aller Namen und sehr vieler Dingbezeichnungen verrät eine starke affektive Zuwendung zu den Gegenständen der Umwelt, eine Art Verzärtelung, die keinesfalls bei den nächsten Verwandten und den Objekten der Nachbarschaft haltmacht, sondern die auch Entfernteres an sich heranzieht und mit der Hülle familiärer Zuneigung umgibt.

Wir sind auf dem Albaicín, jenem Teil Granadas, in dem die Touristen immer noch Fremde sind: Fremde, die zwar bisweilen in ganzen Busladungen herbeigeschafft werden; glücklicherweise jedoch nicht, um nach allen Seiten in die Gassen auszuschwärmen und den alten maurischen Stadtteil völlig in Besitz zu nehmen.

Die Touristen bleiben an wenigen Plätzen dicht beieinander. Sie fotografieren von der Höhe des Albaicín über die tief unten liegende Schlucht des Darro hinweg die aschroten Mauern der Alhambra und den dahinter aufragenden Schneegipfel des Mulhacén, den höchsten Berg der Sierra Nevada. Dann verschwinden sie als Gruppe in einer Kneipe, in der möglicherweise schon die *sangria* für sie bereitsteht, um ihnen in der Hitze einen raschen Rausch zu verschaffen, der sie vergessen lassen soll, daß es eine knappe Stunde später wieder in die Stadt hinuntergeht, in das moderne Granada mit seinem Benzingestank, seinem Verkehrslärm und seinem *shopping*.

Für die Fremden, die neuerdings sogar über einen von

Jets anzusteuernden Flugplatz herangebracht werden können, ist Granada in erster Linie die Alhambra. Aber mit dem islamischen Bauwerk verhält es sich wie mit allen Touristenattraktionen. Man stößt dort auf nichts, was man nicht, steht man schließlich davor, bereits kennt. Die Überraschung, die Überwältigung bleibt aus. Zwar ist alles vorhanden: der Löwenbrunnen, die Puerta del Vino, der Saal der Gesandten. Aber kaum etwas sprengt den Rahmen der Erwartung und zerbricht das Klischee seiner oft schon beschriebenen und kunstvoll bis ins Detail abfotografierten Identität.

Ja, da sind die Bäder, und es hallt auch von den Kacheln der Wände wider. Doch selbst wenn man einmal verwegen um eine Ecke biegt, um für einen Augenblick in der Leere eines Ganges das Erlebnis eines privaten kleinen Erschauerns zu erproben, wird man das Gefühl nicht los, nicht wirklich angekommen zu sein, zumal man bereits wieder Schritte hört, ein Lachen, zwei, drei Stimmen, darunter die Stimme eines Fremdenführers.

Schon in den dreißiger Jahren, also noch zur guten alten Zeit der Baedeker-Reisenden, nannten die Granadiner die Ausländer, die auf den Spuren Washington Irvings die Alhambra besuchten, *tíos turistas*, Touristenonkel. Wieviel stärker muß die Aversion der Einheimischen heute sein, da die Stadtplanung (sprich die Bodenspekulation) bereits nach dem einzigen Fleckchen auf der Alhambra-Höhe gegriffen hat, der den Granadinern als Zuflucht geblieben ist, nach dem Carmen de los Mártires, dem Park der (christlichen) Märtyrer.

In dieser weitverzweigten Anlage gibt es schöne, von Statuen gesäumte Alleen und verschwiegene Wege unter subtropischen Bäumen, und den Mittelpunkt bildet ein großer, verschlickter Teich mit einem über eine Brücke zu erreichenden Inselchen. Bisweilen erblickt man auf einer Bank oder einer zerbröckelnden Mauer einen lesenden Studenten oder auch ein Liebespaar.

Stille, vom Gezirp der Zikaden hörbar gemacht.

Der Carmen de los Mártires, oberhalb des Genil-Tals gelegen (ganz in der Nähe von Manuel de Fallas Haus), ist ein Refugium der Granadiner. Man kann von dort auf die Stadt blicken, und es herrscht hier — besonders in den heißen Mittagsstunden, wenn die Straßen unten in Staub und Glast verschwinden — eine betörende Atmosphäre aus Pflanzenduft und Wasserkühle.

Bald wird sich auch von diesem Park nur noch das sagen lassen, was längst von der Alhambra gesagt werden muß: daß der *genius loci* mit unausweichlicher Konsequenz durch seinen eigenen Nimbus zerstört wird, insofern, als er mehr und mehr Menschen anlockt, Reisende, die zunächst mit den richtigen Erwartungen, mit einer adäquaten Einstellung kommen, die im Laufe der Zeit aber jedes Gefühl für den subtilen Charakter der bewunderten Werte verlieren, so daß sie am Ende in ihrer uniformen Gesamtheit genau das zerstören, was zu genießen sie hergekommen sind.

Granada besitzt nur noch auf dem Albaicín etwas von seinem alten maurischen Wesen.

Die Stadt selbst ist voller kommerzieller und industrieller Unrast. Preßluftbohrer erdröhnen, und überall werden Straßen aufgerissen, Straßenbahnschienen entfernt und Fahrbahnen verbreitert. Zwischen Baugerüsten, die oft nicht einmal den primitivsten Sicherheitsbestimmungen genügen, wachsen die Waben des sozialen Wohnungsbaus in die Höhe.

Doch wieviel neuer Raum auch geschaffen wird: die Menge derer, die eine halbwegs moderne und bequeme Wohnung suchen, nimmt eher zu als ab. Granada, wie ganz Spanien, ist im Umbruch.

Da gibt es zwar noch Marktfrauen, die das Gemüse und Obst mit der Handwaage abwiegen, und man kann auch mal im Verkehrsstrom der Autos aneinandergebundene Esel mit Lasttaschen voller Bauschutt dahinzuckeln sehen. Doch allein die Tatsache, daß solche Bilder vom Bewußtsein als etwas Besonderes registriert werden, ist Beweis genug dafür, wie sehr Granada im Begriff ist, sich in eine moderne Großstadt ohne spezifisches Flair zu verwandeln.

Der progressive Raumordnungsgedanke machte selbst nicht vor der Plaza Nueva, dem volkstümlichen Platz unterhalb des Aufstiegs zur Alhambra, halt. Zwar hat man nun den Autoverkehr flüssiger gestaltet. Aber mit dem alten Pflaster verschwanden zugleich die Straßencafés und die Zigeuner, und die neue nüchterne Beleuchtung lädt die Granadiner kaum noch zu einem *paseo*, zu einem abendlichen Bummel, ein.

Extrem unerfreulich ist es am Autobusbahnhof, am Camino de Ronda, einer lärmerfüllten Umgehungsstraße, über die der Fernverkehr braust.

Früher war hier eine Gartenlandschaft, eine reizvolle Übergangszone von Stadt und Land, in der sich die Menschen während der heißen Monate erholten — zu einer Zeit, als es keine Aircondition gab und die Fächer noch die Arbeit der Klimaanlagen taten.

Heute drängt die Stadt in die Vega hinaus: in demselben unproportionierten Umfang und Tempo, in dem die *campesinos* aus der Vega in die Stadt hineinströmen, um Arbeit zu suchen.

Immer wieder steigen Landarbeiterfamilien mit nichts als ein paar Bündeln Habseligkeit aus einem der Provinzbusse und sehen sich hilflos um. Landflucht. Ein fast symptomatischer Exodus. Eine gefährliche Bewegung von Individuen in eine andere Form des Elends, in eine Situation definitiver Entfremdung und Vermassung.

Am Camino de Ronda liegt Granadas berühmtestes Flamenco-Lokal. Es hat den verführerischen Namen *Jardines Neptuno, Gärten des Neptun*. Zwar gibt es ringsum noch einiges Grün. Doch das Wort *jardines* in seiner üppigen Pluralform will offensichtlich mehr vermitteln als bloß eine Vorstellung von Vegetation. Es will die Erinnerung an Manuel de Falla wachrufen: an die sinnlich-sirrende Klangfülle von *Noches en los jardines de España*.

Gärten des Neptun — das beschwört unterschwellig des *maestros* Nächte in spanischen Gärten; und es suggeriert zugleich antike Lebensfülle, meerentbundenes Bacchantentum.

Jardines Neptuno — in grüner Neonschrift steht es da über dem dunklen Himmel der Vega. Und die Besucher, die auch hierher mit Bussen kommen, trinken ihre *sangria* oder, seltener, ihren Champagner, der besser ist. Erwartungsvoll richten sie ihre Augen auf das, was da kommen soll — und was denn auch tatsächlich kommt: auf das pathetisch herausgeschmetterte Lied *Granada* von Lara, das so ölig und italienisch klingt, wie man es sich nur vorstellen kann. Weswegen es auch am meisten beklatscht wird... weitaus mehr als einige wirklich gute Darbietungen, als ein paar subtil vorgetragene Lieder und Tänze.

Jeder der Fremden hat sein fertiges Spanienbild parat. Er weiß: Olé und Kastagnetten. Da kann der Sänger, wenn er die *siguiriya* aus der Tiefe eines gut gespielten oder vielleicht sogar echt empfundenen Gefühls herauspreßt, allenfalls die allgemeine gute Stimmung etwas dämpfen. Ebenso wie jene Tänzerin, die ihre Bewegungen mit *pitos*, mit hartem Schnipsen der Finger, begleitet, bedeutend weniger imponiert als die anderen, die zu dem hübschen Aufputz ihrer *trajes de gitanos*, ihrer Festkleider, tüchtig mit den Holzrasseln klappern.

Bevor die Touristen in den *Jardines Neptuno* sich mit ihrer süßen *sangria* einen gehörigen Nachdurst antrinken, sind sie schon bei den Zigeunern des Sacromonte gewesen. Und dort haben sie in einer der in den Berg hineingebauten Höhlen, etwa bei Maria la Canastera, eine ganze Familie tanzen sehen. Freilich, das Feuer des *duende,* des Dämon, wurde auch in dem pseudoprivaten Milieu nicht stärker entfacht als in den *Gärten des Neptun*.

Ist in der glamourhaften Atmosphäre des Nachtclubs alles kalte Perfektion, alles leidenschaftlose Gekonntheit, so wird von den Zigeunern mäßig beflissener Dilettantismus offeriert.

Die großen Talente, die es einstmals in Granada gegeben hat, sind längst gestorben, oder aber sie sind fett und träge geworden und leiten nun diejenigen Mitglieder ihres Familienclans an, die nicht das Zeug haben, fortzugehen, um sich auf den *tablaos* Madrids und Barcelonas oder auf den Bühnen der Welt als Stars feiern zu lassen. Wer in Granada bleibt und seine Leistungen als „típico, típico" feilbietet, ist meist nur noch im Neppgeschäft tätig.

Ein heutiger *gipsy-dancer* übt nicht mehr jene packende Kunst aus, die im vorigen Jahrhundert einen Glinka lange in Granada festhielt und ihn vom musikalischen Quell zigeunerisch-andalusischen Volkstums trinken ließ.

Der *flamenco* wurde platt. Eine Angelegenheit des *showbusiness*. Ob als Tanz, als Gesang (*cante jondo, cante chico*) oder als Gitarrenspiel — der moderne *flamenco* ist nichts anderes als zitiertes Zitat, nichts als weitergereichtes, aber nicht länger mit eigenen Gefühlsnuancen angereichertes Erbgut einer vitalen Minderheit, die ehedem die Fähigkeit besessen hat, Kraftvoll-Gestautes immer wieder abzuwandeln und es so mit dem Blut des Lebendigen zu durchpulsen.

Die Zigeuner führen in Granada nicht mehr die kümmerliche Existenz von Randbewohnern. Sie sind sozialer Bestandteil der Stadt geworden. Wenn ihre Frauen bisweilen auch noch, einen Säugling am offenen Busen, auf den Wegen der Touristen herumlungern, um zu betteln — die Not in den *cuevas* ist kleinbürgerlichem Wohlstand gewichen.

Zwar sind die gutbetuchten Zaungäste, die, wie Curd Jürgens, ihr Autogramm an den weißgekalkten Wänden hinterlassen, seltene Glücksfälle. Doch auch wer nicht als Prominenter, sondern als Pauschalbesucher die exotischen *gitano*-Puppen tanzen läßt, zieht einige *pesetas* aus der Tasche.

Was den Zigeunern nützt, nützt auch den Hoteliers. Die Touristen, weil sie außer den Sehenswürdigkeiten in Stein noch etwas Folklore geboten bekommen, bleiben ein, zwei Tage länger. Sie blicken nicht nur vom Alhambra-Berg auf den Albaicín; sie sehen sich auch vom Albaicín aus das Alhambra-Massiv an.

Weil jedoch die Hitze groß und der Weg allemal steil ist, lassen sie sich von Höhe zu Höhe mit einer Taxe fahren — von einem Chauffeur, der unter Umständen viele unnötige Abbiegungen und Umwege macht. Denn die Taxifahrer Granadas (die Neuankömmlinge können das nicht wissen) sind — genau wie die Schuhputzer — häufig *gitanos*, mit allen Wassern des Darro und des Genil gewaschene Zigeuner.

Granada, nachdem es immer mehr den Fremden anheimfällt, hat sich fast ganz auf den Albaicín zurückgezogen. Hier, wennschon es hinter den schmiedeeisernen Portalen auch prunkvolle Villen und verschwenderischschöne Gärten gibt, wohnt zwischen alten Kirchen und in einem fast noch dörflichen Ambiente vor allem das einfache Volk. Handwerker, Händler, Arbeiter.

Der Albaicín ist eine Siedlung, die — damals außerhalb des eigentlichen Granada errichtet — 1227 von jenen maurischen Flüchtlingen gegründet wurde, die von den Christen aus ihrer Heimatstadt Baeza vertrieben worden waren.

Noch heute läßt der Albaicín an Nordafrika denken, etwa an gewisse Straßenzüge der Kasbah von Algier. Viele Gassen sind so verwinkelt und steil, daß sie von keinem Auto befahren werden können. Und manchmal kann man durch eine offene Tür bis auf einen der *patios* blicken, wo ein Springbrunnen einen Dialog mit der Hitze führt.

Alte Frauen, die auf winzigen Stühlen zwischen Geranientöpfen und Kübelpalmen sitzen, hantieren, wiewohl sie zu schlafen scheinen, mit ihren Stricknadeln. Und Hunde, die erst abends, wenn überall die Beutel für die Müllabfuhr vor die Tür gestellt werden, auf Nahrungssuche gehen, dösen im Schatten, oder sie heften sich für einen Gang um zwei, drei Ecken an das Hosenbein eines Vorübergehenden.

Der Albaicín ist vom modernen Leben weniger berührt als der Sacromonte, der angrenzende Heilige Berg der Zigeuner, den man übrigens über ein gemeinsames Stück Straße, über das untere Ende der Cuesta del Chapiz, erreicht. Der Albaicín ist noch ganz auf sich selber bezogen. Und wenn die Geschäfte dort bis gegen 11 Uhr abends geöffnet sind, dann nicht, um Touristen anzulocken, sondern weil die Frauen gern die Abendkühle nutzen, um sich in der behaglichen Atmosphäre der Kramläden zu treffen.

Nun, bei schwindendem Licht, machen sich auch die Hunde zu ihren Beutezügen auf. Die Nase am Boden, streifen sie wedelnd vorüber. Sie kennen ihre Ziele: Fleischereien, wo es Kaldaunen, Bars, wo es Reste von Schalentieren gibt. Waren sie tags darauf aus, mit Kindern zu spielen oder ein freundliches Wort zu erhaschen, so ist ihr Handeln jetzt ganz zweckgerichtet. Dies sind die ernsthaften Stunden der Nahrungssuche, die konzentrierten Abenteuer des Abfalldurchschnupperns.

Der Platz Aliatar ist besonders belebt. Männer gehen von einer Bar in die andere. Und Großmütter plaudern auf den Steinbänken und haben Kleinstkinder auf dem Schoß, die noch zwei Stunden vor Mitternacht hellwach sind. Auf einer Bank, auf der eigentlich nur drei Menschen Platz finden können, sitzen zehn größere Mädchen — auf dem Schoß und Schoßesschoß. Ein Junge erprobt an einem Baum seine Kraft; und die ganze Zeit über ist der Brunnen belagert, an dem die Kinder spielen und aus dessen Becken bisweilen auch die vorbeistromernden Hunde schlappen. Ganz anders als sie — nämlich gleichmäßig, leise, geradezu unmerklich — trinken drei Mulis, die von der Arbeit kommen und die nun ihrem Stall zustreben. Nur das erste Tier wird geführt, die beiden anderen traben hinterher.

Wir betreten eine Bar. *Caracoles*, Schnecken, auch hier. Wir trinken *vino corriente*, Landwein. Eine zwergenhafte Zigeunerin mit langem roten Rock und Hängebrüsten in einem gestreiften Pullover fragt, ob sie uns nicht die Zukunft aus der Hand lesen solle. Wir lehnen ab — mit der Begründung, die Zukunft sei ein Geheimnis. Das macht sie sehr aufgebracht. Die Zukunft wäre kein Geheimnis, nicht für sie! Wir bedeuten ihr, daß hier ein Mißverständnis vorliege. Wir hätten natürlich keinerlei Zweifel an ihren hellseherischen Fähigkeiten. Wir wollten nur, daß die Zukunft ein Geheimnis bleibe. Für uns. Da hellt sich ihr Gesicht auf. Ja, einen solchen Standpunkt, den könne sie verstehen. Die Zukunft sei in der Tat ein großes Geheimnis.

Ein Mann kommt herein. Er verteilt Werbezettel für den Stierkampf, der morgen stattfinden soll. Die Tatsache, daß es auch eine unblutige *corrida* in portugiesischer Manier geben soll, erregt das Gelächter einiger Männer. *Hombre,* diese Portugiesen, die den Stier nicht richtig anzupacken wissen. Die nicht bis zum wirklichen Ende zu gehen verstehen. Diese zimperlichen Kerle à la Caetano. Man sieht ja, wohin so etwas führt!

Wir zahlen, gehen. In einer Gasse kommen wir an dem duftenden Öfchen eines Pellkartoffelrösters vorbei. Schließlich stehen wir in einer anderen Bar. Von der Decke hängen große luftgetrocknete Schinken herab. Und in einer Wandnische, hinter einem schwarzen Gitter, steht ein Heiligenbild. Darunter: ein Puppenstubenstühlchen, auf dem liegen ein winziger Sombrero und eine winzige Gitarre. Kitsch. Hier wird er noch liebevoll in Kulteckchen arrangiert und von einem Gefühl unreflektierter Zuneigung beseelt.

Wieder bestellen wir Rotwein. Und wieder Schnecken.

„Carracolääh", ruft der Wirt nach hinten. Aus der Küche, die zum *patio*, zum Hofgarten, hin offensteht, hören wir es zirpen. Grillen. Nein, was da zirpt, ist ein großer waschkesselähnlicher Topf, der auf dem Herd steht und unter dessen schwarzem Deckel das Wasser mit den Schnecken siedet.

In der Bar Marote

Gründonnerstagabend in Granada. Der Winter ist noch einmal zurückgekommen. Und die Klappstühle, die aufgestellt sind in den Straßen, durch die heute Nacht die Prozession kommen wird, bleiben einstweilen leer. Die Leute bewegen sich lieber. Sie drängen in Wintermänteln und Pelzjacken in die Cafés, Restaurants, Bodegas.

Wir lassen uns durch die regennassen Straßen treiben und bleiben vor einem Laden stehen, in dessen Schaufenster die Schilder *rebaja*, Preisnachlaß, signalisieren. Plötzlich stellt sich ein Mann neben uns und spricht uns in fließendem Deutsch an. Ein Gastarbeiter, der vierzehn Jahre in Frankfurt gelebt hat — beschäftigt bei den Farbwerken Hoechst. Von einem Tag zum anderen hat er vor ein paar Monaten seine Stellung aufgegeben: aus Heimweh nach Granada, vor allem aber, weil er seine saubere und gutbezahlte, doch seelenlose Tätigkeit nicht mehr aushalten konnte. Juan spricht deutsch mit der Eloquenz des Südländers, mit der bildhaften Anschaulichkeit des Andalusiers.

Seine Frau, sagt er, sei noch nicht gleich mitgekommen. Doch auch sie wolle ihren Posten bei der Bank aufgeben. Juan, der seine Kindheit oben auf dem Albaicín, im alten verwinkelten Maurenviertel Granadas, zugebracht hat, fühlt sich, obwohl er seine Stadt und deren Menschen wenig verändert findet, noch nicht wieder ganz zu Hause. Weil der Regen zunimmt, lädt er uns zu einem „Bierchen" ein.

Bald entpuppt er sich als ein *aficionado* des *flamenco,* ja, mehr als das: er erzählt uns, daß er selber Flamencolieder singe. Er hat in Deutschland Paco de Lucía und La Singla bei sich gehabt. Die südspanischen Volkslieder und Volkstänze, die ihm früher auf eine fast bedeutungslose Weise selbstverständlich gewesen waren, bekamen in der Frankfurter Diaspora nach und nach eine solche

Besonderheit und Faszination, daß Juan einen *cante-jondo*-Kreis ins Leben rief.

Duende, Dämon, Besessenheit — das war das Stichwort, das nun fallen mußte. Juan brachte ein persönliches Beispiel aus seiner Erfahrung als Laiensänger. Ein einziges Mal, an einem Abend in Deutschland, sei er auf einen bekannten Gitarristen gestoßen, und da habe er es geschafft, eine *siguiriya* zu singen — nicht so, wie er *konnte*, sondern so, wie er *wollte*. Schon während des Vortrags habe er im Kopf eine Kälte wie kurz vor einer Ohnmacht gespürt. Und danach, als man ihn umarmte, beglückwünschte, sei ihm so elend und leer zumute gewesen, daß er glaubte, auf der Stelle sterben zu müssen.

Die *siguiriya* gilt bekanntlich als die tiefste aller *flamenco*-Arten. In ihr hat sich die Seele des Zigeuners am reinsten auszudrücken vermocht, und wenn sich in ihr bisweilen auch Tanz und Gitarrenspiel mit dem Gesang zu einer einmaligen Wirkung zu verbinden wissen, so ist ihr eigentlicher Träger doch der Sänger, der, ähnlich wie ein guter Stierkämpfer, auf sparsamstem Raum das Wunder seiner Kunst inszeniert. Die *siguiriya,* die ihre wilde Schönheit in einer Ton-Arena von nicht mehr als einer Sexte zu bestreiten versteht, faßt die ganze Bitternis der Welt zusammen. Sie ist die Summe allen menschlichen und besonders allen zigeunerischen Leides. Und ihre besten Interpretationen reißen das Gestein des Schmerzes aus so großen Gefühlstiefen, daß sie, wie Lorca bemerkt hat, fast ausnahmslos frühzeitig an Herzkrankheiten sterben.

Wir sprechen mit Juan nun über das Dilemma, in das die *flamenco*-Künstler von heute gekommen sind. Entweder sie versuchen zu zeigen, was sie können. Dann müssen sie ins Ausland gehen, müssen ihr Talent hinaus in die Welt tragen. Oder aber sie bleiben in ihrem heimatlichen Milieu: dort, wo der *flamenco* allein seine Wurzeln hat. Dann jedoch erhalten sie niemals die Möglichkeit, sich und anderen zu beweisen, was tatsächlich in ihnen steckt.

Juan stimmt uns zu. Ja, der *flamenco* sei regional verwurzelt, er verliere in den internationalen Konzertsälen viel von seiner Authentizität. Doch sei es keinesfalls so, daß heute in Granada nur noch ein provinzieller Bodensatz von Künstlern lebe. Es gäbe da zum Beispiel Juan Maya Marote, den berühmten Gitarristen. Er, Juan, wäre bereit, uns zu ihm hinzuführen, heute nacht noch, jetzt gleich. Vielleicht hätten wir Glück. Vielleicht würde Juan Maya Marote für uns etwas spielen. Er wäre ein großartiger Mann, einer, der nicht nur die Technik ungemein verfeinert habe, sondern auch *compás* besitze, den inneren Wegweiser für Takt und Tonart.

Wenig später stehen wir in der Bar Marote. Die Geschwister dieser Zigeunerfamilie haben sich das Lokal erst vor kurzem gekauft, um in der Nähe ihres geliebten Sacromonte eine Bleibe zu haben: einen Platz, wo sie vor Anker gehen können, wenn sie von ihren Tourneen zurückkommen.

Juan Maya Marote ist mit seinem gepflegt-wirren Haar und seinen großen verhangenen Augen so etwas wie eine männliche Variante der apart-herben Anna Magnani. Er ist zugleich schüchtern und selbstbewußt, und seine leise rauhe Stimme läßt, was er sagt, kaum hörbar werden. Künftig meint er, wolle er nicht mehr so oft von zu Hause weg. Fünf Monate Auslandsreisen müßten reichen. Die übrige Zeit gedenke er fortan in Granada zu bleiben. Hier sei die Quelle seiner Kunst, und hier müsse er leben.

Ja, meint Juan. Das sei gewiß richtig. Sonst gehe es Juan Maya Marote eines Tages wie Paco de Lucía, der zwar ein weltberühmter Meister der Perfektion sei, ein Techniker wie vielleicht kein anderer, der aber schon zu oft ohne *duende* spiele. Das sei erst kürzlich deutlich geworden: als Paco im Konzertsaal des neuerbauten Manuel-de-Falla-Zentrums vor seinem Auftritt auf den Marote stieß und ihn bat, dem Konzert lieber nicht beizuwohnen, er fühle sich sonst beeinträchtigt, gehemmt.

Es ist laut in der Bar. Und von draußen, wo inzwischen die Prozessionen begonnen haben, drängen immer neue Leute herein, die zu ihrem Wein als Beigabe Bohnenschoten und Stockfischstückchen bekommen.

Plötzlich eine Stimme, über alle Geräusche hinweg: Ay! — der Einleitungsschrei einer *siguiriya*.

Ein Mann, der in seinem dunklen Nadelstreifenanzug und mit seinem vollippigen großnasigen Gesicht wie ein beleibter jüdischer Geschäftsmann aussieht, singt eine *copla,* ein Liedchen von einer Rose, die sich unsterblich in eine Nelke verliebt hat und die bei dem Versuch, selber die Gestalt einer Nelke anzunehmen, ihr Wesen, ihr Leben verliert.

Das ist Pepe, flüstert Juan uns zu. Pepe Albaicín!

Jetzt erkennen wir ihn wieder. Wir haben ihn im letzten Jahr schon einmal gesehen, in Fuente Vaqueros, dem Geburtsdorf Federico García Lorcas. Damals, bei der Feier zum 80. Geburtstag des Dichters, hatte Pepe jedoch weit weg von uns gestanden, auf der Bühne, wo er unter der Begeisterung einer vieltausendköpfigen Menge das Auftaktgedicht aus Lorcas *Poema del cante jondo* gesungen hatte, die *Kleine Ballade von den drei Flüssen*, die er schlichtweg *Kleine Ballade von den Flüssen Granadas* nannte, wobei er den Namen Granada auf gut andalusische Weise teilweise verschluckte: *Baladilla de lo' río' de Granã.*

Jetzt, in der Bar Marote, singt Pepe ohne jede musikalische Unterstützung, und ein junger Mann im Trenchcoat, ein Rundfunkreporter, hält ihm ein Aufnahmegerät vor den Mund. Pepe Albaicín fühlt sich angefeuert. Es gefällt ihm, daß das, was er jetzt hier singt, morgen in Radio Granada zu hören sein wird. Nach jedem Lied, das er mit angeschwollenen Stirnadern kraftvoll aus sich herauspreßt, bittet er den Reporter, das Band zurückzuspulen:

er will sich selber hören, sich selber genießen. Die schlechte Tonqualität, die diesem Stimmungsbild aus einer Granadiner Taverne anhaftet, stört ihn nicht im geringsten. Voller Ergriffenheit flüstert er seine eigenen Worte nach, und mit kindlichem Gesichtsausdruck und theatralischen Gesten lauscht er der wunderbaren Stimme, die seine eigene ist.

Jemand fordert eine blondierte Zigeunerin auf zu tanzen. Doch die zeigt auf ihre Pumps mit den Stöckelabsätzen und sagt lächelnd, heute sei nichts zu machen — man habe ihr die Tanzschuhe gestohlen, irgendwer habe sie wohl als Souvenir mitgehen lassen.

Pepe singt weiter, allein. Im Revers glänzt ein kleines Abzeichen: die Goldene Limone, ein Preis für die beste Flamenco-Darbietung des Jahres 1978. Pepe, über den man munkelt, daß er nichts weiter schreiben könne als seinen markanten Namenszug, den er allerdings gern auf seine Plattenhüllen setzt, hält sich — und zwar allen Ernstes — für die Reinkarnation Lorcas. Und mit besonderer Inbrunst flicht er in seinen Vortrag immer wieder eine *copla* über die Ermordung Lorcas ein, die, obwohl sie von dem jungen ortsansässigen Dichter Miguel Ruíz de Castillo stammen soll, heute bereits in Granada und in der Vega de Granada als Volkslied in aller Munde ist:

Entre Víznar y Alfacar,
mataron a un ruiseñor,
porque quería cantar.

Zwischen Víznar und Alfacar
haben sie eine Nachtigall getötet,
nur, weil es ihr gefiel zu singen.

Längst hat sich die Bar geleert. Und Pepe sitzt mit Juan, dem Reporter und uns an einem Tisch. Die Hintertür ist geöffnet, um den Qualm hinauszulassen, und die von den Gletschern der Sierra Nevada herabfallende nächtliche

Kälte kommt in den Raum und kriecht uns von den Beinen her an.

Der Reporter schiebt den Mantelärmel hoch und zeigt auf seine Gänsehaut. So gehe ihm das schon seit seiner Kindheit: immer stünden ihm die Haare zu Berge, sobald er Pepes Stimme höre.

Pepe lächelt. Er drückt auf die Rücklauftaste des Recorders. „Da, hört bloß mal... hört euch das bloß mal an! Lo' do' río' de Graná — ist das nicht großartig?!"

Alle stimmen ihm zu. Der Reporter wischt ihm mit dem Handrücken den Schweiß von der Stirn, und aus Begeisterung nimmt bald dieser, bald jener immer wieder ein Stück von Pepes Nackenhaut zwischen die Finger und dreht es herum, bis an die Grenze des Schmerzes.

Pepe richtet sich auf. Er beginnt ein neues Lied, und er greift nach unseren Händen, die er umklammert und die ihm zur Stütze seines Gesanges werden.

Römisches Wäldchen

Soto de Roma, Römisches Wäldchen, heißt ein besonders fruchtbarer Landstrich der Vega de Granada, der westlich der Provinzhauptstadt liegt, an den Ufern des Genil. Die Gegend, die nach der Vertreibung der Mauren der Bedeutungslosigkeit anheimfiel, wurde erst gegen Ende des neunzehnten Jahrhunderts wieder stärker besiedelt: als man erkannte, daß der Boden sich vortrefflich zum Zuckerrübenanbau eignete. Nun erwiesen sich die alten Bewässerungsanlagen, die schon zur Zeit der Römer entstanden waren und die von den Arabern übernommen und ausgebaut wurden, als außerordentlich nützlich. Der Soto gedieh nach dem Verlust Cubas und dem Ausbleiben des überseeischen Rohrzuckers zu einer wirtschaftlich blühenden Region.

Einer der Männer, die mit dem Rübenzucker-Boom zu unerwartetem Reichtum kamen, war der Vater von Federico García Lorca, der 1904 aus Fuente Vaqueros in das benachbarte Asquerosa (das heutige Valderrubio) übersiedelte. In Asquerosa waren die Verkehrsbedingungen günstiger als in Fuente Vaqueros. Von hier aus ließen sich für den mit Ländereien spekulierenden Mann, der bald ein halbes Dutzend Güter und die meisten Aktien der Zuckerfabrik San Pascual besaß, immer bessere Verbindungen knüpfen, ließen sich stets neue Unternehmen in Gang setzen.

Wie Miguel Hernández, der Dichter von der spanischen Levante, stammte Federico García Lorca aus einem bäurischen Milieu. Aber im Gegensatz zu Hernández, der ein Kind mittelloser Leute war und nur drei Jahre die Armenschule des Jesuitenkollegs in Orihuela besuchte, war Lorca ein *señorito*, ein „Herrensöhnchen“, das freilich ein ungewöhnliches Gespür für die Substanz der von den einfachen Menschen der Vega überlieferten Verse und Lieder besaß.

Die Entwicklung beider Poeten verlief denn auch in entgegengesetzter Richtung. Entfaltete sich Lorca durch die Übernahme des ländlichen Kulturguts, das bei den Hausangestellten und den Nachbarkindern im Dorf noch lebendig war, so behalf sich Hernández, indem er sich aus seiner Unwissenheit, aus seiner Unbildung, auf die große Literatur zubewegte: „Ich bin Ziegenhirt seit meiner Kindheit. Und ich bin froh, es zu sein, denn da ich in einem armen Hause geboren wurde, hätte mein Vater mir zwar einen anderen Beruf wählen können, aber er gab mir diesen, der das Tagwerk der heidnischen Götter und biblischen Helden gewesen ist."

Lorca, zeitlebens in einen verhaltenen Kampf mit dem Bürgertum verstrickt, suchte seelischen Rückhalt in jenem Milieu, aus dem sich Hernández nur unter großen Wachstumsschmerzen herauslösen konnte: „Da ich ein Träumer bin wie so viele, denke ich nach Madrid zu gehen. Ich werde die Ziegen im Stich lassen — ach, ihr Geläut am Nachmittag! — und mit den paar Nickelmünzen, die meine Eltern mir vielleicht geben können, in zwei Wochen den Zug nach der Hauptstadt nehmen."

Hernández schrieb seine ersten Verse noch im wahrsten Sinne des Wortes „auf dem Rücken einer Ziege". Lorca hingegen sehnte sich fort aus dem Umkreis des Kultivierten und Feinsinnigen seiner Klasse und entwickelte einen dichterischen Pantheismus, der im Grunde genommen eine Flucht in das Andalusisch-Volkstümliche war: „Ich wollte zum binsenbestandenen Flußufer hinabgehen. Unter den blaßgelben Dachziegeln hindurch. Zum Ende des Dorfes, wo der Menschenfresser die Kinder verschlingt. In diesem Augenblick bin ich weit entfernt von dem Dichter, der auf die Uhr sieht, weit entfernt von dem Dichter, der mit der Bildsäule, dem Traum, der Anatomie ringt; ich bin all meinen Freunden entwischt und gehe mit jenem Burschen, der die Frucht noch unausgereift verzehrt und zusieht, wie die Ameisen den vom Automobil plattgefahrenen Vogel auffressen."

Der Genil fließt nahe an Fuente Vaqueros vorbei. Ein Weg, der am Gebäude der Guardia Civil entlanggeht, führt an den ziemlich breiten Fluß — hin zu einer Furt, durch den gerade ein Pferdewagen fährt. Unterhalb der Uferböschung steigen drei Jungen aus dem Wasser, die uns, während sie sich anziehen, ein paar frech-fröhliche Worte zuwerfen. Dann laufen sie zu einer großen Brücke, über die sie davonpoltern. Wir schlagen dieselbe Richtung ein, weil wir zurück nach Granada wollen und bei der Haltestelle jenseits des Flusses einsteigen möchten.

Die Brücke, die mit ihren Stahlbögen einen durchaus soliden Eindruck macht, erweist sich als eine Falle für Fußgänger — sofern diese nicht darüber hinweghuschende Kinder sind. Rechts, zwischen den weit auseinander liegenden Schwellen, geht es unmittelbar in die Tiefe. Die Bretter des schmalen Fußstegs aber sind verrottet und miserabel befestigt. Obwohl sie sich bisweilen bedenklich durchbiegen, halten wir es für das beste, die hinter uns liegenden Planken nicht nochmals zu belasten, sondern vorsichtig weiterzugehen. An einigen Stellen, wo der Untergrund bereits ganz fehlt, sehen wir hinab auf das Wasser, das um die Steine herumstrudelt. Schließlich jedoch, nach einem kleinen Sprung, landen wir sicher im Ufersand.

Wir folgen dem Schienentrakt und durchqueren ein Pappelwäldchen, in dem auf einem Erdwall ein Ziegenhirt sitzt — inmitten seiner weidenden Tiere. Ein Weizenfeld, vom Wind gescheitelt. Dann Artischocken.

Plötzlich hören wir hinter uns die Straßenbahn. Wir laufen los. Doch bis zur Haltestelle sind es noch mehrere hundert Meter. So bleiben wir stehen, winken.

Der Fahrer bringt die *tranvía* mit quietschenden Bremsen zum Stehen. Wir zwängen uns durch hohe Disteln und steigen in den Triebwagen.

Es ist das letztemal, daß wir mit der Straßenbahn durch die Vega de Granada fahren. Ein Jahr später ist die Strecke stillgelegt, und man gelangt auf anderen Wegen nach Fuente Vaqueros — mit einem schnellen und bequemen Autobus.

Mulis und High-Tech

Azorín, Vertreter der berühmten Generation von 1898, hat das Bild eines auf ewig unwandelbaren Spaniens beschworen, als dessen Verkörperung er die Maultiere angesehen hat, die überall in der kargen sonnendurchfluteten Landschaft auftauchen: auf endlosen Ebenen und schmalen Pfaden, die sich an den Flanken vegetationsloser Berge emporwinden.

Die Mulis gibt es immer noch. Doch sie wurden längst an den Rand gedrängt, und man begegnet ihnen nur noch dort, wo — vorerst — das Geld für den Traktor fehlt oder wo Terrassenwirtschaft eine maschinelle Feldbestellung unmöglich macht.

Auch in Spanien hat die Industrialisierung längst aufs Land übergegriffen, und die Motorisierung hat die letzten entlegenen *pueblos* an die Coca-Cola-Kultur angebunden. In den einst stillen Dorfkneipen hängen Musikmaschinen und Glücksspielautomaten, die sich, wenn sie einmal eine Weile nicht mit Peseten gefüttert worden sind, von selbst in Erinnerung bringen, indem sie zerfetzte Folklore-Melodien herleiern, computerhaft-versimpelt anreißen.

Lärm ist überall in Spanien zu einer Art von akustischem Umweltmüll geworden, gegen den die Grünen, deren Emblem die Sonnenblume ist, so wenig ausrichten können wie gegen die Verwandlung des Mittelmeers in eine Kloake, gegen die Auspowerung des Bodens durch falsch betriebene Forstwirtschaft, gegen die Verseuchung der Luft durch Schadstoffe und gegen die Umfunktionierung des Atlantiks vor der galicischen Küste in eine atomare Endlagerungsstätte.

Der spanische *machismo*, der nach dem Ende der Maurenkriege seine Herrschaftsgelüste über die unterworfenen Indiovölker der Neuen Welt auszudehnen verstand, hat im Zeitalter von High-Tech und Energieerzeugung durch Kernbrennelemente andere, noch natur- und menschenfeindlichere Formen angenommen. Seine Praktiken sind sublimer, doch effizienter geworden. Sie beziehen ihre Kraft nicht mehr aus dem Mittelalter und dessen überholtem Kreuzzugsdenken, sondern aus dem Wissen um modernes Management; und die Natur ordnen sie profitmaximierenden Marktstrategien unter.

Spanien ist heute beides: das Land der armen verlassenen *pueblos* und das der mörderischen, vom Verkehr verstopften Smog-Städte, die sich in ihrer Uniformität durch nichts mehr von Bevölkerungs-Agglomeraten anderswo unterscheiden.

Von Provinz zu Provinz, von Kapitale zu Kapitale fahren Überlandbusse — weg über die Kadaver von Katzen, Hunden, Kaninchen.

Ein Tierleben gilt nichts. Und wir beobachten, wie der Fahrer unseres Busses — natürlich, ohne daß es riskant wird oder Zeit kostet — Jagd auf allerlei Vierbeiner macht.

Vorn, überm Sitz, befindet sich ein Farbfernseher. Der Ton dröhnt laut, die Bilder flackern vorüber. Ein Western. Von texanischen Farmern verfolgte Banditen haben den Río Grande durchquert und galoppieren gerade durch ein mexikanisches Dorf, das ziemlich ähnlich dem Dorf ist, das hinter den zugezogenen Fenstern vorbeihuscht.

Auf dem Bildschirm bewegt sich die Kavalkade von links nach rechts. Vorm Kühler unseres Busses reitet ein *campesino* von rechts nach links.

Agaven. Feigenkakteen. Berghänge. Geröll.

Beides draußen wie drinnen.

Was ist da nun unwirklicher? Die Westerntypen, die zu Pferde vor einer verborgen bleibenden Filmkamera auf einem Areal agieren, das als pure Wildnis, als völlig menschenleere Wüstenei, in Erscheinung tritt. Oder dieser spanische Landmann auf seinem Esel, der, weil er die

Gangart früherer Jahrhunderte beibehalten hat, vom Fahrer solange durch die Frontscheibe beschimpft wird, bis er die andere Straßenseite erreicht hat.

Kastilien kann das Meer nicht sehen

In seinem Roman *Ángel Guerra* schildert Benito Pérez Galdós einen pensionierten Kapitän, der in Madrid lebt. Dieser Don Pito kann sich nicht damit abfinden, für immer vom feuchten Element getrennt zu sein. Er stellt sich, wenn er den Retiro-Park durchstreift, mitunter vor, der Campanillas-Teich sei der Ozean. Und er wandert durch die Vorstädte hinaus ins offene Land, wo er plötzlich, angesichts der steppenähnlichen Meseta mit ihrer fernen blauen Horizontlinie, wieder jenes Gefühl von Weite und Freiheit hat, das er sonst nur an Deck seines Schiffes kannte.

Was Pérez Galdós, dieser spanische Balzac, in seinem 1891 geschriebenen Werk auf episch-parabolische Weise zum Ausdruck brachte, das faßte Azorín, der meditativ-grüblerische Exeget spanischen Wesens, zwei Jahrzehnte später in der poetischen Formel zusammen: „Kastilien kann das Meer nicht sehen."

Kastilien, die spanische Zentralregion, ist ein Binnenland. Dieser Umstand hat nicht nur die Mentalität seiner Bewohner mitgeprägt, er hat auch den Stil der imperialen Großtaten und die Form des hispanischen Kolonialismus bestimmt.

Anders als für die Portugiesen, denen die Seefahrt etwas Vertrautes und Natürliches war, besaß die Welt des Nautischen für die Spanier etwas Geheimnisvolles, Unheimliches — sogar dann noch, als sie längst ihr überseeisches Imperium geschaffen hatten. Die Kastilier waren in maritimen Dingen so unerfahren, daß sie den phantastischen Vorstellungen eines Fremden aus Genua Gehör schenkten und sich darauf einließen, einen westlichen Seeweg nach Asien zu suchen.

Die Idee, nicht an den Küsten Afrikas entlang, sondern durch die Weite des Atlantik in die sagenhaften Gewürzländer des Fernen Ostens zu gelangen, konnte am spanischen Hofe nur deshalb Unterstützung finden, weil man hier wenig Kenntnis vom mutmaßlichen Erdumfang besaß.

Es war gerade das Visionäre, das Irrationale des Columbus, das sich als passender Schlüssel erwies, die Schatullen Isabellas, der Katholischen, zu öffnen und die abenteuerliche Ausfahrt zu subventionieren.

Während sich die Portugiesen etappenweise, aber mit Kalkül auf ihr Ziel zubewegten, ein Ziel, das einer ihrer Seefahrer, Vasco da Gama, dann schließlich auch erreichte, fanden die Spanier bei ihrem Vorstoß etwas, was sie gar nicht gesucht hatten und was sie, als ihr Irrtum offenkundig geworden war, in dieser Form nicht einmal gelten lassen wollten: einen bisher unbekannten Kontinent.

So verbissen wie Columbus bei dem Gedanken verharrte, ein zum Gebiet des „Großkhan" gehörendes Inselsystem entdeckt zu haben, so inkonsequent verhielten sich seine spanischen Erben. Jahrhunderte hindurch ignorierten sie die Tatsache, daß es die *Neue Welt* war, in der sie mächtige Reiche und ehrwürdige Kulturen zerstört und ungeheure Ländereien erobert hatten.

Die Spanier (die bezeichnenderweise in einer Art von geographischem Solipsismus bis zum Jahre 1882 darauf beharrten, daß der Nullmeridian bei Punta Orchilla, also bei dem westlichsten Ort der westlichsten ihrer Kanarischen Inseln, verlief) weigerten sich, die Einsichten des für Portugal tätigen Amerigo Vespucci zu einem Bestandteil ihres Weltbildes werden zu lassen. Mit einer geradezu quijotehaften Unbelehrbarkeit sprachen sie, statt von Amerika, von den Indias Occidentales, von Westindien. Sie, die dem Ozean zutiefst abhold blieben, zogen sich in den besetzten transatlantischen Gebieten sogleich ins Innere zurück, in küstenferne gebirgsgeschützte Regionen, wo sie vor den englischen Piraten sicher waren.

Germán Arciniegas, der columbianische Essayist, hat in seiner *Kulturgeschichte Lateinamerikas* deutlich gemacht, wie unbehaglich es den Spaniern gewesen ist, mit ihren schwerfälligen Schiffen die Meere zu kreuzen und den notwendigen Kontakt zwischen dem Mutterland und den Kolonien aufrechtzuerhalten. Häfen wie Cartagena de Indias, Vera Cruz und das alte Panamá waren nicht so sehr als Tore zum Meer, sondern vielmehr als Riegel, als absperrende See-Burgen, gedacht. „Die Spanier", sagt Arciniegas, „wollten neue Kastilien gründen, wo die maritimen Fährnisse sie nicht erreichten."

Keiner der namhaften *conquistadores* war an der spanischen Mittelmeer- oder der Atlantikküste beheimatet. Fast alle kamen aus der Extremadura, dem Grenzstreifen zwischen Kastilien und Portugal, einem Gebiet, das auch heute noch ein reines Bauernland ist.

Die Extremadura, die aus den Provinzen Badajoz und Cáceres besteht, stellt im Süden, in der Extremadura Baja, bereits eine Übergangszone zu Andalusien dar, während sie im Norden, in der Extremadura Alta, trotz mancher Palmen und Kakteen, die es hier gibt, noch eng mit Kastilien zusammenhängt.

Aus keinem anderen Ort der Extremadura stammen so viele Eroberer und Entdecker wie aus Trujillo, dem Geburtsstädtchen des Analphabeten Francisco Pizarro, der 1532 mit nur hundertsechs Soldaten und zweiundsechzig Reitern das Inkareich bezwang.

Das nahe bei Trujillo gelegene Cáceres, das mit seiner völlig erhaltenen Altstadt an Bedeutung dem viel besuchten Ávila um nichts nachsteht, verfügt — neben einer großen Anzahl historischer Bauten — mit dem Palacio de Moctezuma über eine architektonische Attraktion von besonderer Pikanterie: Der Besitzer dieses Patrizierhauses war mit einer Tochter des von Cortés besiegten Azteken-Kaisers verheiratet.

Zusammen mit Mérida teilt sich Cáceres in Spanien den Ruf, Lieblingsaufenthaltsort der Störche zu sein. Auf den Mauerzinnen, auf den Kirchtürmen und auf dem arabischen Torre de la Hierba — auf allen hohen Plätzen zeichnen sich die Silhouetten der Vögel ab, und immer wieder hört man das Schnabelgeklapper der Jungtiere, die hungrig ihre anfliegenden Eltern begrüßen.

Zu den großen Ereignissen, die in den Städten der Extremadura das Alltagsleben unterbrechen, gehören die *ferias*, die Festveranstaltungen mit *corridas*, Jahrmärkten sowie Tanz- und Theatervorführungen. Die *feria* in Cáceres ist noch, wie in alten Zeiten, mit einem Viehmarkt verbunden, mit einem großen Auftrieb, an dem sich die Züchter der ganzen Provinz beteiligen.

Schon früh um vier — wir hören es immer wieder am Schrillen des Haustelefons — lassen sich die Landleute vom Nachtportier der Residencia Ara wecken, um rechtzeitig zum *rodeo* zu gelangen.

Gleich am Stadtrand, unterhalb einer Hochhaussiedlung, hat man junge Kampfstiere zusammengetrieben. Die Tiere laufen frei herum. Sie sind erstaunlich friedlich; nur hin und wieder versucht einer der Bullen, einen Geschlechtsgenossen zu bespringen.

Nahebei, auf einer grasbewachsenen Anhöhe, drängen sich mehrere Tausend Stück Vieh. Einige Tiere, die ihren Platz direkt neben der Landstraße gefunden haben, sind so kurz an die Eukalyptusbäume gebunden, daß sie in schräger Haltung mit ihren Vorder- oder Hinterbeinen im Chausseegraben verharren müssen.

Pferde mit Hafersäcken vorm Maul neben Eseln, denen man Blumen ins Stirnband gesteckt hat. Gebrüll, Geblök, Geschnaufe und Gewieher erfüllt die Luft. Und im Schatten, den ein stehendes Pferd wirft, schläft ein Hund, der erschrocken aufspringt, als ihn ein Urinstrahl trifft.

Männer, die ihre Reittiere am Zügel hinter sich herziehen, treten an offene Getränkestände, um den Durst mit Limonade zu löschen oder um die Stimmung und den Geschäftsgeist mit Alkohol anzufeuern.

Die Söhne reicher Züchter, vier-, fünfjährige Kinder

darunter, reiten — Cordobeser auf dem Kopf und die linke Hand graziös in die Hüfte gestemmt — auf tänzelnden Stuten hin und her.

Am Chausseerand bietet man auf Plastiktüchern kupferne Kuhglocken von unterschiedlicher Größe feil. Immer wieder prüfen die Bauern mit einem der herumliegenden kurzen Schwengel den Ton, und sie geben sich erst zufrieden, wenn sie zwei oder drei Glocken finden, die genau den gleichen Klang haben und also den Aufenthaltsort einer Herde anzuzeigen vermögen.

Überall gibt es palavernde Gruppen. Zwischen zwei Bäumen ist eine Zeltplane gespannt, unter der liegen Seile, Sättel und Maulkörbe aus; das Zaumzeug wird gleich an Ort und Stelle genietet. Am Nachbarstand wiegt eine Frau türkischen Honig mit der Handwaage ab. Bratpfannen, Spirituskocher, Kerzenhalter, Kuchenformen sowie kleine Mörser, Küchensiebe, Mäusefallen und Handsicheln: die *vaqueros*, die Kuhhirten aus Arroyo de la Luz und den anderen Dörfern der Umgebung prüfen, verwerfen, kaufen.

Kein Geschäft, das nicht mit mächtigem Zeitaufwand, kein Handel, der nicht mit größter Umsicht betrieben würde. Bei nichts freilich geht es mit so zeremonieller Langatmigkeit zu wie beim Erwerb eines Stockes, gleichgültig, ob man einen gewöhnlichen Treiberstecken oder aber einen imposanten Spazierstock mit Silberknauf ersteht.

Lastwagen, die das verkaufte Vieh abtransportieren und die neues heranschaffen, wirbeln Staub auf und versetzen die lagernden Rinder in Unruhe. Das Aufladen erfolgt mit Hilfe von Bretterrampen, über die die Tiere mit Stockschlägen geprügelt werden. Jenseits der Landstraße, wo die *corrales* der Schafzüchter stehen, parken drei große Busse — mobile Filialen der Banco Central, der Banco de Extremadura und der Banco Español de Crédito.

Es ist inzwischen heiß geworden. Da lassen sich die Männer aus ihren mitgebrachten Lederbeuteln Rotwein in die Kehle laufen, und Zigeunerjungen, die auch hier ihre Dienste anzubieten verstehen, führen Kühe und Pferde an die langen steinernen Tränken.

Viehmarkt von Cáceres, großes *rodeo*... je weiter die Zeit vorrückt, um so schwieriger wird es, in all dem Gedränge nicht in einen Kuhfladen zu treten.

Am nächsten Tag sind die Züchter nach Trujillo weitergezogen, und die Bewohner von Cáceres versammeln sich vor der Kulisse der Altstadt, um Corpus Christi zu feiern.

Die Prozession beginnt auf der Plaza de Santa María, auf der eine Militäreinheit Aufstellung genommen hat und Musik macht, bevor aus dem Bischofspalast das callageschmückte Allerheiligste herausrollt und vor das Portal der Kathedrale geschoben wird.

Kommunionkinder, die von ihren Müttern wieder und wieder zurechtgezupft werden, tragen auf silbernen Tabletts oder in Bastkörben Rosenblüten vor sich her. Die Mädchen mit den weißen Tüllkleidern und Häubchen sehen wie kleine Bräute aus; die Jungen haben Mönchskutten oder Matrosenanzüge an.

Ein Lastauto, vollgeladen mit Gras und Myrte, fährt vorsichtig in die Menschenmenge hinein, und ein paar Arbeiter beginnen damit, den Weg mit Grünem zu bestreuen. Nachdem alle, auch die angetretenen Soldaten, niedergekniet sind, setzt sich der Festzug in Bewegung.

Zwei Stadtdiener mit gelockter Perücke und wappengeschmücktem roten Samtmantel folgen dem *Santísimo*, und jedesmal, wenn es einen Stau gibt, scheint die Gasse zu schwanken, weil dann das militärische Gefolge von einem Bein aufs andere tritt und sich wiegend im Rhythmus der Trommeln bewegt.

Die Zuschauer schließen sich der Prozession an, und die Frauen bücken sich nach der Myrte, die sie zu kleinen

Sträußen zusammenfassen oder ihren Männern in die Revers stecken. Schließlich, nachdem man hinunter in die Neustadt gelangt und hier durch mehrere Straßen gezogen ist, gibt es ein demonstratives Zusammenspiel von Kirche, Militär und politischer Macht. Der Bürgermeister, pathetisch die Hand auf der Brust, führt die Stadtverordneten an. Orgelklänge aus dem Innern des Rathauses mischen sich mit Trommelwirbeln. Und als nun der Geistliche mit der Monstranz unter seinem Baldachin hervortritt und sich auf die Freitreppe zubewegt, geht ein Regen duftenden Konfettis auf ihn nieder: Die Mädchen haben, alle auf einmal, die Blüten aus den Schalen über ihn geworfen. Gleich darauf drücken sie ihren Müttern die leeren Tabletts und Körbe in die Hände und nehmen ihren Geschwistern und Freundinnen Bälle, Jo-Jos und Windmühlen ab — froh darüber, endlich der Reglementierung entkommen zu sein.

Vor unserer Weiterreise nach Kastilien machen wir in Plasencia Station, in einem Ort, der mit seinen zwanzigtausend Einwohnern noch nicht einmal halb so groß wie Cáceres ist.

Das heutige Plasencia ist eine Gründung von Alfonso VIII. Doch wie viele Städte der Extremadura hat Plasencia auch schon zur Römerzeit eine Rolle gespielt — unter dem Namen Dulcis Placida. Hier und weiter südlich, am Ufer des Tajo, hat es lange erbitterte Kämpfe mit den Mauren gegeben, die in der Extremadura weniger einen wichtigen Besitz als ein strategisches Aufmarsch- und Durchgangsgebiet sahen, das es um jeden Preis zu verteidigen galt, damit die christlichen Heere nicht nach Sevilla und Córdoba vordringen konnten.

Plasencia hat den Charme einer organisch gewachsenen Kleinstadt. Seine alten Bauten — wie etwa die romanisch begonnene und gotisch vollendete Kathedrale — fügen sich auf harmonische Weise in das Ambiente ein und bilden einen reizvollen Kontrast zu den Wohnhäusern, die sie umgeben.

An den Abenden und besonders am Wochenende drängt das Leben hinaus auf die Gassen. Jeder Spaziergang endet unweigerlich auf dem Marktplatz, wo die Frauen ihre Kleider vorführen und wo man, auch wenn es einmal regnet, unter den Arkaden promenieren kann.

Der Marktplatz von Plasencia, der — mit einem Anflug von Größenwahn — Plaza de España heißt, erzeugt mit seinen Laternen, Steinbänken und Pappeln einen Eindruck von Heiterkeit und Helligkeit. Über der luftigen Fassade des Rathauses hält sich eine übermannshohe buntbemalte Figur mit der linken Hand am Glockenturm fest, während sie mit der rechten die Stunden schlägt, auf eine freilich nicht ganz synchrone Art.

Fast immer ist der Marktplatz auch von Zigeunern bevölkert, von den Angehörigen einer Sippe, die unten am Río Jerte in einem Zeltlager wohnen und die, wie ihre weidenden Pferde und ihre abgestellten Kombiwagen verraten, nicht ganz mittellos sind.

Schon morgens finden sich die *gitanos* auf der Plaza ein. Ein älterer Mann mit Lippenbärtchen schaut kurz in alle Cafés hinein und kundschaftet Möglichkeiten für den Absatz von Weiß- und Kurzwaren aus.

Einstweilen jedoch stehen alle noch schwatzend beieinander. Die Zigeunerinnen, die ihre Kinder auf der herausgeschobenen Hüfte abgesetzt haben, sehen mit ihren weiten geblümten Röcken und ihren farbigen Schürzen adretter aus als ihre andalusischen Schwestern. Schließlich, nachdem die Frauen mit ihren Körben ausgeschwärmt sind, bleiben die Männer zurück, rauchend und der Musik zuhörend, die aus einem mitgebrachten Transistorradio dröhnt.

Die Zigeuner sind die einzige ethnische Minderheit, die sich in Spanien zu behaupten vermochte. Die Juden und die Mauren mußten, nachdem die Katholischen Könige 1492 ihr Vertreibungsverdikt erlassen hatten, entweder außer Landes gehen, oder sie wurden gezwungen, sich taufen zu lassen. Die Zigeuner, weil sie als Nomaden keinen nennenswerten Besitz ansammeln konnten, waren den Spaniern gleichgültiger als die Juden, die sich so trefflich auf Geldgeschäfte verstanden. Und sie erregten, trotz ihrer ungezwungenen Lebensweise, auch nicht denselben sexuellen Neid wie die Mauren, die die sublimsten Formen erotischer Literatur und geschlechtlicher Praxis kannten. Die Zigeuner, die keine festen kulturellen und religiösen Traditionen besaßen und die deshalb auch ohne Schwierigkeiten das Christentum annehmen oder, zumindest, gewisse christliche Bräuche praktizieren konnten, gaben den Kastiliern keinen Anlaß für allzu systematische Verfolgungen; allerdings entgingen auch sie nicht gewalttätigen Nachstellungen — vor allem durch die Guardia Civil.

Es war Américo Castro, der dem spanischen Eigenverständnis einen schmerzhaften Stoß versetzte, als er nachwies, wieviel jüdisches und arabisches Geistesgut auf quasi subversive Weise in das spanische Wesen eingesickert ist. Manches, was als typisch kastilisch, als uraltes iberisches Volksgut galt, wurde von dem unorthodoxen Historiker als Hinterlassenschaft der beiden nichtchristlichen Völker erkannt.

Wenn man sich klarmacht, daß Columbus, der Günstling der Königin Isabella, wahrscheinlich ein getaufter Jude war, und wenn man darüber hinaus erfährt, daß auch Teresa von Ávila, die große Mystikerin und Erneuerin des Karmeliterordens, israelische Vorfahren hatte, dann erscheinen einige der bedeutendsten Leistungen in dem sonderbaren psychologischen Licht, so etwas wie Übersprunghandlungen, wie titanische Kompensationsversuche von Konvertiten zu sein.

Kastilien, dieser historische Nährboden des bigott-faschistischen Spaniens von Generalísimo Franco, besaß und benötigte keine verfeinerten Ideen. Es verstand sich eher aufs Unterwerfen als aufs Verwalten und aufs kulturelle Ausgestalten.

Der kastilische Krieger schlug so lange mit dem Schwert auf seine Feinde, die Mauren, ein, bis er auch das Königreich Granada, die letzte islamische Bastion, in seinen Besitz gebracht hatte.

Da sich der christliche *caballero* nach dem errungenen Sieg jedoch nicht zu wandeln vermochte, richtete er die in seinem Innern angestauten Triebenergien nun zwar nicht mehr gegen muselmanische Truppen, wohl aber gegen andersgläubige spanische Bürger, die auch, nachdem sie sich hatten taufen lassen, von Verdächtigungen und Nachstellungen keinesfalls verschont blieben. Die Inquisition, die überall im Lande ihre Späher hatte, bewachte jeden — sogar ihre eigenen Zuträger, von Künstlern und Mystikern ganz zu schweigen.

Der psychologische und gesellschaftliche Überdruck, der so in Spanien entstand, konnte einzig in die Indias Occidentales, in die amerikanischen Besitzungen, entweichen — in die transatlantischen Vizekönigreiche und Kolonien. Doch einen Gewinn im Sinne eines quantitativen Sprunges gab es für die spanische Krone in Übersee sowenig wie im Mutterland, ja es kam, wie uns Martín Gonzáles de Cellorigo, Beobachter der Jahre um 1600, mitteilt, nach den atemberaubenden Anfangserfolgen der *conquista* sogar zu einem Zurückfallen hinter die Position des zuvor Erlangten: „Der Reichtum verflüchtigt sich in der Luft, in Papieren, Kontrakten, Renten, Kaufbriefen, Geld, Silber, Gold. Er zeigt sich aber nicht in Gütern... Die Renten zerstreuen das Eigentum, korrumpieren alle Macht, zerstören die Zeit, ersticken die Tugend, fördern das Laster und sind die Quelle allen Übels. Durch sie gibt der Landmann auf, verderbt der *hidalgo,* entmutigt sich der *caballero;* der *grande* demütigt sich und das Königreich siecht dahin."

Das Wesen des Kastiliers blieb auch in der Phase ethischen Niedergangs einem starren Sittenkodex verhaftet, und diese Rückbezüglichkeit des iberischen Menschen ist mit größter Eindringlichkeit in der Figur Don Quijotes inkarniert.

Der Ritter von der traurigen Gestalt reitet durch die Einöden der Mancha, von keiner anderen Idee besessen als von der, die vergangene Heldenzeit zurückzuholen, die vom Geist Santiagos beherrschte Epoche der *reconquista* zu erneuern. Jene Windmühlenflügel, gegen die der verzauberte Edelmann sich mit ebenso tapferer wie närrischer Entschiedenheit verteidigte — möglicherweise waren sie nichts als die vier Balkenenden des christlichen Kreuzes, die in der menschen- und ereignislosen Landschaft des nachmittelalterlichen Spaniens auf Don Quijote beziehungsweise auf seinen Schöpfer, den ruhmreichen Miguel de Cervantes, zukamen...

Kein Vertreter der iberischen Geistesgeschichte steht dem fiktiven Don Quijote näher als Santa Teresa. Auch sie leidet am Ungenügen der Wirklichkeit. Und auch sie rebelliert durch einen Ausbruchsversuch. Schon als Siebenjährige läuft sie von zu Hause fort. Sie will, zusammen mit ihrem Bruder, ins Heilige Land. Teresas Bruder, der, wie vier andere männliche Geschwister, später in Amerika kämpft, findet hinaus aus der Enge Ávilas. Das Mädchen jedoch muß nach einem anderen Weg suchen. Es muß Freiheit durch Kontemplation erlangen, durch einen Gang nach innen: durch die Bezwingung des *Castillo interior*.

Ávila, das mit seiner Höhe von 1127 Metern dem Spanier als die Stadt gilt, die dem Himmel am nächsten liegt, ließ der Tochter eines Juden, der aus Segovia zugereist war und der sich hatte taufen lassen, keine andere Möglichkeit, als eine Heilige zu werden und in mystischer Selbstversenkung jenes Glück zu suchen, das ihr als Frau verwehrt blieb — zu einer Zeit, in der die meisten Männer das Land verließen, um fremde Regionen in Besitz zu nehmen, Gebiete, die sie in Spiegelbilder Kastiliens verwandelten.

Wie Don Quijote, der immerfort im Staub der Landstraße unterwegs war, irrte auch Teresa kreuz und quer durch Spanien, ja, sie gelangte, wenn sie mit dem Eselskarren umherzog, um ständig neue Klöster zu gründen oder schon gegründete zu inspizieren, noch weiter als der fahrende Ritter, der sich bei seinen Eskapaden auf die Gebiete Neukastiliens beschränkte.

Don Quijote und Santa Teresa sind Gestalten, die nur in Spanien denkbar waren, und das auch erst nach der *reconquista,* nach dem Sieg über die Mauren, als das kastilische Kriegerideal verblaßte, ohne daß man neue Werte und Lebensinhalte fand.

In einem Land, das keine Gegenwart und keine Zukunft, sondern einzig eine heroische Vergangenheit hatte, mußte sich zwangsläufig eine Mentalität entwickeln, die alles Tatsächliche geringschätzte und die den Traum vom Sein zu einem transzendierenden Schein werden ließ.

Cervantes, Teresa und auch Zurbarán, der Maler asketischer Mönchsgestalten, hatten Kastilien und seine engherzigen Normen so sehr verinnerlicht, daß sie es nur durch Übertreibung ins Irreale beziehungsweise durch ein radikales spirituelles Aufbrennen überwinden konnten.

Im Unterschied zu ihnen gelang es dem Andalusier Góngora, eine Enklave des Sinnenhaften zu schaffen, eine leuchtende poetische Gegenwelt, in der die Immanenz, und zwar in Gestalt einer heidnisch-grünen Natur, triumphierte.

Don Luis de Góngora, trotz des Priestergewandes, das er trug, brachte eine augenblicksgesättigte Metapherndichtung ins Spiel künstlerischer Möglichkeiten. Und so folgten ihm in unserem Jahrhundert einige der sensitivsten spanischen Poeten — allen voran Federico García Lorca, der ein antikastilisches Kulturideal schuf, wenn er gegen die archaisierende Landschaftsdarstellung von

Unamuno und Azorín polemisierte und auch Position bezog gegen die Verherrlichung lebloser Architektur: „Seelenvoller Landschaften, toter Steine und Kathedralen ziemlich müde, begann ich auf allen meinen Wanderungen durch Spanien die lebendigen dauerhaften Elemente zu suchen, in denen die Minute nicht gefriert und die eine bewegte Gegenwart leben... Während eine Kathedrale in ihre Zeit hineingestellt bleibt und dadurch der immer beweglichen Landschaft einen dauernden Ausdruck des Gestern gibt, springt ein Lied von diesem Gestern sofort in unsere Zeit, lebendig und vollpulsend wie ein Frosch, dem Panorama zugehörig wie frisches Gesträuch..."

Es fällt schwer, Orte wie Toledo, Segovia oder Ávila zu sehen, ohne an diese Worte zu denken. Ávilas zweieinhalb Kilometer lange, zwölf Meter hohe und drei Meter dicke Befestigungsmauer umschließt zwar auch heute noch ein völlig intaktes Gemeinwesen. Doch die Bürger dieser Stadt leben weitgehend davon, daß aus dem nahen Madrid spanische und ausländische Besucher kommen, einige Mahlzeiten einnehmen, die Hotelkapazität erschöpfen und die schablonisierten Andenken kaufen.

Was für Ávila die Stadtmauer ist, das sind für Segovia der römische Aquädukt und der Alcázar, der steil und irr über dem Zusammenfluß von Eresma und Clamores aufragt — einst ein auf eine Felsenhöhe gesetzter Klotz trutzhafter Wehr, nun bloß noch ein Objekt für Amateurfotografen.

Eine Attraktion Segovias ist seine Küche, die Lamm und vor allem Spanferkel präsentiert. Der kulinarische Genuß wird für sensiblere Gemüter allerdings dadurch geschmälert, daß die berühmten Speiserestaurants Casa Cándido, El Bernardino und El Abuelo die kleinen angebratenen Schweinchen in trauriger Gänze in die Schaufenster legen — mit Schnäuzchen, in denen man noch die Zähne sieht. Bei besonderen Festlichkeiten werden die *cochinillos*, die Spanferkel, auf eine ebenso theatralische wie beeindruckende Weise serviert. Man schafft sie, während die Flammen sie noch umzüngeln, auf einem Rost aus der Küche herbei. Und nachdem der Koch, der von seinem Personal wie von einem Hofstaat umgeben wird, eine Ansprache gehalten hat, nimmt er einen Teller zur Hand und vierteilt, blitzschnell mit der Tellerkante zuschlagend, das knusprig-braune Tier.

Stellt das Ministerio de Información y Turismo seine Fremdenverkehrswerbung in Segovia seit der Zweitausendjahrfeier von 1974 hauptsächlich auf die römische Vergangenheit ab („... wählen wir den Aquädukt von Segovia, Symbol des römischen Spaniens oder des spanischen Roms, Zeichen seiner Meisterwürde unter uns und Zeichen unserer Gegenwart im lateinischen Universum"), so wird Toledo als eine Art nationales Heiligtum gerühmt — sozusagen als die in Stein, in Baustein verfaßte Chronik von mehr als tausend Jahren spanischer Geschichte.

Aus der vom Tajo wie von einer Lassoschlinge zusammengeschnürten Stadt, in der sich Westgotisches, Arabisches, Jüdisches und Christliches überlagerten und intarsienartig verfugten, hat Rainer Maria Rilke 1912 am Allerseelentag der Fürstin von Thurn und Taxis-Hohenlohe mitgeteilt: „Man kann es niemandem beschreiben, es ist voll Gesetz, ja, ich begreife augenblicklich die Legende, daß Gott, da er am vierten Schöpfungstag die Sonne nahm und stellte, sie genau über Toledo einrichtete..."

So hochgesinnt vermögen wir die Stadt nicht mehr zu erleben. Toledo wirkt heute wie ein monumentaler Findling auf dem Grab einer untergegangenen Kultur.

Vom Zocodoverplatz aus wird — Zustand beängstigender Hypertonie — der Verkehr durch die engen Adern des Ortes gepumpt. Und Burschen, die die Auspuffrohre ihrer Motorräder abgesägt haben, machen ihre gestaute Libido hörbar und überdröhnen das dünne Gebimmel der Kirchenglocken.

Kastilien, von Azorín, Antonio Machado und den anderen Repräsentanten der 98er Generation noch einmal zu einem mythischen Erlebnisraum aufstilisiert, hat heute, da es von einem dichten Flug- und Straßennetz überspannt ist und da Kühlautos Fische und Schalentiere frisch in jeden Winkel des Landes bringen, aufgehört, eine meeresferne Region zu sein.

Die allgemeine Motorisierung hat Gebiete, die auch Spaniern früher unzugänglich blieben, zu bequem erreichbaren Wochenendzielen gemacht. Doch da der europäisierte Bürger der Halbinsel damit begonnen hat, „jenen Orten Geschmack abzugewinnen, die noch nicht vom europäischen Tourismus verdorben sind", sehnt er sich, wie Juan Goytisolo sagt, „um so mehr nach dem alten Bilde Spaniens, je ferner dieses ihm rückt...".

Wir, um uns die obligatorischen Busfahrten nach La Granja, zum Escorial oder auch zu den blutleeren Pilgerzielen des Quijote-Kultes zu ersparen, lassen ein paar wohltuend ereignislose Tage lang die weißgekalkten *pueblos* der Provinz Ciudad Real und die düsteren Dörfer der nördlichen Meseta auf uns wirken. Und so, in Kontakt mit dem Ländlich-Einfachen, stimmen wir uns allmählich für einen Besuch in Tordesillas ein.

Dieser kleine Ort am grün dahinströmenden Duero hat einmal Geschichte gemacht. In ihm haben sich, am 7. Juni 1494, die beiden rivalisierenden iberischen Mächte die Welt geteilt. Das Haus, in dem der bedeutungsvolle Vertrag von Tordesillas geschlossen wurde, existiert heute noch. Eine Gedenktafel hält die Erinnerung wach.

Freilich: Weder Spanien, das damals feierlich darin einwilligte, auf gewisse hochveranschlagte Vorteile im Orienthandel zu verzichten, noch Portugal, das sich mit einer Grenzlinie 370 Meilen westlich der Kapverdischen Inseln zufriedengab und das hierdurch unwissend große Gebiete jenes Kontinents verschenkte, den Columbus bereits entdeckt hatte — keines der beiden imperialen Länder, die unsere Erde erst zu einem zusammenhängenden Ganzen gemacht haben, trug letztlich einen bleibenden Gewinn davon. *La grandeza de la historia, qué tristeza de hoy... Die glanzvolle Großartigkeit der Geschichte, verkommen nun zu welcher Trübnis...*

Einst, eine entscheidende diplomatische Verhandlungsphase hindurch, der politisch wichtigste Ort der Welt und danach jahrzehntelang Turmdomizil von Johanna der Wahnsinnigen, der Tochter der Katholischen Könige, ist Tordesillas in unseren Tagen lediglich ein Ackerbürgerstädtchen von 6000 Einwohnern.

Wenn die Hauptstraße auch vom Autoverkehr nach Madrid, La Coruña, Valladolid und Salamanca durchbraust wird — in den Nebenstraßen begegnen einem noch auf Schritt und Tritt Männer mit Sicheln, Frauen in althergebrachter schwarzer Kleidung und Schäfer mit ihren Herden.

Tordesillas. Ältestes Altkastilien. In beengenden sozialen Umständen wie in einem ontologischen Käfig gefangenes Spanien.

Wir sehen einen halbseitig gelähmten Mann, der aus einem Haus kommt und der in der linken Hand einen Stuhl hält, dessen Lehne ihm als Krücke dient. Der Mann stützt sich beim Gehen mit seinem kräftigen Arm auf, und mit großer Selbstverständlichkeit bewegt er sich auf sein Ziel, einen Tabakladen, zu.

Wo die Sprache Tropenblüten treibt
Schlaglichter aus der Dominikanischen Republik

La Española

Es ist eine der erregenden Merkwürdigkeiten der Geschichte, daß Orte, an denen sich einmal Weltbewegendes zugetragen hat, wieder der vollkommenen Bedeutungslosigkeit anheimfallen können.

Die Mündung des Río Tinto, von wo aus Columbus 1492 mit seinen drei Karavellen ins Unbekannte auslief, ist heute ebenso schläfrige Provinz wie — am gegenüberliegenden Ufer des Atlantik — die Nordküste der Insel Haiti, an der das gewalttätige Abenteuer der *conquista,* der Eroberung Amerikas, begann.

Von der ersten spanischen Gründung in Übersee, von dem Fort La Navidad, weiß man inzwischen nicht einmal mehr, wo genau es gelegen hat. Und auch von Isabella, einer regulären kleinen Stadt mit *plaza,* Kirche und einigen Steinhäusern, gibt es heute nur noch ein paar unscheinbare Ruinen — westlich der dominikanischen Hafenstadt Puerto Plata.

Erst eine weitere Niederlassung, die Festung La Vega, ist, in ein Landstädtchen umgewandelt, erhalten geblieben. Doch wer heute durch diesen Ort geht, kann sich kaum noch vorstellen, in welche Aura aus Hoffnung und Erregung die Spanier diese Gegend getaucht hatten, als sie von der Nordküste herbeieilten, weil ihnen das Wort Cibao, der indianische Name des Landstrichs, sprechender Beweis dafür zu sein schien, daß sie endlich in Cipango, in Japan, waren, also schon ganz nahe vor dem mythenumwobenen Cathay, vor China.

Columbus hatte allerdings nur wenig Sinn für die Tropeninsel, die er da, wie eine vegetabilische Perle, im Ozean aufgefischt hatte.

Zwar zeigte er sich von der paradiesischen Natur durchaus angetan, ja, er gab dem Eiland, das ihn mehr entzückte als Cuba, den ehrenvollen Namen La Española, Die Spanische. Doch im Grunde seines Herzens interessierte sich der unstete Schatzsucher nicht für dieses ins Wunderbare gesteigerte Andalusien, das die Indianer Quisqueya, Mutter der Erde, nannten und in dem ewiger Sommer herrschte, sondern allein für Gold, nach dem er überall suchen ließ. Zuerst in den Flüssen der Cibao-Region. Bald aber auch im Südteil der Insel, wo seine Kundschafter sogar fündig wurden und eine neue Siedlung anlegten: San Cristóbal, ein Städtchen, das in unserem Jahrhundert den traurigen Ruhm erlangte, der Geburtsort des Diktators Trujillo zu sein.

Wegen der Minen von San Cristóbal wurde nahebei ein großer Hafen angelegt, die Hauptstadt der heutigen Dominikanischen Republik, die in alten Chroniken vollständig und großartig hieß: *La Muy Noble y Muy Leal Ciudad de Santo Domingo*. Diesen hochtrabenden Titel einer *Sehr Erhabenen und* (nämlich den Spanischen Königen) *Zutiefst Ergebenen Stadt* sollte Santo Domingo jedoch bald verlieren — in eben dem Maße, in dem sich herausstellte, daß La Española keinesfalls eine japanische Insel war, sondern eine karibische Landmasse, auf der es nur wenig Edelmetall gab... ein Irrtum der *conquistadores,* denn später, nach genaueren Bodenuntersuchungen, traten doch beträchtliche Vorkommen zutage, und gegenwärtig gehört das Land zu den zehn größten Goldproduzenten der Welt.

Doch die Spanier waren zu ungeduldig und zu sehr auf raschen Reichtum erpicht. So ging die *conquista* über La Española hinweg, und die Insel spielte bald nur noch eine Nebenrolle. Die Indianer wurden beim Bergbau und bei der Feldarbeit mißhandelt, und einer von ihnen, der Häuptling Hatuey, verweigerte vor seiner Hinrichtung standhaft die Taufe, weil er sich nur so sicher davor wähnte, den Christen erneut im Himmel zu begegnen. Wie der Kazike Hatuey wurden ungezählte Eingeborene umgebracht, und schon nach wenigen Generationen gab es kaum noch reinrassige Angehörige der Urbevölkerung.

Erfolgreiche neue Eroberungen, die von der Insel aus unternommen wurden, ließen diese mehr und mehr zu einem bloßen Stützpunkt werden, zu einer Art gigantischer Mole, an der die Gold- und Silberflotten festmachten, die aus Mexico, Cartagena oder vom La Plata kamen. La Española schrumpfte zu Hispaniola, zu Klein-Spanien, und es zerfiel in eine französische Westhälfte, die unter dem indianischen Namen Haiti (= Berg) die blühendste Kolonie in ganz Lateinamerika wurde, und in eine unbedeutende spanische Osthälfte, die jedoch heute, selbständig geworden als Dominikanische Republik, in ökonomischer Hinsicht weitaus solider dasteht als das haitianische Nachbarland, das, restlos verkommen unter der Familiendiktatur der Duvaliers, zum ärmsten Staat der westlichen Hemisphäre abgesunken ist.

Ein Landstädtchen

Ein Mann, den wir zuerst für einen Bettler halten, kommt auf der *plaza* von San Cristóbal auf uns zu. Er setzt sich neben uns auf die Steinbank und öffnet eine zerschlissene Plastiktasche, die voller Bibeln ist, er will uns eine verkaufen.

Dieser Teil der Stadt macht einen gepflegten Eindruck. Hier wohnen Ärzte und Rechtsanwälte, Angehörige der Bourgeoisie, von denen viele wohl noch den Diktator Trujillo persönlich gekannt haben, der hierher stammt und der sich gewiß in seinem Grabe umdrehen würde, könnte ihm einer seiner Spitzel melden, daß es heute überall an den Mauern kommunistische Parolen gibt.

Auf der Veranda einer Villa sitzen zwei alte Leute in Schaukelstühlen. Die Frau ist weiß. Der Mann, ein dicker Neger, hat das Hemd weit aufgeknöpft, und sein Bauch quillt ihm über den Gürtel. Von Zeit zu Zeit wischt er sich mit einem großen weißen Tuch den Schweiß von der Stirn.

Das Idyll, wie sehr es sich zur offenen Straße hin entfaltet, ist dem allgemeinen Leben entrückt. Denn die Veranda ist rundherum vergittert. So schützen diese Leute zwar ihr Eigentum, aber zugleich genießen sie es auch, wenn man sie neidisch begafft oder bewundert — das Bewußtsein von Besitz und Macht als Bestandteil der Oberklassenmentalität.

Überall in der Dominikanischen Republik stößt man auf Häuser, an denen eine Gedenktafel wichtige Ereignisse der Geschichte ins Gedächtnis ruft. Die Anlässe sind für Ausländer nicht alle so interessant wie die im Barrio Colonial von Santo Domingo, wo sich Monumente finden wie die Casa del Cordón, ein mit einer steinernen Kordel verziertes Haus, das als das älteste massive Wohngebäude der Spanier in der Neuen Welt gilt, oder wie die Casas Reales, der einstige Regierungshauptsitz.

Viele Stätten erinnern auch an die nationale Geschichte. So bewahrt das Duarte-Haus in Santo Domingo das Andenken an Juan Pablo Duarte, den Helden der Trinitarier-Bewegung von 1844 und Gründer der dominikanischen Nation.

Auch in San Cristóbal werden die Stationen des Freiheitskampfes beschworen. Da gibt es am Rathaus eine Tafel, die die Heroen der Unabhängigkeit ehrt. Und nicht weit davon entfernt bezeichnet eine weitere Plakette das Haus, in dem sich die republikanisch gesonnenen Männer zu ihrer konstituierenden Versammlung getroffen haben.

San Cristóbal ist, mit Ausnahme seines hochherrschaftlichen Viertels, ein eher elender Ort. Überall liegen Pappbecher, ausgelutschte Apfelsinenschalen und verrostete

Konservendosen herum. An der Hauptkreuzung ein Hupkonzert von Lkws, die zurück in die Dörfer wollen, beladen mit Händlern, die sich auf den Ladeflächen drängen.

Marktleute rufen ihre Ware aus, Lebensmittel, die eigentlich einen ganz leckeren Eindruck machen, doch man mag nicht zugreifen, denn die Gestelle mit den gebratenen Bananenscheiben, den gekochten Maiskolben und den knusprigen Schweinefleischstückchen befinden sich nur knapp einen Meter über den verdreckten Rinnsteinen.

Kofferradiogeplärre, Eselsschreie. Und Berge von Yuccawurzeln, Kartoffeln, Zwiebeln, Kokosnüssen und den verschiedenen Sorten grüner Kochbananen, von denen die wichtigsten die *guineos* sind.

All der Reichtum, der über die Tische verteilt ist und sich am Boden ausbreitet — Produkt der außerordentlich üppigen Vegetation — steht in einem erschreckenden Gegensatz zu dem Schmutz, der sich ringsum befindet, auch an den Händen und an der Kleidung der Verkäufer.

Das soziale Problem, um dessen Lösung sich in diesem Land noch niemand mit Erfolg zu bemühen vermochte, hat eine hygienische Komponente, die wiederum mit der mangelhaften Bildung zusammenhängt.

Die dunkelhäutigen Menschen der ländlichen Umgebung, die sich auf diesem Stadtmarkt ein Stelldichein geben, sind, nicht anders als ein Großteil der Bürger, weit davon entfernt zu verstehen, was ihnen durch Plakate suggeriert werden soll. Die meisten von ihnen können ja noch nicht einmal lesen, wenn da etwa auf einem Schild steht: *Die Ratten sind unser Problem*.

Gleichmütig sitzen die Marktleute hinter ihren Ständen und atmen den beizenden Geruch einer Rauchfahne ein, die von einem Feuer herrührt, in dem Riesenmengen von Unrat verbrannt werden. Inmitten der dunklen Schwaden verzehren die Händler ihr Mittagessen: Reis, rohe Tomaten, rote Beete und — um den Eiweißbedarf zu decken — braune Bohnen. Die Frauen wehren, so gut sie können, die vielen Fliegen ab; die Männer schleppen Bananenstauden und Säcke.

Ein Jeep biegt um die Ecke und zieht eine gewaltige Staubfahne hinter sich her, und ein ausgemergelter Neger, der barfuß auf seinem Muli sitzt, sieht mit seinem langen Buschmesser an der Seite so aus, als käme er direkt aus dem Feudalzeitalter hierher in den Trubel und das Geschiebe dieses Marktes geritten.

Der Macho und der Kampfhahn

Wo die Banane wächst, hat Alexander von Humboldt gesagt, braucht der Mensch nicht zu arbeiten — es kann dort keinen wirklichen Hunger geben.

Das mochte stimmen für einfache Gesellschaften, für bedürfnislose Naturvölker, die noch nicht mit dem Kolonialismus, dem Imperialismus und dem Kapitalismus in Berührung gekommen waren. Doch in unserem Jahrhundert läßt sich diese These nicht mehr aufrechterhalten, denn die Menschen der Dritten Welt sind längst von der modernen Ökonomie vereinnahmt worden, und sie müssen bei Billiglöhnen und zu Billigpreisen für einen Markt produzieren, dessen Geld und Warenströme aber fast ganz an ihnen vorbeifließen.

Die Bewohner der Dominikanischen Republik sind die Nachkommen der Sklavenmischkultur, wie sie das spanische Kolonialsystem hervorgebracht hat. Die indianische Urbevölkerung, die kriegerischen Kariben ebenso wie die friedlichen Aruaks, wurden frühzeitig ausgerottet. Und heute sieht man nur noch ganz selten ein Gesicht, das durch hohe Backenknochen und schräggestellte Augen einen Rest von Indioblut vermuten läßt.

Die Mehrzahl der heutigen Dominikaner sind Kreolen, sofern man diesen Begriff, mit dem man ursprünglich nur die in Übersee geborenen Nachkommen von Europäern bezeichnete, auch, wie das in Lateinamerika vielfach üblich ist, auf die jenseits des Atlantiks zur Welt gekommenen Neger, ja sogar auf die unterschiedlichsten Abstufungen von Mischlingen anwendet. Da gibt es den Ausdruck *blancos de la tierra*, was soviel wie *Weiße des Landes* bedeutet, was zugleich aber auch heißen kann: Weiße, wie es sie hierzulande gibt — eben mit mehr oder weniger Negerblut in den Adern.

Wie heikel das Mischlingsproblem ist, zeigt die Sprachreglung, die genealogisch gern ablenkt und aus den Nachfahren afrikanischer Sklaven „Indianer" macht. So wird ein Mischling von Mulatte und Neger *indio azul* genannt, blauer Indianer, während ein Mischling von einem Dreiviertel-Weißen und einem reinrassigen Weißen als *indio lavado*, als gewaschener Indio, gilt.

Die Zahl der Weißen ist mit 15 bis 20 Prozent gewiß schon zu hoch angesetzt; Neger gibt es etwa 10 Prozent, alle übrigen Einwohner des Landes, dessen Bevölkerungszahl knapp über 6 Millionen liegt, sind Mulatten. Doch es gehört zu den Merkwürdigkeiten der Dominikanischen Republik, daß man in ihr, unabhängig von der Hautfarbe, weiß fühlt und spanisch denkt.

Bei den einflußreichen Mulatten gibt es sogar eine regelrechte Negerphobie — ein Paradoxon, das einerseits mit der — nie ganz aufgekündigten — Bindung an das iberische Mutterland zusammenhängt und andererseits mit einem starken Abgrenzungsverlangen dem französischsprachigen Haiti gegenüber, einem Land, das überwiegend schwarz ist und mit seiner Voudou-Mentalität eine ständige „afrikanische" Herausforderung bildet.

Wenn die Dominikaner ihren eigenen Negern gegenüber auch keinerlei Vorurteile besitzen, so neigen sie doch beim Blick über ihre Westgrenze hinweg zu einem gewissen chauvinistischen Rassismus.

Die Haitianer sind arm, viel ärmer noch als die Dominikaner, und so kommen sie immer wieder illegal ins Land, um sich auf den Zuckerrohrfeldern zu verdingen und schwere körperliche Arbeit zu tun, zu der, trotz der weitverbreiteten Arbeitslosigkeit, schon seit langem kaum noch ein Dominikaner bereit ist.

Das Rassenproblem also auch hier — ein Klassenproblem.

Die dominikanischen Mulatten speisen ihr Selbstwertgefühl aus den Quellen der spanischen Tradition. Sie sind, besonders auf dem Lande, in alten iberischen Vorstellungen gefangen und verbinden eine ausgeprägte Neigung zum *machismo,* zum Männlichkeitswahn, mit einer tiefen Liebe zur Erde, die sie bearbeiten.

In seinem Gedicht *Trauriger Gesang an das geliebte Vaterland* hat Héctor Incháustegui Cabral (nicht zu verwechseln mit dem berühmteren Manuel del Cabral) das trostlose Innere seines Landes evoziert, in dem die Zeit stehengeblieben ist. Er hat von Beinahe-Städten gesprochen, von unscheinbaren Orten, die vorm Fenster der schnellfahrenden Autos nur so vorbeifliegen. In diesen Nestern schleppt sich das Leben zwischen Geburt und Tod dahin; und unabhängig von dem, was draußen in der weiten Welt vorgeht und was man in der Hauptstadt denkt, anregt und fordert, bleibt hier alles beim alten. Eine dominikanische Kleinstadt ist, immer noch, ein Mikrokosmos mit einer Sozial- und Familienstruktur, die mehr an ein Antillen-Pueblo aus einem früheren Jahrhundert erinnert als an eine gleichgroße Ortschaft im heutigen Cuba oder Puerto Rico.

Die Dominikanische Republik hat sich verhältnismäßig früh und relativ schmerzlos von Spanien gelöst. Das führte dazu, daß der Haß auf das iberische Mutterland nicht solche Ausmaße annahm wie auf dem benachbarten Cuba, wo sich die Spanier, um wenigstens einen Rest ihres kolonialen Imperiums in Händen zu behalten, bis 1898 geradezu in die Erde verkrallten. Die Dominikaner erlangten ihre Freiheit leichter, und sie erlangten sie auf andere Weise. Ihr Hauptwidersacher war nicht Spanien, sondern Haiti, an das Spanien seine Besitzung 1795 vorübergehend abgetreten hatte — sehr zum Leidwesen der Betroffenen, die sogleich wieder den Anschluß an ihre früheren Herren suchten und fanden.

Das französischsprachige Nachbargebiet, das sich, berauscht von den Ideen der Französischen Revolution, aber auch von dem folgenden Imperatorengehabe Napoleon Bonapartes, 1804 befreite, erschreckte die Menschen im spanischsprachigen Ostteil der Insel, den es unterwarf und besetzt hielt — vierundzwanzig tyrannische Jahre hindurch, in denen die Revolte zu einer Dauerorgie aus Blutrausch und wilder Verschwendungssucht wurde.

Nicht nur die Weißen, auch die Mulatten und Neger besannen sich auf die iberische Kulturtradition, und dieser konservative Zug, der vor allem eine Abwehrhaltung gegenüber den haitianischen Negern ist, bestimmt bis heute die Mentalität des dominikanischen Volkes.

Andererseits ist die Aversion den USA gegenüber längst nicht so groß wie auf Cuba oder auf Puerto Rico, den beiden Nachbarinseln, auf denen die koloniale Abhängigkeit nur durch nordamerikanische Militärhilfe beendet werden konnte.

Weil die Dominikaner nicht ins Zentrum des Spannungsfeldes zwischen Spanien und den USA gelangten, hatten sie es nicht nötig, ihre nationale Identität durch einen radikalen Bruch mit ihrem geistigen Erbe zu begründen.

Ihnen blieb die bittere Erfahrung der Cubaner erspart, die, als sie die Spanier endlich mit allergrößter Kraftanstrengung aus dem Lande gejagt hatten, feststellen mußten, daß sich nun an die Stelle der einstigen Kolonialmacht der amerikanische Bundesgenosse gesetzt hatte — ein Sachverhalt, der auch, ein wenig abgewandelt, für Puerto Rico gilt.

Das Antibild des Dominikaners war der Neger aus Haiti. Und das Trauma der schwarzen Besetzung, die sich im Zeichen der Französischen Revolution ereignet hatte, bewirkte eine so starke Abneigung gegen alle liberalen und fortschrittlichen Ideen, daß sich das Land sogar noch einmal freiwillig für eine gewisse Zeit an Madrid anschloß, bevor es endgültig nach republikanischer Selbständigkeit strebte.

Doch Spanien blieb auch nach der definitiven Loslösung 1865 der innere Bezugspunkt. Die alten iberischen Werte und Normen wurden beibehalten. Und obwohl der Katholizismus als Religion keine übermäßige Rolle spielte, übte er eine gesellschaftlich stabilisierende Wirkung aus, indem er sozialreformerische Gedanken fernhielt und kein Klassenbewußtsein aufkommen ließ.

Zwar war der Wirtschaftsimperialismus übermächtiger US-Handelsgesellschaften in der Dominikanischen Republik kaum weniger lastend als auf Cuba. Aber die konservative Grundeinstellung verhinderte kritisches Denken und außenpolitische Aktivitäten.

Ein Land, das jahrhundertelang eine spanische Kolonie gewesen war und dem die europäischen Freiheitsideen ein Synonym für haitianische Überfremdung geworden waren, neigte keinen Experimenten zu. Vielmehr sah es die Landnahmen der nordamerikanischen Konzerne als schlichte Fortsetzung des Latifundiensystems an.

Beides schien naturgegeben und gottgewollt, ja die alten und die neuen Strukturen verschränkten sich geradezu ineinander, denn während Trujillo große fruchtbare Gebiete den *gringos* überließ, beutete er den ihm verbleibenden Rest seines Landes aus wie eine riesige private *hacienda*.

Die Dominikanische Republik war — und ist teilweise immer noch — eine wirkungsvoll auf Unterdrückung hin angelegte Maschinerie, deren Funktionieren auf hierarchisch abgestufter Machtausübung beruht.

Ähnlich wie der Despot an der Staatsspitze (der wiederum bloß der Statthalter der Amerikaner war) verhielten sich seine Minister und Generäle, von denen es, gemessen an der Kopfzahlstärke der einzelnen Truppenverbände, viel zu viele gab.

Über eine korrupte Verwaltung und ein gewinnsüchtiges Offizierscorps setzte sich der marode Geist immer weiter nach unten fort, bis hin zu den Bürgermeistern und Dorfkaziken, die ihrerseits die machohaften Vorbilder ihrer Untertanen waren, ganz besonders auf dem Lande, wo das Leben ja seit je nichts anderes gewesen war als eine Kette von Willkürakten und Zufälligkeiten, so wie das ein Volkslied zum Ausdruck bringt:

> Ein richtiger Kerl, der braucht bloß
> paar Sachen: ein gutes Pferd,
> seinen Revolver, eine stabile Pritsche
> und darauf eine Frau.

Diese *copla,* in der die Frau noch hinter dem Reitpferd rangiert, zeigt den karibischen Herrn der Schöpfung als jemanden, der vor allem mit seinem Schießeisen glänzt. Denn wer einen Revolver besitzt, ist allein schon deswegen ein *caballero.* Der tagelöhnernde *campesino* kann sich einen solchen Luxus niemals leisten. Er müßte ein ganzes Jahr hindurch oder noch länger schuften und all seinen Lohn zusammenkratzen, wollte auch er sich einen Colt kaufen, einen Colt oder eine *Smith Esm í*, was, unbeholfen mit afrikanischer Zunge geradebrecht, soviel wie Smith and Wesson heißt. Die Waffe des Landmanns war die Machete, sein Arbeitswerkzeug. Feuerwaffen, wenn sie auch bloß — und noch mit der Zugabe von 100 Schuß Munition — fünf Pesos kosteten, gelangten nur in die Hände begüterter Männer, die, Sachwalter einer sehr persönlichen Auffassung von Ehre, einen Gegner so leichthin mit einer Kugel niederstreckten, wie sie ein Weibsbild aufs Kreuz legten.

Tausende von Revolvern wurden von Haiti aus ins Land geschmuggelt — zunächst in politischer Absicht und später aus geschäftlichen Interessen. Und es waren erst die Amerikaner, die nach ihrer Invasion von 1916 die Waffen einzukassieren begannen, unter schweren Strafandrohungen und ja keinesfalls ohne selbstsüchtige Motive.

Die Schießwut des Dominikaners ist in ihrer psychologischen Wurzel verwandt mit seinem Faible für den Hahnenkampf, einem anderen Ausdruck des *machismo,* in dem die Leidenschaft zum Töten delegiert und, ähnlich wie beim Stierkampf, ritualisiert wird.

Der Hahn und, beigeordnet, auch das Huhn sind zentrale Metaphern der dominikanischen Sprache. So wird ein Feigling ein Hahn mit schlechtem Gefieder oder auch einfach eine Henne genannt, während ein Hahnenvater so etwas wie eine gestandene Mannsperson mit dem Unterton von Frauenliebling, Weiberheld, ist. Eine hübsche Frau heißt — Henne; die Frühmesse ist die Hahnenmesse; und ein Sprichwort gibt männlicher Prahlsucht den Nimbus des Großartigen:

> Ein Hahn muß krähen — andernfalls
> stimmt etwas nicht mit seinem Hals.

Der dominikanische Landmann hat seinen Stolz, seine Überheblichkeit, aber auch sein tiefes Einsamkeitsempfinden vom kastilischen Spanier übernommen, seinem ehemaligen Zuchtmeister. Von klein auf erlebt er, wie sein Vater die familiäre Gewalt in wortwörtlichem Sinne ausübt, und besonders bei den ganz armen Leuten, wo meist nicht geheiratet wird, ist das Erscheinungsbild des Vaters das eines unberechenbaren und unsteten Mannes, der sich irgendwann aus dem Staube macht, um sein Glück und seine Manneskraft anderweitig zu erproben.

Das Kind bleibt dann bei der Mutter zurück, die oft mit

der Großmutter zusammenwohnt. Doch die Frauen, vollkommen angepaßt an die Gegebenheiten ihrer Gesellschaft, wissen nichts Besseres zu tun, als ihre Söhne ebenfalls zu *machos* zu erziehen. Das seelische Resultat dieser rudimentären Vorstellung von Familie, die letztlich nur Opfer kennt und die dem männlichen Kind nicht die Einübung einer echten Vaterrolle ermöglicht, hat der Dichter Manuel Rueda, ein Poet aus Monte Cristi, einem Provinznest an der Nordküste, exemplarisch beschrieben:

> Ich fühle, daß ich einsam bin, daß niemand
> bei mir ist, daß ich der Finsternis verfalle.

Die Liebe, die der Mann seiner Frau schuldig bleibt, überträgt er auf die Natur, den *campo.* Und seine Eigenliebe, seinen Narzißmus, spiegelt er in der Symbolfigur seines Kampfhahns ab, der in der Arena Dinge vollbringt, die ihm selber leider nicht mehr erlaubt sind, es sei denn, er hat einen richtigen Männerposten, etwa als Plantagenaufseher oder als Dorfpolizist — dann kann er, vorausgesetzt, sein Tätigkeitsbereich wird noch nicht von den Parteien und Gewerkschaften kontrolliert, auch im heutigen Staat seinem Sadismus frönen, nicht viel anders als in den Tagen der Kolonie oder zur Zeit Trujillos:

> Geht da der Chef des Dorfes,
> nachdem er Kaffee getrunken hat.
> Und eine Stimme, die er nicht sieht,
> schreit ihm ins Ohr:
>
> Chef, hier ist ein Mensch,
> ein Mensch, der ist verletzt.
>
> — Ich weiß.
>
> Geht da der Chef des Dorfes,
> nachdem er Kaffee getrunken hat.
>
> Und wieder die Stimme, die ruft:

Chef, ein Mensch, den man nicht sieht,
hat Tränen in den Augen
und die Füße voll Blei.

— Ich weiß.

Weiter geht der Chef,
nachdem er Kaffee getrunken hat.
Und dieselbe Stimme schreit ihm zu:
Hier krepierte ein Mensch vor Durst.
Chef, was wird nun?

— Nun ists Zeit für ein Grab.

Der Chef setzt fort seinen Weg,
doch er setzt auch fort
seine Gedanken...

Wann wohl, denkt er, ist es Zeit
für die nächste
Tasse Kaffee.

Dieses Gedicht von Manuel del Cabral wirft ein Schlaglicht auf die Zustände, die von Anfang an auf der Insel Hispaniola die perfide gesellschaftliche Norm waren. Der Text deckt sich in seiner Aussage mit der Meinung der kritischen Geister des Landes, zu denen, allen voran, Juan Bosch gehört, ein Schriftsteller und Politiker, der nach Trujillos Ermordung 1961 für ein paar Monate des Jahres 1963 Staatspräsident war, doch der bald gestürzt und (wieder) ins Ausland gejagt wurde — von putschenden Militärs, die sich nicht damit abfinden konnten, daß er zwischen Konservativen und Kommunisten einen dritten Weg suchte, mit Hilfe einer neuen, von ihm entworfenen Verfassung und einer Fülle von Maßnahmen, zu denen ein Bodenreformgesetz gehörte, eine Schmälerung der Profite der nordamerikanischen Firmen, eine Beschränkung des kirchlichen Einflusses und ein radikaler Kampf gegen die Bereicherungspraktiken von Verwaltung und Armee.

Die Amerikaner, die, als ihnen der blutrünstige Trujillo mehr zu einem schädlichen Schandfleck als zu einem siegverheißenden Emblem auf dem Aushängeschild ihrer Lateinamerikapolitik geworden war, diesen kurzerhand bei einer Überlandfahrt in seinem Auto ermorden ließen, scheuten sich nun nicht davor, das Militär zum Sturz des ihnen unbequemen Reformers zu animieren.

So kam — nach einem Bürgerkrieg mit anschließender amerikanischer Truppenintervention — fürs nächste ein Mann aus der Trujillo-Kamarilla ans Ruder des verrotteten Staatsschiffs: Joaquín Balaguer, der Vertraute und Redenschreiber des Despoten, der einst als Lyriker begonnen und viele gelehrte Bücher, darunter auch ein Werk über Columbus als Ahnherrn der lateinamerikanischen Literatur, geschrieben hat, doch der als Politiker ein Sachwalter jener Oligarchie war, die Bosch anprangerte... besonders nach seiner gewaltsamen Absetzung, die seinen Antiamerikanismus ungemein verschärfte und ihn die US-Außenpolitik als eine reine Pentagon-Strategie im Namen von Konzernen wie der United Fruit Company und Gulf and Western dekuvrieren ließ.

Schließlich jedoch hat Boschs politische Schöpfung, der Partido Revolucionario Dominicano, mit Antonio Guzmán einen Kaffeepflanzer und Viehzüchter aus dem Cibao an die Regierung gebracht, der ein vorsichtiger Garant der allgemeinen Freiheiten war, während die neue Partei von Bosch, der Partido Liberación Dominicana, bei den Wahlen vom Mai 1978 sehr schlecht abschnitt und ganze 18565 Stimmen erzielte — gegenüber den 856084, die Guzmán erhielt, der vorletzte Präsident.

Die Staatsmänner der Dominikanischen Republik spiegeln mit ihrem Persönlichkeitsbild und ihrer Richtung auf ziemlich frappante Weise die jeweilige Situation in den USA wider. So kann man Bosch, jedenfalls in seiner noch gemäßigten Anfangsphase, als Kennedyaner bezeichnen.

Balaguer hingegen war der Mann Lyndon B. Johnsons, des US-Präsidenten, der, um ein zweites Cuba zu verhindern, 1965 seine Marine-Infantristen auf die Insel geschickt hatte.

Guzmán wiederum, der vor seiner Wiederwahl unter merkwürdigen Umständen einem Unfall beim Umgang mit einer Schußwaffe erlag, war ein in moralischen Kategorien denkender Konservativer, der sehr gut in das Panorama von Carters Menschenrechtsvorstellungen paßte.

Als erster Präsident in der Geschichte seines Landes, der nicht durch einen Staatsstreich, sondern durch eine echte Wahl dauerhaft ins Regierungsamt gelangte, siegte er Ende der siebziger Jahre über Balaguer, den raffinierten Demagogen, der Trujillo einst den größten Menschenfreund seit Christus genannt hatte und der es 1986 — zur Regierungszeit Reagans — erneut an die Staatsspitze schaffte, als blinder, doch immer noch vitaler Mann von achtundsiebzig Jahren.

Die Dominikaner sind politischen Abstraktionen wenig zugeneigt, auch lieben sie keine umstürzlerischen Reden. Durch das spanische Erbe und den Einfluß der katholischen Kirche hat sich bei ihnen ein Hang zur Beharrung ausgebildet. Und anders als die protestantischen Mischlinge der englischsprachigen Antillen und anders auch als die Bewohner Cubas und Puerto Ricos, denen Rebellion, ja Revolution längst nichts Fremdes mehr ist, haben sie ein eher statisches Lebensgefühl, das sich mit der fixen Idee verbindet, weniger von den Sklaven Afrikas als direkt von Columbus abzustammen.

In der Mulattenwelt der Dominikanischen Republik erfährt Spanien (das alte Spanien der *conquista*) im Nachhinein geradezu eine Verklärung — vor allem in Santo Domingo, wo das Kolonialviertel am Ozama-Fluß mit großer Sorgfalt restauriert worden ist.

Diese erste richtige Stadt auf amerikanischem Boden ist mit ihren Festungsanlagen, ihrem Vizekönigspalast und den ehrwürdigen Steinhäusern, die glattweg in Kastilien oder in der Extremadura stehen könnten, ein geschichtliches Freilichtmuseum, dem beide Amerikas nichts Gleichwertiges entgegenzusetzen haben, zumal wenn man bedenkt, daß sich in der Kathedrale die sterblichen Überreste von Columbus befinden sollen, ein Anspruch, der allerdings jenseits des Atlantiks ebenfalls erhoben wird... unter Hinweis auf ein pompöses steinernes Grabmal in der Kathedrale von Sevilla.

Verrottete Wörter

Überall im karibischen Raum haben sich die europäischen Sprachen verändert — teilweise bis ins Unverständliche. So verformte sich beispielsweise das Französische auf Martinique ganz erheblich, in Haiti aber bis zur Unkenntlichkeit, zum sogenannten Créole, das quasi schon eine andere Sprache ist mit flexionslos gewordenem französischen Wortschatz und ungezählten eingesickerten Afrikanismen.

Kaum anders ist es mit dem Englischen, das auf vielen Inseln gesprochen wird, doch auch in einigen Küstenorten Mittelamerikas, so in Puerto Limón in Costa Rica, in Bluefields in Nicaragua, in Puerto Barrios in Guatemala, vor allem aber in ganz Belice, wo, der mexikanischen Zeitung *Proceso* zufolge, ein Engländer zwei Einheimischen zwanzig Minuten lang zuhören kann, um dann, am Ende der Unterhaltung, sofern er Glück hatte und aufmerksam war, ein Dutzend Ausdrücke verstanden zu haben.

Auch das Spanische hat sich stark umgewandelt, ausgedünnt, angereichert. Emilio Rodríguez Demorizi sagt in seiner Studie *Lengua y Folklore de Santo Domingo*, daß in der frühen Kolonialzeit drei Kommunikationssysteme mehr oder weniger gleichberechtigt nebeneinander existierten: Indianisch, Spanisch, Afrikanisch.

All diese Sprachen, besonders die afrikanischen in ihrer ganzen Vielfältigkeit, haben Spuren hinterlassen. Doch es kommt noch etwas anderes hinzu. Ein Umstand, auf den der Theaterdichter Tirso de Molina hingewiesen hat, der erste Gestalter des Don-Juan-Stoffes, der als Vertreter eines geistlichen Ordens von 1616 bis 1618 auf Hispaniola gelebt hat und dem auffiel, daß in der Neuen Welt vieles zusammenkam und durcheinander ging, Sprachen, aber auch Begriffe, Dinge, die man in Europa durchaus, wenn auch unter anderem Namen kannte, und Dinge, von denen man sich keinerlei Vorstellung machen konnte, weil im Abendland niemand wußte, was sich in ihren exotischen Wortschalen verbarg:

> Wie erntet man Kakao?
> Und Guarapo, was ist das — unter Sklaven?
> Was für Früchte geben die Guayabos?
> Was ist Casabe, was Jaojao?

Die Spanier im Mutterland verstanden ihre kreolischen Brüder in Übersee nicht mehr. Und diesen blieb verborgen, was die Neger, die auf den Plantagen arbeiteten, da mit ihren afrikanischen Zungen wisperten und tuschelten: bloße Nichtigkeiten oder Flüche und Verwünschungen.

Eine babylonisch-tropikale Sprachverwirrung also, die schon den Kolonisatoren zu schaffen gemacht hatte und die heute den spanischsprechenden Europäer nicht selten irritiert.

Da wird etwa als Frühstücksgericht *mangú* angeboten. Ein fettdurchtränkter Brei aus grünen Bananen, der ein wenig wie Kartoffelpüree schmeckt. Die Sprache ist mit Wörtern aus dem Dunklen Erdteil durchsetzt und auch mit haitianischen Brocken. Andererseits haben sich viele kastilische Ausdrücke so ausgewaschen, daß sie kaum noch wiederzuerkennen sind.

In den Tropen, wo alles schnell an der warmen Luft verdirbt, verfault und verrottet auch die Sprache. Das Spanisch der Kolonisten wurde rasch porös. Neue Sprachsamen drangen ins linguale Erdreich ein, trieben bizarre Blüten; und Worte, die sich in den Mündern der Negersklaven verrenkten, gehörten bald zum Wortschatz der überseeischen Herren.

Aus *aunque, obwohl,* wurde *manque*, aus *ciudad, Stadt, siurá,* aus *maíz, Mais, majú,* aus *compadre, Gevatter, compay,* aus *revólver — reboibo. Señor* heißt in manchen Gegenden *seño*, in anderen *eño* und in noch anderen *ño*. Ziemliche Mühe macht es den Dominikanern, das „r" auszusprechen. So sagen sie statt *visitar, (besuchen), visital* und statt *tarde (Nachmittag, spät) talde.* Hingegen haben sie keine Not mit dem im Spanischen ja stummbleibenden „h", das sie etwa im Namen des Hafens Haina als deutlichen Anlaut artikulieren.

Unverkennbar ist der Hang, sich die Worte mundgerecht zu machen. Hier wirkt sich gewiß das heiße Klima aus, das nicht nur die Körperbewegungen lässiger werden läßt, sondern das die Menschen auch dazu bringt, sich aus den Vokabelangeboten Europas und Afrikas das jeweils Brauchbarste auszusuchen. Und die verbalen Offerten wurden und werden ja noch ständig vermehrt durch Ausdrücke, die gleichsam an den Küsten angelandet werden.

Die Karibik ist ein Schmelztiegel von Idiomen. Holländisch, Französisch, Englisch, amerikanisches Englisch — alles ist vorhanden im sprachlichen Mundvorrat der Matrosen, die von Insel zu Insel gelangen und in jedem Hafen ein paar neue Brocken aufschnappen und ein paar alte zurücklassen.

Wenn sich die Bewohner der Dominikanischen Republik wegen der einstigen haitianischen Überfremdung auch nachdrücklich dem spanischen Kulturerbe zugewandt haben, so sind sie doch Menschen geblieben, die durch mannigfaltige Einflüsse geprägt wurden. Denn wie sagte doch Padre Vásquez über die Kalamität der Antillenbewohner, die eigene Identität zu bestimmen? —:

> Gestern wurde ich als Spanier geboren,
> dann, am Nachmittag, war ich Franzose,
> in der Nacht drauf — Äthiopier;
> heute nun soll ich Engländer sein.
> Wirklich: ich weiß nicht, wer ich bin!

Im Bus nach Norden

Holzhäuschen, mit Palmblättern gedeckt, stehen mit farbigen Fensterläden zwischen wildwachsenden Bananenstauden. Keine der Hütten am Wegrand macht einen ähnlich deprimierenden Eindruck wie die Slum-Behausungen, die wir in den Außenbezirken von Santo Domingo sahen.

Ländliches Elend tritt ja nun einmal nicht so deutlich zutage wie städtisches oder gar großstädtisches. Es ist eingebettet in organische Zusammenhänge, und der Landmann kennt nicht den Riß zwischen der Schöpfung und sich selbst — nicht einmal dann, wenn er auf dem *campo* für einen *patrón* schuften muß. Die Fremdbestimmung des *campesino* wird bis zu einem gewissen Grade durch Naturnähe wieder aufgehoben.

Wir sind im Bus unterwegs, und an einer Haltestelle steigt ein hagerer alter Neger mit seiner Enkelin ein und nimmt in der Reihe vor uns Platz. Die Kleine hat ein weißes Spitzenkleid an, ihre kurzen krausen Haare sind mit drei roten Schleifen zu Zöpfchen gebunden. Brav wartet sie, bis der Opa sich ans Fenster gesetzt hat. Während der stundenlangen Fahrt sprechen die beiden kein einziges Wort miteinander. Nur manchmal wirft der Alte einen liebevoll-prüfenden Blick auf das Kind. Erst als es müde geworden ist und sich mit der Stirn an die Rückwand des Vordersitzes lehnt, flüstert er ihm etwas zu — sofort richtet sich das Mädchen wieder kerzengerade auf.

Je weiter wir nach Norden kommen, umso mehr verändert sich der Typ der Häuser von der einfachen karibischen Hütte zum viktorianischen Holzhaus, das nicht selten zweistöckig ist und dessen zierliche Ausführung der Veranden- und Balkonverkleidungen die Engländer von Gingerbread-Stil sprechen ließ, während einem Deutschen die noch treffendere Bezeichnung Laubsägebarock eingefallen ist.

Puerto Plata

Ein grünes Haus. Ein olivfarbenes. Ein hellblaues. Daneben ein zinnoberrotes. Und ein giftgrünes, mit einem lila Balkon. Doch seltsamerweise paßt das alles zusammen.

Aus Fenstern und Türen dringen karibische Klänge: *merengue*-Musik, die, wenn sie auch aus Kofferradios oder von Kassetten kommt, mit ihrer rhythmischen Wirrnis die Schachbrettgeometrie der Straßen widerlegt.

In Santo Domingo und auch in Santiago regieren schon der Stein und die Straßenzeile. Hier, in Puerto Plata, wird das Ambiente mitbestimmt von Pflanzen und von Zikaden, die in allen Höfen und Gärten lärmen und die nach Einbruch der Dunkelheit noch lauter werden.

An einer Ecke des Parque Central hat sich ein kleiner Verkaufskarren etabliert. Darauf steht: *burger,* Hamburger.

Die jungen Männer, die herumstehen, haben hinten in ihrem dichten krausen Haar einen Kamm zu stecken. Er ist aus Plastik und sieht wie ein leuchtendes Schmuckstück aus. Die Frauen gehen mit eingedrehten bunten Lockenwicklern vorüber. Zu allen Zeiten des Tages, und man fragt sich, für welche besondere Stunde eigentlich machen sie sich schön.

Langsam fahren Autos vorbei. Die Insel ist klein, die Entfernungen sind kurz — die Fahrer lassen sich Zeit.

Der Tag hatte Mauerinschriften. Marxistische Parolen und Solidaritätserklärungen mit dem kämpfenden Volk von El Salvador. Der Abend läßt nur noch Leuchtreklame zu, und eine verheißt: *Italienisches Eis.*

In einem Schaufenster steht, nur mit einer Turnhose bekleidet, eine Puppe, die aber — eine Seltenheit selbst in diesem Mulattenland — keine weiße, sondern eine schwarze Puppe ist.

Schaukelstühle, überall vor den Türen und auf den Veranden. Ohne sich von der Stelle zu rühren, bewegt man sich hin und her, hin und her.

Früher kannte man auch die Hängematte. Doch dieses luftige Faulbett, das seinen schönen indianischen Namen *hamaca* an die spanische Sprache weitergegeben hat, ist aus der Mode gekommen, nachdem es sich mit seiner schwingenden Gleichmäßigkeit sogar in die Musik einschmeichelte... in die cubanische *habanera,* die, bevor sie verstummte, noch etwas von ihrer Tropenträgheit übers Meer nach Süden trug, hin bis ins ferne Buenos Aires, wo die Hängematten-Laszivität einging in das Wiegen des Tangos.

Die Juden von Sosúa

Nichts bringt einem ein fremdes Land näher als ein Taxifahrer, der ein *aficionado* seiner Heimat ist. Wir begegnen einem solchen Mann in Puerto Plata, als wir nach Sosúa fahren wollen, in einen nahen Küstenort, in dem Trujillo mehrere hundert deutschsprachige Juden siedeln ließ, die vor Hitler geflohen waren.

Sosúa ist das geglückteste Entwicklungsprojekt der ganzen Dominikanischen Republik. Die Juden, die ins Land geholt wurden, um das Blut aufzuhellen, haben große Teile östlich von Puerto Plata in ein landwirtschaftliches Musterländle verwandelt.

Zwar sind die meisten von ihnen nach dem Zweiten Weltkrieg wieder fortgezogen, und ihre Kinder, die im Ausland studierten, sind mittlerweile über den ganzen Globus verstreut. Doch die überlebenden Männer der ersten Stunde — nicht mehr als zwanzig, inzwischen — haben der Wirtschaft der kleinen karibischen Inselrepublik derart genützt, daß ein Regierungsbeamter meinte: „Wenn wir hier bloß hundert Sosúas hätten!"

Beiläufig sagt uns unser Taxifahrer, ein ziemlich dunkler Mulatte, daß sein Vater Österreicher sei. Wir sind verdutzt: also einer der deutschsprachigen Einwanderer?

Das Problem hellt sich ein paar Tage später auf, nachdem der Taxifahrer uns in Sosúa besucht — in dem Holzhaus, das wir gemietet haben und das, reichlich mit Schaukelstühlen und mit moskitonetzüberspannten Betten ausgestattet, direkt am Meer in einem Garten steht.

Der Enkel unserer Wirtin ist gerade bei uns, ein junger Mann, der uns *merengue*-Schritte vortanzt, verhalten, geschmeidig; plötzlich steht Enrique, der Taxifahrer, in der Tür und sagt, sein Vater wolle uns sehen.

Wir fahren ins jüdische Viertel und halten vor einem eben erst fertiggewordenen Steinhaus an, nahe bei der Synagoge. Enrique, das hat er uns schon erzählt, wohnt nicht bei seinem Vater, sondern in der Eingeborenenstadt, dem alten Sosúa.

Er führt uns an einer jungen Negerin vorbei, die hinter der Haustür an einem Bügelbrett steht. Dann macht er uns mit seiner Mutter bekannt, und in der Annahme, das richtige *deutsche* Wort zu benutzen, stellt er vor: „My father."

Enriques Mutter, eine beleibte Negerin, sitzt vorm Fernseher, und wir werden nach einer kurzen Begrüßung in ein kleineres Zimmer gebracht — zum Vater, der auf dem Krankenbett liegt.

„Ich habe", empfängt er uns, „eine ganz seltene Krankheit! Ein Nervenfieber — mein Arzt nennt es Ischias."

Wir beruhigen ihn mit der Feststellung, daß Ischias eine sehr häufige Krankheit in Europa sei. Keinesfalls etwas Mysteriöses. Und schon gar nichts, woran man sterben müsse.

Der Mann ist von einer wochenlangen Angst erlöst. Und mit einer Lebhaftigkeit, die man einem Siebzigjährigen nicht zugetraut hätte, gibt er uns eine Schilderung vom Werdegang Sosúas.

Die Juden, von denen die ersten im Mai 1940 hierher gekommen waren, stammten fast alle aus Großstädten. Umso erstaunlicher ist die Leistung, die sie vollbrachten. Nach dem fehlgeschlagenen Projekt einer landwirtschaftlichen Kollektive stellten sie sich auf Einzelfarmwirtschaft um, und in wenigen Jahren gelang die Anpassung an die tropischen Lebensbedingungen.

Rinder wurden angeschafft und Exemplare des Büffeltyps mit Schweizern und Holsteinern gekreuzt. Die Züchtungsversuche waren gleichermaßen auf Fleischgewinnung und Molkereiwirtschaft abgestellt, und längst ist die Compañía Industrial Lechera das bedeutendste Unternehmen der Milchindustrie im ganzen karibischen Raum.

Von den Bewohnern seines Gastlandes hält der alte Mann weniger: „Die hier werden noch tausend Jahre brauchen." In seine Geringschätzung der Dominikaner hat er offensichtlich auch seinen Sohn Enrique eingeschlossen, den er etwas herablassend einen braven Jungen nennt und wieder hinausschickt, nachdem er mit vier Tassen Kaffee hereingekommen ist — einer für sich selbst.

Der Alte redet mit Feuer, und nachdrücklich grenzt er die lateinamerikanischen Militärdiktaturen von den faschistischen Staaten Europas ab. „Ich sage Ihnen das als

Jude: die Gleichsetzung ist nur linke Propaganda, strategische Demagogie."

Er fuchtelt mit dem Buch von H. G. Wells herum, das er gerade liest, und mit einer Fülle von Namen gibt er zu verstehen, daß er sich unter diesem fremden Himmel noch mit anderen Fragen als denen des physischen Überlebens herumgeschlagen hat.

Was dem vehementen Privatphilosophen besonders am Herzen liegt, ist seine Bibliothek. „Ich will bald eine Stiftung daraus machen. Doch das meiste ist ja leider auf deutsch geschrieben, und wer, bittschön, soll das hier wohl lesen?"

Als wir ein paar Tage später an der Nordküste entlangfahren, macht Enrique uns voller Stolz auf *fincas* und *haciendas* aufmerksam, die deutschen Juden gehören. Es sind immer die besten Weidegründe, mit den größten Herden; und die Besitzungen hören stets dort auf, wo der Boden unfruchtbar wird.

Arme Dominikaner.

Der Teil des Südens, der etwas taugt, gehört den Amerikanern. Der Norden, um Sosúa herum, gehört den Juden. Die Mitte der Insel, die Reisfelder sowie die Blumenkulturen von Constanza, gehören Japanern und Chinesen. Die größeren Zuckerrohrplantagen schließlich, die nicht im Besitz von *gringos* sind, gehören dem Consejo Estatal de Azúcar, einem Staatsunternehmen.

Was also gehört dem dominikanischen Menschen? Sehr wenig: die Hütten am Wegrand, die *merengue*-Musik und, einmal im Jahr, der Karneval.

Dorfleben

Vor dem zur Straße hin offenen Schlachterladen des Dorfes lagern ständig ein paar Hunde, die darauf warten, daß ein Knochen oder etwas Abfall zu ihnen runterfliegt, ein

Ereignis, das hin und wieder eintritt — wenn der Schlachter für einen Kunden ein Stück Fleisch zurechtsäbelt.

Auf den Verandabrüstungen der Holzhäuser sitzen Männer nebeneinander und palavern. Esel traben vorüber, mit gefüllten Basttaschen; oder sie stehen vor kleinen Läden, weil ihr Herr sich die Haare schneiden läßt oder sich eine Coca genehmigt.

Se vende sopa — eine Kreideschrift weist auf eine Garküche hin, die aus nichts als aus einem Topf besteht, der ständig am Kochen gehalten wird. Daneben auf dem Bürgersteig liegen Kochbananen auf einer Unterlage aus aufgerissenen Pappkartons.

Am Gewerkschaftshaus fordert ein Schild dazu auf, sich regelmäßig medizinisch beraten zu lassen. Im ewigen Halbdämmer ihrer Werkstätten sind Schuster und Schneider bei der Arbeit.

Ein Junge zieht einen blinden Mann hinter sich her — an einem Stock, der dem Geführten jede Richtungsänderung mitteilt.

Freilaufende Hühner picken im Unkraut herum, und zwischen ihnen, in friedlicher Nachbarschaft, hockt ein Kaninchen, das sich erst auf den zweiten Blick als eine dicke Ratte entpuppt.

Die Bahn von Samaná und die Mangroven bei Río San Juan

An der Nordküste liegt auf einer Halbinsel das Fischerdorf Samaná. Heute führt hier nicht nur eine Straße her — es gibt auch einen kleinen Flugplatz, eine Piste für leichte Maschinen, und Unterkunftsmöglichkeiten für snobistische Sportfischer.

Der Ort verdankt seine Existenz nordamerikanischen Negersklaven, die 1826 hier die Freiheit gesucht haben.

Ihre Nachfahren sind Protestanten geblieben, und sie reden noch immer englisch.

Von Samaná aus hat man einst eine Bahn nach Santiago zu bauen versucht. Doch dieses Projekt gedieh nicht über die Trassenlegung hinaus. Es blieb buchstäblich in den Sümpfen stecken... eine Bahn, die niemals an der Küste abfuhr und niemals oben im Cibao-Tal ankam.

Westlich von Samaná, bei Río San Juan, kann man von der Lagune Gri Gri aus in eine Mangrovenwildnis eindringen. Diese urweltliche Landschaft ist irgendwann einmal durch einen Orkan entstanden, der die Küstenlinie aufgerissen hat und Meerwasser landeinwärts gelangen ließ.

Die Mangle-Bäume, die sich auf drei, vier Meter hohen Luftwurzeln in den Himmel recken, sehen fast wie Buchen aus. Um sie herum schlängeln sich labyrinthische Wasserläufe, die sehr flach sind — fast berührt der Kiel unseres Bootes den Boden. Das Wasser ist trüb, graugrün, und hier und da liegt auf dem Schlammgrund ein voll Wasser gesogenes Boot.

Über eine der Rinnen ist ein Baum gestürzt, und wir müssen einen Umweg machen. Zwei Jungen, die Austern fischen, staken ihren Einbaum an uns vorbei.

Der Wasserweg wird breiter. Eine Brise ist zu spüren. Plötzlich sehen wir das Meer, den mit langen Gischtkronen heranschäumenden Atlantik.

Die Strömung macht sich bemerkbar, das Boot schwankt, tanzt in der flußmündungsähnlichen Bucht. Mit unglaublicher Gewalt drückt der Ozean gegen den Bug. Und einige besonders hohe Brecher halten uns auf der Stelle.

Es dauert lange, bis wir um die kleine Insel herumgeschaukelt sind und von den Wassermassen zurück in die Mündung geschoben werden.

Nun tauchen wir wieder in die Wirrnis ein, und vorbei an algenbewachsenen Felsen stelzen neben uns auf ihren Wurzeln die Bäume durchs Seichte — zurück zur Lagune von Gri Gri.

La Vega

La Vega, der Geburtsort von Juan Bosch, ist ein ausgesprochenes Landstädtchen, schmutzig, mit nur wenigen gepflasterten Straßen und viel Unrat überall im Staub.

Die Infrastruktur, die bei uns unter die Erde verlegt worden ist, tritt in einem solchen Tropennest offen zutage.

Da hängen Lichtleitungen herum, abenteuerlich angezapft und in die Häuser geleitet. Reste niedergerissener Gebäude oder Kalk, der bei einem Neubau übriggeblieben ist, türmen sich vor der Tür, und die Palme, die sich darüber erhebt, wird zur vegetabilischen Gefangenen einer schäbigen Zivilisation.

Auf dem Markt werden vor allem Hühner angeboten. Sie liegen auf der Erde und sind derart miteinander verschnürt, daß sie nicht einmal zurückzucken können, wenn Leute vorbeigehen. Andere Hühner sind in Holzkäfige gesperrt. Die Käufer bleiben stehen und suchen sich das Passende für den Suppentopf aus. Wenn ein Huhn einmal von sich aus zur Öffnung drängt, zieht der Verkäufer es am Schwanz, und ängstlich stürzt es vorwärts — tiefer hinein in sein Gefängnis. Vor den Volieren stehen Benzinkanister mit kochendem Wasser: für Kunden, die ihre Hühner gleich geschlachtet, gerupft und angebrüht zu kaufen wünschen.

Zu allem, was der Mensch hier dem Federvieh antut, kommt noch der Hahnenkampf, eine stilisierte Form der Grausamkeit, die schon mit der Art der Tierhaltung beginnt.

Damit die *gallos* sich nicht davonmachen können, bindet man sie einfach an einem Bein fest. So stolzieren sie ihr ganzes Leben hindurch an einer kurzen Schnur umher, an einem Bindfaden, der sich oft vielmals um den Pflock wickelt, so daß die Bewegungsfreiheit noch weiter eingeschränkt ist.

Von früh bis spät verteidigen die Tiere krähend ihre winzigen Reviere gegen ihre Artgenossen in der Nachbarschaft, die ihrerseits lauthals ihren Lebensraum abzusichern versuchen. Den Kampfhähnen sind gewöhnlich die Rückenfedern rausgerissen, und die blutigen Kahlstellen geben ihnen ein erbärmliches Aussehen.

Wenn dann der Sonntag heran ist und die Männer der Ortschaft ihre Wetten untereinander abgeschlossen haben, werden in der stierkampfarenaähnlichen *gallera* jeweils zwei Hähne aufeinander losgelassen. Zuvor hat man die Tiere mit messerscharfen Hornkrallen präpariert.

Die Hähne, die nichts davon ahnen, daß menschliche Tücke sie mit fürchterlichen Waffen ausgestattet hat, wollen auf ihre Art miteinander kämpfen. Sie hacken, flattern hoch — und dabei verletzen sie sich, besonders an der Stelle, wo sie ohne Federschutz sind. Das verwundete Tier erlebt einen panischen Schrecken. Sein Gegner muß unglaublich stark, muß ein Überhahn sein...

Schon 1875 hat U. F. Espaillat, ein leidenschaftlicher Kritiker des Hahnenkampfes, gesagt, daß sein armes Vaterland ganz anders dastehen könne, wenn es sich mit dem gleichen erzieherischen Interesse, das es den „Herren Hähnen" zuteil werden lasse, seinen Söhnen zuwenden würde.

Wir sind in der Bar bei der Bushaltestelle gelandet, und auf der Landstraße neben uns rattern ein paar Panzer vorbei. Die Autos, die hinter der Militärkolonne herzuckeln, sind fast ausnahmslos japanische Wagen der Firmen Mazda, Toyota und Datsun. Nur die älteren Typen, die man noch umherkutschieren sieht, sind US-Modelle. Der Triumph Nippons über Uncle Sam.

Eine fliegende Händlerin ist ins Lokal gekommen, und rasch wird ein Tisch bereitgestellt, auf dem sie ihr Angebot ausbreitet: Unterröcke, Halbröcke, Schlüpfer.

Die Kellnerinnen schauen sich alles genau an, und eine nimmt für sich einen lachsfarbenen Unterrock beiseite, nachdem sie ihn sich zuvor mehrmals angehalten hat.

Inzwischen sind auch die Männer aufmerksam geworden, die, immer zu zweit, bei einer kleinen Rumflasche sitzen. Einige erheben sich und kommen, schon reichlich angetrunken, heran. Sie halten Schlüpfer verschiedener Größe in die Höhe, und jede dieser Demonstrationen wird fachmännisch kommentiert, mit sprechenden Handbewegungen und vielsagenden Blicken.

Schließlich haben die meisten etwas gekauft: was hinten hübsch Gerüschtes fürs Töchterchen, was Preisgünstiges für die Frau, was Frivoles für die Freundin.

Karneval in Santiago

Santiago de los Caballeros, der Mittelpunkt der Cibao-Region, ist mit einer halben Million Einwohner die zweitgrößte oder, wie Spötter sagen, die drittgrößte Stadt des Landes — die zweitgrößte sei, der vielen dominikanischen Auswanderer wegen, New York.

In wenigen Straßen des Zentrums drängt sich der Verkehr, doch schon ein bißchen abseits wirkt der Ort provinziell. In der Höhe schrillen Zikaden. Sie sitzen auf den Lichtleitungen, in kleinen Grasbüscheln, die aus Vogelkot und dranhängengebliebenen Sandkörnern sprießen.

Die Menschen schlafen auf ihren Veranden. Und mitten auf einer Straße haben einige Männer einen Tisch aufgestellt, an dem sie, abgeschirmt von zwei parkenden Autos, Domino spielen.

Martialischer Kontrast: die Posten vor der Banco Central, ein Dutzend Soldaten mit Schnellfeuergewehren, von denen mehrere auf der gegenüberliegenden Straßenseite stehen.

Man kann nur schwerlich Genaueres über das Ausmaß der Kriminalität herausbekommen. Das Problem hat sich zwar zu einem Gegenstand des Parteienstreits entwikkelt, und es wird sogar im Rundfunk behandelt.

Wie es sich mit den Morden, den Überfällen, den Diebstählen, dem Schmuggel und der Verbreitung von Rauschgiften wirklich verhält — und inwieweit es der amerikanischen Mafia gelungen ist, für die verlorengegangene Bastion in Cuba einen karibischen Ersatzstützpunkt zu bilden —, bleibt undurchsichtig.

Die Diskussion über das Verbrechen ist ideologisch überlagert. Und während die konservativen Kräfte dazu neigen, die Angelegenheit entweder herunterzuspielen oder ihr den Anstrich neuzeitlicher Sittenverderbnis zu geben, versuchen die Linken, die sozialen Zusammenhänge aufzuzeigen.

Viele Analysen verbinden sich mit Agitation und Eigenwerbung — ein wenig erfolgreiches Unterfangen, denn die kommunistischen oder marxistischen Gruppierungen finden selbst bei der studentischen Jugend wenig Sympathie, gleichgültig, ob sie nach Moskau, Havanna oder Peking ausgerichtet sind oder sich auf die Ideen Trotzkis berufen.

Das einzige Land, das die Dominikaner wirklich fasziniert, sind die USA. Das wird schon beim Karneval deutlich — an vielen Inschriften, die auf wacklige Pappschilder gekrickelt sind: „Ich bin New York", „In meinem Koffer ist Hollywood" und „Ich kaufe New York".

Der Karneval von Santiago ist der berühmteste der ganzen Republik, und wir wollen ihn vom Balkon unseres Hotelzimmers aus erleben.

Bereits am Vormittag waren durch die Straßen Jugendliche gelaufen, die, als schwarze Teufel zurechtgemacht, jeden mit ihren schuhcreme-beschmierten Händen zu berühren drohten, der sich nicht mit einer Kleinigkeit freikaufte. Gejohle und Gekreische überall; wir erwarten etwas ähnliches wie den Karneval in Trinidad.

Umso enttäuschter sind wir, als eines der Zimmermädchen, die auf dem Balkon neben uns stehen, fragt, ob wir uns den Umzug wirklich so schön vorgestellt hätten.

Was wir für Vorläufer gehalten haben, ist schon die Veranstaltung selbst.

Da fahren Halbwüchsige auf Fahrrädern vorüber, und manche von ihnen haben sich Streichhölzer in die krausen Haare gesteckt, und sie sehen wie Igel aus. Auch die schwarzen Teufel sind wieder da, sie machen sich an die Straßenhändler heran, die ihnen rasch ein Bonbon oder einen Kaugummi geben, damit sie das Geschäft nicht stören.

Die erste Gruppe, die ein klein wenig aus dem Rahmen rummelartiger Harmlosigkeit herausfällt, sind zehn, zwölf junge Männer, die sich Los Machos del Disco nennen — die He-Men, die tollen Kerle der Disko.

Die meisten der Umzügler sehen aus wie Zuschauer, die aus Versehen auf die Fahrbahn, den Weg des Corso, getreten sind. Losverkäufer schieben sich durch die Menge, mit ihren Holzrahmen, an denen die Glückszertifikate hängen.

Viel Heiterkeit rufen junge Burschen hervor, die sich den Bauch ausgestopft haben und denen man mit Schweinsblasen auf den Bauch knallt. Die Frau als Witzfigur. Dazu gehört auch die nuttige Aufmachung einiger Männer. Oder der Auftritt eines Radfahrers, der einen überdimensionalen ausgepolsterten Weiberhintern zu beiden Seiten über den Sattel quillen läßt.

Banditen tauchen auf, mit schwarzen Tüchern vorm Gesicht. Einer von ihnen hat eine schäbige Jacke an, aber einen Diplomatenkoffer in der Hand. Er stellt sich, herumfuchtelnd, vor ein Polizeiauto, das im Schrittempo dahergefahren kommt. Die Polizisten gehen zum Spaß auf den Überfall ein, sie halten an und steigen aus — eine Umkehrung des normalen Lebens. Beifälliges Pfeifen, Händeklatschen. Dann setzt sich das Polizeiauto wieder in Bewegung und folgt einer der Pferdekutschen, die heute ein Bestandteil des Umzugs sind.

Manche jungen Männer haben riesige Zigarren zwischen den Lippen — keine Attrappen, sondern echte Glimmstengel, die aber beileibe nicht angesteckt, geraucht werden, dann wäre der teure Spaß ja viel zu schnell vorbei.

Immer wieder reißt der Zug auf, scheint er zu Ende zu sein. Doch es tröpfelt weiter, und wirklich Furore macht ein Trupp in Kampfanzügen, Jungen und Mädchen, die hintereinander gehen, eine regelrechte Kette von *guerrilleros,* und einige halten ihren Vordermännern Pistolen ins Genick... Klassenfeinde, die man gefangengenommen hat und nun abführt.

Die meisten Karnevalisten vergnügen sich eher umgekehrt, auf masochistische Art. Sie übertreiben ihr tägliches Elend, verzerren es ins Groteske, Lächerliche.

Besonders beliebt ist das Motiv des Krüppels, das genau dem Jammer nachgebildet ist, den man sieben Tage in der Woche auf der Calle Principal, dem Standort der Bettler, vor Augen hat. Männer humpeln, gehen an Krücken oder — harmlosere Variante des Versehrtseins — sie lassen einen Ärmel leer herabbaumeln und tragen den Arm im Hemd am Körper.

Ein Solodarsteller hat sich auf seine nackte Brust ein Hakenkreuz gemalt, er fuchtelt mit einer Spielzeugmaschinenpistole aus Plastik herum; und während die Kolonne der Motorradfahrer den Zug immer wieder mit schrecklichem Auspuffgeknatter überholt und durch Nebenstraßen ans Ende zurückkehrt, stellen Radfahrer gern unter Beweis, daß sie freihändig fahren können.

Dieser Corso, der sonst am Rosenmontag stattgefunden hat, ist auf Freitag vorverlegt worden, genauer: auf den 27. Februar, den Unabhängigkeitstag. Ein raffinierter administrativer Schachzug, durch den nicht nur der Montag zu einem normalen Arbeitstag wird — der Staat kann sich auf diese Weise auch, ohne daß es ihn etwas kostet, feiern lassen.

Ein karibischer Karneval. Doch sonderbar leidenschaftslos. Auch Alkohol spielt kaum eine Rolle, zumal die meisten Lokale geschlossen sind.

Bloß die Chinesen haben, wie immer, geöffnet. Allerdings fallen in der sauber-sterilen Atmosphäre ihrer Imbißstuben, wo die hübschen Mulattinnen jeden Handgriff unter der Aufsicht eines Angehörigen des strengen Familienclans tun müssen, fast nur zweckdienliche Worte.

Inzwischen haben sich die Straßen geleert, und wir sind froh, als neben uns plötzlich ein Taxi anhält, in dem eine *merengue*-Kapelle musiziert.

Die Männer steigen aus und gehen mit ihren Instrumenten in eine Trinkhalle. Sie werden jedoch abgewiesen. Und wir, weil wir ihnen gefolgt sind, finden uns fast allein an einer chromblitzenden Theke, die so riesig ist, daß ein halbes Dorf an ihr Platz finden könnte.

Eine Stereoanlage dröhnt amerikanische Schlager durch den hohen Raum, und der Mann an der Kasse sitzt unbeteiligt neben der Tür. Es gibt keinerlei Dekoration — es sei denn, man ließe die Werbeplakate für Quisqueya-Bier gelten oder die Eidechsen, die über die Wand huschen.

Wie auch in anderen Kneipen sind die Bedienungen ausgesucht hübsche Mädchen. Mit entkraustem aufgehelltem Haar, lackierten Fingernägeln, geschminkten Augen und angemalten Lippen beugen sie sich freundlich und offenherzig über die Theke und unterhalten sich mit den Gästen, denen sie nach jedem Schluck nachschenken. Die leeren Flaschen werden nicht abgeräumt, sondern zu Batterien machohaften Ansehens zusammengeschoben.

Mit lässigen Bewegungen gehen die Mädchen rüber zu den großen Kühltruhen, um frische Getränke zu holen. Sie schnipsen mit den Fingern zur Musik, improvisieren ein paar Tanzschritte und wackeln gekonnt mit ihren Popos.

Anders als der grellerleuchtete Biersalon, aus dessen Tristesse wir bald entfliehen, sind die meisten Kneipen und Speisewirtschaften (mit Ausnahme der Luxusrestaurants) in farbiges Neonlicht getaucht, und es ist schon recht unappetitlich, wenn einem das Fleisch vom Teller grünlich oder bläulich entgegenschimmert.

Wir kommen an ein kleines, normal beleuchtetes Lokal, aber hier ist es so voll und heiß, daß wir noch in der Tür kehrtmachen.

Kaum haben wir uns ein paar Schritte entfernt, stürzt uns ein junger Mann nach, der uns zurückbittet. Wir werden an einen wackligen Tisch bugsiert, den man mit einem Kronkorken stabilisiert. Zu einer Unmenge von Eis in den Gläsern kriegen wir noch eine Schüssel mit Eis auf den Tisch.

Lange hält es der junge Mann, der uns hereingeholt hat, am Nebentisch nicht aus. Er kommt herüber zu uns, hockt sich hin und erkundigt sich, was für Musik wir hören wollen. — Nun, *merengue*. Er ist begeistert, geht zur Box und drückt gleich mehrere Platten. Schon ist er wieder da und will wissen, aus welchem Teil der Vereinigten Staaten wir kämen.

Daß wir Deutsche sind, bringt sein Weltbild durcheinander. Doch nur für einen Moment. Dann gerät er umso mehr in Rage und erzählt uns mit Überschwang von seinem Land, das zwar klein sei, doch *muy amable* — sehr freundlich und entgegenkommend. Gewiß, viele Leute lebten in Armut, aber eigentlich wäre doch alles ganz wunderbar, besonders heute, am Tag der Independencia ... wirklich, die Menschen seien frei, frei.

Er redet immer schneller und heißblütiger, und wir haben bei dem Lärm die allergrößte Mühe, wenigstens jedes zweite Wort zu verstehen. Er schreibt uns seinen Namen auf, gibt uns seine Telefonnummer und lädt uns ein, in sein Haus zu kommen, wann es uns beliebt; auch im Auto will er uns durchs Land fahren — durch sein großartiges Land, seine schöne Heimat.

Inzwischen ist noch ein Mann an unseren Tisch getreten, ein Bruder von ihm, und der schreit nun ebenfalls auf uns ein.

Energisch wird der andere beiseite geschoben: „Ich kann Ihnen das viel besser klarmachen. Wir sind nämlich drei. Pedro, Ramón und ich, José. Meine Brüder waren schon im Ausland. Pedro, der Älteste, das ist der da drüben am Tisch, hat lange in Venezuela gearbeitet. Und Ramón — sei still, Ramón, ich erzähle das — Ramón war in Puerto Rico."

Langsam dämmert es uns: die Vaterlandsliebe dieses jungen Dominikaners, der sich zu immer pathetischeren Höhenflügen aufschwingt, ist eine Überkompensation.

Zweifellos liebt José sein Land, seine Inselheimat, die er im Herzen trägt. Doch in seinem Kopf existiert etwas anderes, eine Vorstellung vom *fuera*, von der Welt da draußen.

Vor allem die USA haben es ihm angetan, die will er unbedingt besuchen... so wie Pedro in Venezuela gewesen ist, und wie Ramón in Puerto Rico war, in Puerto Rico, wo man außer spanisch ja englisch spreche — englisch... und von wo aus man mit einem puertoricanischen Paß ohne weiteres nach Amerika reisen könne, nach Miami, sogar nach New York.

Vom Quetzalcóatl zum Pepsicóatl

Mexicos Weg vom Mythos in die Geschichte

Eine Art Überfall

Der Bus hält unweit einer weißleuchtenden Kirche in einer Villengegend. Plötzlich drängt ein junger Mann herein. Er spricht schreiend, maschinengewehrgarbenschnell.

Ein Überfall? Nein. Eine politische Ansprache. Der Versuch, den Insassen die korrupte Herrschaft des PRI vor Augen zu führen.

Doch gibt es keinerlei Reaktion. Die Indios verharren auf ihren Sitzen, sie rauchen, starren vor sich hin.

„Ihr, die Landbevölkerung, seid aufgerufen zum Kampf gegen die Reichen, die alles, was ihnen gehört, euch weggenommen haben."

Niemand blickt hoch, obwohl der Agitator lauter spricht als das Mariachi-Orchester im Radio des Busfahrers schluchzt.

„Sie allein schicken ihre Söhne auf die guten Schulen. Diese Zustände müssen aufhören. Darum, Genossen Landarbeiter, dürft ihr nicht wieder eine Regierung zulassen, die nicht das Volk repräsentiert. Ich hoffe, Genossen, ihr unterstützt uns in dem Kampf, den wir führen — für euch!"

Ein schüchternes Mädchen mit einer Sammelbüchse kommt durch den Gang, keine Hand regt sich; und als sich der Bus wieder in Bewegung setzt, springen die beiden jungen Leute vom Trittbrett — zwei politische Schemen in einer Welt, die nichts von Wahl und Wahlkampf wissen will, sondern die das Wenige, was es mit dem Schicksal auszuhandeln gibt, lieber im Gespräch mit der schwarzen Madonna von Guadalupe regelt, deren Bild vorn überm Sitz des Fahrers baumelt.

Das Volk unter sich

Mexico ist eine Republik, an deren Spitze ein Präsident steht, der aber für die Dauer seiner sechsjährigen Amtszeit quasi die Macht eines Diktators hat. Der mexikanische Präsident kann fast alles verfügen, was ihm in den Sinn kommt; die Vertreter des Systems, das ihn hervorgebracht hat, werden schon dafür sorgen, daß seine Vorhaben, seine gesellschafts- und sozialpolitischen Reformbestrebungen, nur soweit in die Tat umgesetzt werden, wie das ihren Interessen nicht zuwiderläuft.

Der mexikanische Präsident ist der Spitzenmann einer Partei, die sich Partido Revolucionario Institucional nennt, Institutionalisierte Revolutionspartei. Was einst an umstürzlerischer Kraft in dieser Bewegung gesteckt hat, ist längst durch Routine erstickt und durch Korruption zerstört worden. Statt der Rückkehr in eine vorkapitalistische Agrargesellschaft, wie sie Emiliano Zapata, der beherzte Anführer der Landarbeitermassen, in der Revolution von 1910 durchzusetzen versuchte, hat sich die völlige Überantwortung an die Industriekultur vollzogen.

Nicht das Gemeindedorf indianischen Charakters steht heute im Mittelpunkt des Denkens, sondern die nordamerikanische Konsumwelt mit ihren sterilen Verlockungen. Und der bürokratische Staat, mit den Konzernen und Banken verfilzt, erschafft und begünstigt einen in die herrschende Polit- und Gesellschaftsmaschinerie eingepaßten Menschentyp.

Das mexikanische Volk ist im modernen Mexico kaum vorgesehen — es sei denn, als ideologisches Alibi sowie als Nährboden, aus dem die hedonistisch eingestellten Eliten ihre Profite ziehen. Aus diesem Grund sucht der einfache Mexikaner seine Selbstbestätigung auch nicht im Bereich der Öffentlichkeit. Ihm geht es einfach darum, sich in seiner Dorf- oder Slumviertelgemeinschaft zu behaupten, im Kreis seiner Familie.

Ab- und Sinnbild der mexikanischen Familie ist allerdings nicht die eigene Frau oder Mutter, die eher unterdrückt und ausgenutzt wird, vielmehr ist es eine idealisierte Frauen- und Muttergestalt: die schwarze Madonna von Guadalupe. Diesem zur himmlischen Erscheinung stilisierten irdischen Wesen gilt die Verehrung des ganzen mexikanischen Volkes, das sich in seinen Seelenregungen nicht im geringsten darum kümmert, daß es in einem Land mit einer kirchenfeindlichen Verfassung lebt, in dem es dem Präsidenten ausdrücklich untersagt ist, während seiner Regierungszeit den Fuß über die Schwelle einer Kirche zu setzen.

Die Virgen von Guadalupe ist die Nationalheilige Mexicos. In ihrem Namen leitete der Priester Miguel Hidalgo 1810 die Erhebung gegen die Spanier ein. Und die Indios, die sich um das Banner Hidalgos scharten, unterschieden tödlich genau zwischen ihrer schwarzen Madonna und der Virgen de los Remedios, der Jungfrau der Immerwährenden Hilfe, die die Muttergottes der Spanier, der verhaßten *gachupines*, war. Die schwarze Madonna von Guadalupe, die hundert Jahre nach Hidalgo abermals zur politisch-religiösen Schutzpatronin wurde, diesmal nun aber für die Bauern Zapatas, ist die christliche Reinkarnation der altindianischen Göttin Tonantzín.

Der Legende nach erschien im Jahre 1531 einem (damals bereits getauften) Indio die Heilige Jungfrau an genau der Stelle, wo vorher eine Kultstätte der aztekischen Erd- und Fruchtbarkeitsgöttin Tonantzín gestanden hatte. Psychologen meinen, hier sei klerikale Schläue am Werk gewesen. Doch wie immer es dazu kam, daß der Erzbischof Juan de Zumárraga den Marienkult auf den Hügel von Tepeyac brachte — es entstand so die religiös-kulturelle Voraussetzung für die Identifikation der Indios (und später auch der Mestizen) mit dem fremden und eigentlich zutiefst unannehmbaren christlichen Glauben.

Die schwarze Madonna von Guadalupe ist die Muttergestalt des mexikanischen Volkes. Zu ihr, nicht zu Jesus, pilgern die Menschen jeden Sonntag, vor allem aber am 12. Dezember, dem Erscheinungstag. Die Virgen von Guadalupe bringt Menschenmengen auf die Beine, die ein politischer Herrscher allenfalls durch die Betätigung all seiner Macht- und Drohmittel aktivieren könnte. Aus entfernten Städten und Landgemeinden kommen die Pilgerzüge, und die Wallfahrer sind tagelang unterwegs, um sich dem Gnadenbildnis zu nähern, von dem sie Heilung erbitten und Erlösung erhoffen. In kalten Jahren erfrieren immer wieder Menschen — nachts in der Unwirtlichkeit des Hochtals von Anáhuac, und besonders Bußfertige beginnen schon unterwegs damit, sich zu geißeln.

Der Platz vor der Basilika ist das ganze Jahr über von Indios und Mestizen überfüllt, die gekommen sind, ihre persönlichen Probleme der Himmlischen Königin vorzutragen. Auf Knien rutschen sie langsam voran, und wenn sie es endlich bis in das Innere der Kirche geschafft haben, versuchen sie, möglichst nahe zur Madonna vorzudringen. Manche der Hilfesuchenden legen Decken, Stolen, Zeitungen oder auch Windeln unter die Knie, und einigen sind die Angehörigen dabei behilflich, die Polster weiterzuschieben. So geht es Meter um Meter voran. Frauen haben ihre Babys bei sich, und aus den Wickeltüchern gucken Nuckelflaschen hervor. Einige Pilger halten Blumensträuße in den Händen, und viele führen lange Stabkerzen oder Kerzen in bunten Gläsern mit sich. Junge, gesund wirkende Leute sind fast noch zahlreicher als alte, kranke und gebrechliche.

Männer haben ihre strohgeflochtenen *sombreros* abgenommen, um mit den breiten schattenspendenden Krempen die Köpfe ihrer Säuglinge vor der Sonnenglut zu schützen. Einer der Väter repariert zwischendurch rasch mal das Wackelhündchen seiner Tochter, das kaputt gegangen ist. In dem Gedränge befinden sich auch Fotografen mit großen urtümlichen Kameras, bereit, Familienfotos zu schießen, für jeden, der sich das leisten kann.

Neben der auf dem kavernösen Untergrund von Mexico-Stadt seitlich absinkenden alten Basilika stehen, unterhalb des Aufstiegs zur Kapelle, auf Gestelle montierte Blumenarrangements. Aus diesen pompösen Gebinden plündern die ärmsten unter den Bittstellern kleine Opfergaben heraus, mit denen sie die Gunst der Madonna erlangen wollen.

Während drinnen, im Gotteshaus, das Halleluja gesungen wird, haben auf dem Platz buntgekleidete Männer damit begonnen, heidnische Tänze aufzuführen. Alle diese Schausteller tragen federgeschmückte Kopfbedeckungen, an denen Spiegel stecken, und blitzende Spiegel sind auch die Epauletten ihrer phantastischen Gewänder. Ein Mann mit einem mächtigen Muttergottesbild in den Händen steht mit dem Rücken zur Kirche, und Indios, die Metallkreuze hochhalten, umtanzen ihn beim Geklapper ihrer Rasseln.

Eine andere Gruppe hat sich unter der mexikanischen Fahne formiert. Diese Tänzer, die Masken und überdimensionale Hörner tragen, schwingen Schwerter. Blauweißgewandete Mädchen mit Schleier und Krone lassen Banner mit Heiligenbildern flattern. Auch hier fehlen nicht Spiegel, die das Sonnenlicht auffangen und zurückwerfen. Geigen, Baß und Gitarren machen eine Musik, deren Fröhlichkeit einen befremdlichen Gegensatz schafft zu der Erscheinung eines Mannes, dessen aschgraues Trikot mit Rippen bemalt ist und dessen grinsender Totenkopf die Umstehenden erschreckt.

Der nächste Tanz ist ein Schwertertanz, bei dem zwei Männer ihre breiten Klingen im Dreivierteltakt kreuzen. Sie deuten, wenn sie nach einem Fechtgang wieder aufeinander zugehen, so etwas wie einen höfischen Knicks an; dann wird der Gegner abermals bedrängt — mit ritualisierter Feindseligkeit.

Auf den Sensen der Totenmänner steht: *Vorsicht*!, und

die Tänzer mit den Hörnern hocken sich bisweilen hin und ziehen unter ihren Gesäßen die Säbel hin und her, als würden sie sich selber massakrieren. Ein Mann mit einer Tiermaske, der das Böse verkörpert, versucht, die Mittänzer einzufangen. Auch der Sensenmann legt es darauf an, die Lebenden in Schwierigkeiten zu bringen: dadurch, daß er sie mit seinem Hintern berührt.

Unverhofft springt ein Kerl mit einer Teufelsfratze den anderen Tänzern auf den Rücken, und diese schreien auf und rufen um Hilfe. So geht das symbolische Spiel pausenlos weiter, und in der Manier von Jahrmarktsdarbietungen entfaltet sich burlesk die Geschichte von Leben und Tod. Einmal gerät der Teufel selbst in Schwierigkeiten, er kommt auf dem Boden zu liegen und wird von den Tänzern, die jetzt wie Krieger wirken, hart bedrängt.

Die Menge lacht auf. Der Sensenmann versucht, nach dem Teufel zu greifen, aber er wird (einstweilen) noch abgewiesen, und so geht der Kampf weiter, bis es einem der Krieger gelingt, sich auf seinen Widersacher zu setzen und ihn endgültig niederzudrücken.

Menschen, Dämonen und Ideen bleiben bei diesen allegorischen Szenenfolgen weitgehend undefiniert. Alles ist in ständiger Bewegung, fließt, geht neue Verbindungen ein. Jede Person agiert nur als Durchgangsstufe in eine andere maskenerstarrte Existenz, und von Dauer in diesem steten Wechsel ist einzig das von den Spiegeln zurückgeworfene und Tänzer wie Zuschauer gleichermaßen hypnotisierende Sonnenlicht.

Ständchen für jedermann

Auf der Plaza Garibaldi wird Mexico identisch mit dem Klischee von Mexico. Die *mariachi*-Musikanten tragen silberbetreßte Hosen und mit Silber bestickte Riesensombreros. Die Instrumente: Geigen, Gitarren, Gitarrón,

Trompeten. Die Berufskrankheit der *mariachis:* Krampfadern; dagegen hilft auch nicht das Organisiertsein in der *mariachi*-Gewerkschaft, das längst obligatorisch geworden ist.

Die *mariachis* stehen herum, bis ein Kunde herantritt, ihnen Geld gibt und seinen Wunsch sagt. Dann stellen sie sich im Halbkreis auf und spielen zwei, drei Lieder. Mitunter sind die Klienten Autofahrer, die an den Bordstein herankutschieren, ihr Fenster herunterkurbeln und sich eine Melodie anhören, ohne auszusteigen. Doch der Normalfall ist der Mexikaner, der sich selber in Positur stellt und sich stimmlich an seinem Lieblingslied erprobt. Junge Männer lassen ihren Freundinnen Ständchen darbringen, aber auch Betrunkene tauchen ihre traurige mexikanische Seele in das Quellwasser folkloristischer Weisen, die schwankend angehört und gröhlend zerfranst werden.

Mariachi kommt vom französischen *mariage*, Hochzeit; und die Musiker spielen auch heute noch bei Eheschließungen auf. Ihren alltäglichen Standort aber haben sie hier, inmitten der verkehrsumbrandeten *plaza,* auf der eben ein junger Soldat steht: ein Bursche mit den hohen Backenknochen der Indios, der eine Plastiktüte in der Hand hält und andächtig der Melodie seines Herzens lauscht, die fast untergeht im Lärm der anderen Kapellen.

Auf goldenem Thron

Die Schuhputzer cremen mit bloßen Händen die Schuhe ihrer Kundschaft ein. Mit denselben Händen essen sie ihre Maisfladen, weil es für sie gar keine Möglichkeit gibt, sich zu waschen — mitten in der City, an ihrem 15-Stunden-Tag.

Das Schuhputzen in der Öffentlichkeit hat seine eigene

Psychologie. Zunächst einmal: es kommt nur in Ländern mit großem sozialen Gefälle vor. Der Herr mit blankgewichstem Oberleder ist der absolute Gegensatz zu dem *campesino,* dem Landmann, der mit staubig-zerrissenen Sandalen oder sogar barfüßig seine Erntelast auf den Stadtmarkt schleppt. Sodann gibt der Schuhputzer dem Bürger, den er bedient, die Illusion, mehr zu sein als nur ein schäbiger Bourgeois: indem er ihn auf einem Thron aus goldähnlich blitzendem Messing Platz nehmen läßt, macht er ihn zu einem König auf Zeit.

Moctezuma, die spanischen Vizekönige, Kaiser Maximilian von Habsburg — all das wird lebendig gehalten in der insgeheim immer noch monarchietrunkenen Seele des mestizisch-republikanischen Mexikaners, wenn er sich von Indianerhänden die Schuhe einwichsen läßt.

Der versüßte Tod

Der Mexikaner vergißt niemals, daß er sterben muß. Darum liebt er Gebäck und Zuckerwerk, das den Tod darstellt. So rächt er sich am Tod: er ißt ihn auf. Solange ihm das gelingt, kann der Tod sich noch nicht daran machen, ihn zu verschlingen.

Außerdem ist der Tod bei Lebzeiten mitunter ein durchaus gutes Geschäft: für die Erben... und natürlich für die Sarghändler.

In einem Laden, nahe der Plaza Garibaldi, türmen sich die hölzernen Kästen, von denen die meisten übermäßig mit Silber oder Gold beschlagen sind.

Doch wenn der Tod auch das einzig Sichere im Dasein ist, so läßt er doch erfreulicherweise meist auf sich warten. Deshalb sitzt der Verkäufer einstweilen vor der Tür und bietet Schiffchen und Planschenten an, die er in einer Plastikschüssel schwimmen läßt.

In der Provinz

Chinconcuac ist ein kleiner Ort, dessen Bevölkerung sich völlig auf Handarbeiten spezialisiert hat. Gestrickte und gehäkelte Kleider. *Sarapes,* die deckenähnlichen Umhänge der Männer, und *rebosos,* lange farbige Baumwolltücher, die von den Frauen über Kopf und Schulter getragen werden.

Das Städtchen ist ein einziger riesiger Verkaufsstand — mit einem enormen Angebot, doch fast ganz ohne Kundschaft. Die Männer, die hinter ihren Tischen sitzen, stricken oder häkeln: Mützen, Westen, Taschen, Stolen, Tücher.

Ein Indio-Bursche küßt seiner Mutter vorm Weggehen ehrerbietig die Hand. Die Frau breitet neue knusprige Fische auf den Holzgestellen aus, und obenauf tut ein Käufer einen schmutzigen Pesolappen.

Vor einer Bar liegt ein Junge auf dem Bauch und linst, an die Fliesen gepreßt, unter der Flügeltür hindurch. Er will mitbekommen, was vor sich geht, drinnen, in der Welt der Männer, wo über dem Tresen mit der breiten umlaufenden Spuckrinne ein Ventilator kreist. —

Wenn man aus der Provinz in die Hauptstadt zurückkehrt, empfindet man den Lärm, die Abgase und den mörderischen Verkehr wie einen Terrorangriff auf Nerven und Gemüt.

Querétaro

In dieser schönen park- und patiogrünen Kolonialstadt fehlt fast ganz das indianische Element, ja, die meisten Menschen haben nicht einmal Mestizengesichter, sondern sehen aus wie die Bewohner Kastiliens oder der Extremadura.

Nur wenige bettelnde Indiofrauen und Indiokinder,

die die Straßencafés und Restaurants durchstreifen. Hier, in der Meseta von Anáhuac, ist in 1820 Meter Höhe ein Stück Spanien zurückgeblieben — mit einem Aquädukt und Bauten, denen das heutige Mexico nichts Gleichwertiges entgegenzusetzen hat.

Ein paar amerikanische Firmen und die hier ansässige Opalverarbeitung haben noch nicht das Ambiente des Ortes zerstört, in dem sich 1867 der Weg von Mexicos politischer Zukunft entschied, als der Zapoteken-Indianer Benito Juárez aus Oaxaca seinen Gegenspieler, den Kaiser Maximilian von Habsburg, erschießen ließ. Mit der Durchsetzung des liberal-föderalistisch eingestellten Juárez siegte in Mexico nicht nur verfassungsmäßiges Denken über die alte monarchistische Vision. Es kam nun auch ein neuer Menschentyp an die Macht: der Mestize, der den Kreolen, den Nachkommen reinrassiger Spanier, ablöste.

Welches Paradoxon sich in Querétaro ereignete, führt uns Octavio Paz in seinem Aufsatz *Der indiskrete Spiegel* vor Augen, worin herausgearbeitet wird, daß der Vollblutindio Juárez keinesfalls ein Indigenist, ein Verfechter indianischen Fühlens und Denkens, war, sondern vielmehr ein kosmopolitisch eingestellter Reformator, der die mexikanische Vergangenheit, die des Vizekönigreichs Neuspanien ebenso wie die der theokratischen Aztekenkaiser, als provozierenden Gegensatz ansah zu seiner Idee universeller Liberalität.

Das Städtchen Querétaro war die letzte Zuflucht der Kreolen gewesen. Hier ist endgültig ihr Traum zunichte gemacht worden, mit Hilfe eines europäischen Leihkaisers eine transatlantische Monarchie zu errichten, ein Traum, den im Süden Spanisch-Amerikas auch San Martín geträumt hatte. Doch wie dieser sich nicht gegen den Republikaner Simón Bolívar durchzusetzen vermochte, so unterlag auch in Mexico Maximilian im Kampf gegen den liberalen Indio Juárez.

Die Rechnung der Kreolen, sich selber an die Stelle der vertriebenen Spanier zu setzen, war nicht aufgegangen. Und das heutige Querétaro ist ein Ort, der seine geschichtliche Bedeutung überlebt hat. Hinter schmiedeeisernen Fenstergittern ruhen die Schatten eines zeitlosewigen Spaniens. Und ein paar Statuen mittelmeerischer Abkunft geben den Brunnen und Teichen noch ein wenig vom Ambiente der untergegangenen Kreolenwelt.

In einer *cantina* hören wir Musik. Keine Konserve, sondern eine richtige Kapelle, die hier für die Zecher spielt, leidenschaftlich, angefeuert vom Faßbier, das reichlich fließt. *Entre copa y copa, Zwischen Glas und Glas* — das Lied ist beziehungsreich, der Trompeter hat einen gelassenen, rhythmischen Darbietungsstil, er klettert mühelos auf der Tonleiter herum, mit weichen nachgiebigen Knien. *Gefangener in deinen Armen, Die Zikade, Cucurrucucu paloma* — der Bassist singt mit den typischen Schnulzenjodlern. Das ist Mexico, wie man es sich vorstellt: sentimental und selbstversunken, ohne den Garibaldi-Schaueffekt.

Die Männer schütten sich Salz ins Bier. Und der Kellner streut sich eine tüchtige Prise Salz auf den Handrükken und leckt sie ab. He, Miguel, noch mal fünf für uns! Wer ein Mann ist, trinkt, wer trinkt, schwitzt, und wer schwitzt, braucht Salz.

In einem großen, schräg aufgehängten Wandspiegel, in dem sich das Schachbrettmuster der weißrosa Steinfliesen wiederholt, ist die Kapelle noch einmal da. Und drüben, hinter einer die ganze Zeit über offenstehenden Tür, sieht man, ebenfalls gespiegelt, drei reichlich frequentierte Pinkelbecken.

Schon gut, Compadre

In der Barbierstube summt eine Fliege und ein junger

Hund spielt mit den Haarbüscheln am Boden. Endlich kommt ein Kunde herein, sich rasieren zu lassen, und er legt sich im Sessel zurück wie auf einer Couch.

Seltsame Welt der Frisörstuben. Zwischen dem Bewußtsein, einen Bart zu haben, und einer unausrottbaren Kastrationsangst entfaltet sich das Zotentum des *machismo* und die politische Großsprecherei.

Die anderen, was das doch für Mistkerle sind. Aber man selber, die Männer der eigenen Gesinnung, der eigenen Partei!

Autsch! — da ist dem Frisör, diesem kleinen Arscher, tatsächlich wieder das Messer ausgerutscht. Man müßte ... schon gut, *compadre,* das macht doch nichts, schon gut.

Der Barbier, diese weibische Zappelgestalt im weißen Kittel des Chirurgen, setzt dem *macho* das Messer da an, wo dieser es selber gerne ansetzen würde: an der Kehle seines männlichen Rivalen.

Ganze Kerle

Der Indio liebt das Besäufnis wie keine zweite Menschenrasse der Erde. Das war Henri Michaux schon in den zwanziger Jahren in Ecuador aufgefallen. Der Mestize, der *ladino,* hat vom Indio die Neigung zur Trunksucht übernommen, aber er verbindet sie mit dem *machismo* des Spaniers. Unter breitrandigen *sombreros* verschaffen sich die Männer wenigstens auf den quirligen *fiestas* den Platz, der ihnen sonst im Leben nicht gewährt wird.

Das ländliche und kleinstädtische Mexico ist konservativ. Die Frauen stehen unter der Fuchtel eines strengen Katholizismus, dessen Normen sie selber an ihre Kinder weitergeben: an Töchter, die wie sie kirchenfromm erzogen werden, und an Söhne, die eines Tages ganze Kerle sein sollen.

Die Langeweile auf dem Lande begünstigt die ritualisierten Männerspiele, zum Beispiel den Aufzug der *charros,* der mexikanischen Cowboys. Hierbei finden auch die Reichen Gelegenheit, ihre Prachtpferde und Reiterkunststücke vorzuführen.

Das Publikum, das sich austobt wie bei der *corrida,* sieht johlend zu, wie die Burschen vom Sattel aus Stiere am Schwanz packen, sie rückwärts durch den Sand schleifen und schließlich niederwerfen. Hier wird den Weibern gezeigt, daß ein richtiges Mannsbild mehr Mumm hat als das kräftigste Urvieh, das mitunter allerdings nur eine zahme Kuh ist.

Auf dem Zócalo von Oaxaca

Auf dem Zócalo von Oaxaca hat eine Zapoteken-Indianerin ihren Webstuhl am Fenstergitter des Regierungsgebäudes festgemacht. Ein idyllisches Bild, das nach gesellschaftlicher Koexistenz aussieht und nichts ahnen läßt von der sozialen Spannung, die gerade im armen Südwesten Mexicos herrscht.

Unter den Arkaden des Zócalo, des alten Platzes aus spanischer Zeit, setzen die *sarape*-Händler das bunte Treiben des nahen Marktes fort. Die Händler, müde von der Last der handgewebten Textilien, die sie den ganzen Tag auf der Schulter mit sich herumschleppen müssen, legen ihre Ware gelegentlich auf den Kühlern parkender Autos ab. Wenn gerade kein Kellner in der Nähe ist, der sie wegscheucht, gehen sie zu den Touristen an die Tische und zeigen, was sie anzubieten haben. Heraldische Muster, kräftige Farben, doch durchaus nicht immer nur Indianermotive.

Auf mehreren *sarapes* finden sich Sujets von Picasso, die Zapoteken und Mixteken haben sie irgendwo gesehen und gleich in ihr Repertoire aufgenommen, zum

Amüsement einer jungen Amerikanerin, die immer neue Umhänge vor sich ausbreiten läßt, nur weil sie ihren Begleiterinnen gegenüber mit ihren Spanischkenntnissen angeben will. Sie mäkelt solange an dem Material, an den Farben und an den Motiven herum, bis der Indio ganz verzweifelt dreinblickt und beiseite geht.

Ein heftiger Regenguß ruft augenblicks einen Verkäufer großer Plastikbahnen auf den Plan. Und im Nu entfernen sich nach allen Seiten Menschen, die sich einen flatternden Regenschutz über den Kopf halten.

Abends dann, bei wieder klarem Himmel, postiert sich in dem Musikpavillon eine *marimba*-Kapelle, die auch einige alte Boogies zu Gehör bringt. Eine andere Kapelle, eine *mariachi*-Gruppe, macht die Runde durch die Straßenlokale am Zócalo. Und ein Indio, der einen einzelnen Gitarristen für sich spielen läßt, wiegt sich hin und her und streichelt mit der ganzen Inbrunst seines betrunkenen Gemüts den Poncho, den er überm Arm trägt.

Die *sarape*-Verkäufer haben ihre Stapel zusammengepackt. In den Hausfluren schlafen einige Indios auf Zeitungspapier, bei ihren nichtverkauften Kuchen und Broten. Die Nebenstraßen sind dunkel. Der Billardsalon hat den rasselnden Wellblechrolladen heruntergelassen, und auch der Kiosk, in dem es schüchterne Porno gibt, ist schon geschlossen.

Noch vor Mitternacht endet der *corso* unter den Arkaden mit einem letzten Seufzer aus einer Ziehharmonika.

Genossen Landarbeiter

Am Alameda-Park in Oaxaca wirbt die CNC, die nationale Landarbeiter-Konföderation, mit fröhlicher Lautsprechermusik; am Haus ihrer örtlichen Zentrale hängt ein Transparent mit der Aufschrift:

Genossen Landarbeiter
Nie wieder einen Schritt zurück
Vereint in den Kampf marschieren
bis wir die Fossile vertrieben haben
die Überbleibsel der herrschenden Klasse

Nahebei, vor der Tür eines Hotels, wo die Angestellte einer Firma ihr luftiges Büro mit Tischchen und Schreibmaschine im Freien errichtet hat, steht ein abgerissener *campesino,* der verlegen seinen Strohhut in der Hand dreht. Er hat sich gerade für eine Arbeit verdungen und stellt seinen Daumen zur Verfügung, damit ein Abdruck gemacht und der Kontrakt besiegelt werden kann.

Bei Marimbamusik

Eine Kakaomühle, zur Straße hin offen. Im Hintergrund, an der Wand, die Madonna, von einer immer wieder bläulich aufzuckenden Leuchtröhre eingefaßt wie von einem Medaillon.

Auf dem nahen Markt die Stände haben unter ihren mächtigen Sonnensegeln das abenteuerliche Aussehen von Faluken. Es herrscht eine schläfrige Vor-Siesta-Stimmung, die zerklimpert wird von zwei unermüdlichen *marimba*-Spielern.

Ein Mann mit einem Karren fährt ein halbes Rind vorbei. Und Puter, Hühner und Kaninchen liegen mit zusammengebundenen Beinen im Schmutz, die ganze Zeit über ohne Wasser. An mehreren Verkaufsstellen werden Kalksteine zerklopft. Kalk — das ist hier wichtiger Bestandteil des Lebensmittelhandels: als Zusatz für die aus mineralarmem Mais gebackenen *tortillas.*

In Bonbongläsern voll roter, giftgrüner und orangener Limonade schwimmen große Eisstücke, die mit Schöpfkellen hin und her gerührt werden. Ein Stand mit Zahnpasta: Fluoruro, Colgate, ein anderer voller hinschrumpelnder Papayafrüchte und schwarzgewordener Bananen.

Leise, ernst und unaufdringlich betreiben die Indios ihr ambulantes Gewerbe auf der nackten Erde oder auf dem ölverschmierten Asphalt. Sie sind eigentlich gar keine Händler, ihnen fehlt das Gefühl dafür, wer ein geeigneter Abnehmer ihrer Waren sein könnte. So bieten sie zum Beispiel durchreisenden Ausländern halbmannshohe Holzquirle oder sperrige Kiepen an.

Nur ein paar clevere Mestizen propagieren lauthals medizinische Präparate, und die Indianer greifen nach den Schachteln wie nach den Wundermitteln ihrer *brujos*, ihrer Zauberer.

Am See der Illusionen

Villahermosa, Schöne Stadt, heißt die Kapitale des Staates Tabasco. Hier, in diesem tropischen Teil Mexicos, hat früher die Malaria grassiert, jetzt kommen nur noch wenige Fälle vor, und die Stadt schwelgt in einem Fortschrittstaumel, seit man überall in der Umgebung Öl gefunden hat: in so riesigen Mengen, daß man Mexico schon jetzt zu den bedeutendsten zukünftigen Förderländern der ganzen Welt rechnet.

Rings um Villahermosa stehen die Bohrtürme. Und die *barrios,* die häßlichen Vorstädte, umklammern den Ort, in dessen vornehmstem Café allabendlich die rechten Geschäftsleute und die linken Intellektuellen in harmonischer Zwietracht die Lage diskutieren: politisch, ökonomisch, moralisch, im Hinblick auf Cuba, auf die USA, auf Mexico selbst.

Villahermosa hat seine neue Rolle noch nicht begriffen. Und wenn man den Fluß, den Río Grijalva, der seinen Namen dem spanischen Entdecker Juan de Grijalva verdankt, überquert, dann kann man, jedenfalls zu Zeiten heftiger Regengüsse, am anderen Ufer keinen einzigen Schritt tun, ohne knietief im Schlamm der Dorfstraße zu versinken.

Die schöne Stadt Villahermosa ist für die Fremden dreierlei: ein Grund, ins Ölgeschäft einzusteigen, ein Ausgangspunkt zu den im Urwald gelegenen Ruinen von Palenque oder die Gelegenheit, La Venta zu besuchen, das nahe, von dem Dichter Carlos Pellicer geschaffene Park-Museum, in dem ein in einem Becken gehaltenes Krokodil den Naturschlaf der Jahrtausende vollendet.

Hier sind geheimnisvolle Skulpturen zu besichtigen, darunter jener riesige Olmekenkopf, der so auffällig negroide Merkmale trägt, daß eine der Theorien über die Herkunft der präcolumbischen Völker besagt, nicht über die Beringstraße, sondern über die Wasserweiten des Atlantiks seien die Schöpfer der ältesten amerikanischen Kultur gekommen. Doch während sich die Historiker weiter uneins sind, fliegen internationale Kunstschieber von Yucatán aus in kleinen nicht zu kontrollierenden Sportflugzeugen die archäologischen Kostbarkeiten außer Landes. Und die kulturmorphologischen Exegeten, allen voran der um die Idee der *mexicanidad* ringende Octavio Paz, vermengen die alten Mythen mit psychologischen Spekulationen, um freilich zuguterletzt die Frage stellen zu müssen: „Wer waren die Olmeken überhaupt? Wie nannten sie sich selbst? Welche Sprache sprachen sie?"

Im La Venta-Park stehen Altäre, Jaguarköpfe, Negerhäupter und schwermütige steinerne Priester unter hohen Tropenbäumen, doch der Besucher, wenn er sich genug an seinen grausligen Vorstellungen ergötzt hat, wendet sich ab von den Geheimnissen, die so greifbar wie unwirklich sind, und er blickt durch einen Drahtzaun auf ein nahes, von Booten übertuckertes Gewässer, das den bezeichnenden Namen *See der Illusionen* trägt.

Jeder ist allein

Im Bus nach La Venta, der die Strecke im Kreisverkehr bedient, sitzen Indianer und Mestizen. Sie blicken unbeweglich vor sich hin und geben keine Antworten, die über ein schlichtes Ja oder Nein oder ein stummes mienenspielloses Starren hinausgehen.

Der einzige Mensch, der seit Tagen von sich aus Kontakt mit uns sucht, ist ein Mann, der, wie sich herausstellt, der Sohn eines libanesischen Einwanderers ist.

Er bestätigt uns, daß es im Staat Tabasco viel Rinderzucht gibt, kleine *haciendas,* Privatgüter, und große *ejidos,* indianische Gemeindefarmen. Als ein paar Schüler zusteigen und vor uns stehenbleiben, versucht der Libanese, auch sie ins Gespräch einzubeziehen — vergebens.

„So ist das hier", sagt der Mann. „Auch mir ergeht es nicht anders als Ihnen. Die Leute reden nicht. Nicht mit mir, und auch nicht miteinander. Jeder ist für sich allein. Sie sind wie in Säcke eingenäht."

Die Landschaft geht in einem Wolkenbruch unter. Und wir verzichten für heute darauf, in La Venta auszusteigen und kehren in dem fortlaufend zirkulierenden Bus zurück nach Villahermosa.

Grüne Hochzeit

Die Gassen der Ladino-Siedlung sind Erdwege, die sich bei Regen in unpassierbare Moraste verwandeln.

Augenblicklich scheint jedoch die Sonne, und es ist *siesta,* die Zeit, in der sich, wie ein Sprichwort sagt, im Freien nur Hunde und verrückte *gringos* rumtreiben.

Vor einigen Hütten parken große Wagen, veraltete amerikanische Schlitten. Neben einer der Behausungen, die in einem verwilderten Garten liegt, hält ein Hochzeitsauto, geschmückt mit blühenden Zweigen quer über der Windschutzscheibe.

Beim Näherkommen sehen wir, es ist gar kein Brautauto — es ist ein Wrack.

Über den umgesunkenen Zaun sind die Pflanzen gekommen, die überall Platz genommen haben...auf den Hintersitzen und am Steuer, das sie mit grünen Fingern umklammern.

Immer mehr Angehörige der weitverzweigten vegetabilischen Sippschaft steigen zu und drängen sich auf den Trittbrettern: Windröschen, Glockenblumen, Schlinggewächse.

Wo man die Mexikaner Yakis nennt

Links und rechts Buschwald, niedrig, aber undurchdringlich. Durch Yucatán führen nur ganz wenige Straßen, und zu ihnen drängt das Leben hin und sogar der Tod, jedenfalls sieht man vom Bus aus immer wieder die schlichten Holzkreuze von Gräbern, die hier besser zu erreichen sind und dem Vergessen ein klein wenig länger trotzen.

Die Indiodörfer liegen abseits, tiefer im Busch, und die wenigen Städte sind trostlos: Hütten, Hühner, ein paar Schweine. Manchmal ist über dem Grün das Rad einer Windmühle zu sehen — sie holt Wasser herauf, aus den Zisternen des Muschelkalkuntergrundes, aus dem ganz Yucatán besteht.

Kaum ein Vogel belebt die Landschaft. Und es ist eine Abwechslung, als bei einer Haltestelle ein paar Männer in den Bus drängen, vorweg einer mit einer riesigen Flinte, dann zwei, drei mit Macheten. Der erste, der Flintenträger, hat ein rotes Tuch vorm Mund, das ihm das Aussehen eines Banditen gibt. Die Männer sind Jäger, die in ihr Dorf zurückwollen. Draußen hat ein Bursche eine Leiter gegen die Frontscheibe gestellt, doch der Fahrer winkt ab, heute soll nicht geputzt werden, vielleicht morgen.

Hauptnutzpflanze auf Yucatán ist der Henequén, eine Agave, die einen kurzen palmenähnlichen Stamm hat. Aus Henequén wird Sisal gewonnen, ein Produkt, das seinen Namen dem Verschiffungshafen Sisal verdankt und für das Yucatán das Monopol besessen hat, bevor die Pflanze auch anderweitig angebaut wurde.

Die Mayas, die Ureinwohner Yucatáns, fühlen sich nicht als Mexikaner, die sie nach einem im Norden wohnenden Indianerstamm spöttisch Yakis nennen. Dennoch wäre es falsch anzunehmen, alle Mayas trauerten den Zeiten ihrer großen Vergangenheit nach. Die Indios in den Dörfern haben kein Bewußtsein ihrer Geschichte. Und sie wissen auch nichts von der rückwärtsgewandten Ideologie der mexikanisch-mestizischen Oberschicht, die ihre nationale Würde in den großen präcolumbischen Kulturen wiederzufinden trachtet.

Heutc sind die Mayas ein einfaches Bauernvolk. Sie leben am Rande der technischen Zivilisation, die allenfalls in Gestalt eines Asphaltbandes an ihren Hütten vorbeiläuft und von der sie sich eher belästigt als innerlich berührt fühlen.

Die Mayas unserer Tage sind Teil der Landschaft, in der sie leben — nicht anders als der Henequén, den sie anpflanzen, und als der Mais, den sie tagtäglich essen.

Während die an die weiße Zivilisation angepaßten mestizischen Bauern längst an Maximierung der Ernteerträge und an materiellen Gewinn denken, verharren die Indios weiterhin in einer demutsvollen Haltung ihren Göttern gegenüber, und sie ehren die mütterliche Erde dadurch, daß sie sie zärtlich streicheln, wenn sie meinen, ihr durch das Hineinstecken von Samenkörnern wehgetan zu haben.

Cozumel

Ein paar Mayafrauen gehen mit ihren weißen Kleidern ins Meer, tauchen zwei, drei Mal unter und kommen dann wieder ans Land, wo sie ihre mit blumigen Stickereien geschmückten Gewänder am Körper trocknen lassen.

Wir sind auf Cozumel, einer karibischen Insel, die dem (ebenfalls aus Muschelablagerungen aus dem Meer gewachsenen) flachen und flußlosen Yucatán ähnelt, wenn sie auch andererseits bereits einen Übergang zu den Großen Antillen bildet — vor allem zu Cuba, das nur eine knappe Flugstunde entfernt liegt.

Cozumel hat eine frühe, allerdings nicht entscheidende Rolle bei der Eroberung Mexicos gespielt. Hier landete 1518 Juan de Grijalva, ein Verwandter des Statthalters von Cuba, der mit einer Flotte von vier Schiffen aufgebrochen war, um Gold zu finden. Cozumel war ein maritimer Vorposten der Mayawelt, deren große Zentren damals schon untergegangen waren. Trotzdem fanden die Spanier hier noch Anzeichen einer höher entwickelten Zivilisation vor: Beobachtungstürme an der Küste sowie Ortschaften aus solide gebauten Häusern, durch die hindurch gepflasterte Gassen führten.

Ein betäubender Pflanzenduft war den Spaniern weit übers Meer hin entgegengeweht, und nicht ohne Entzücken nahmen sie das Eiland in Besitz, das ihnen mit seinen friedlichen Bewohnern und seinem Reichtum an Feldfrüchten und Bienenvölkern eine willkommene erste Beute war, bei ihrem Drang nach Westen.

Die Messe, die der Oberkaplan oben auf dem achtzehnstufigen Heiligtum der Mayas gelesen hatte, war der Auftakt zur Christianisierung Mexicos gewesen und, jedenfalls auf Cozumel, das auslösende Moment zum Schleifen der Maya-Architektur.

Was heute noch an Ruinen vorhanden ist, würde die

Touristen kaum herbeilocken, wenn es außerdem nicht weite einsame Strände gäbe, die blaugrüne Chancanab-Lagune und dazu die Hintergrundkulisse eines noch unberührten tropischen Buschwalds.

Cozumel wird vom Festland durch einen Kanal getrennt, in dessen reißender Strömung sich kein Schwimmer behaupten kann. An der Mole machen noch immer alte Pötte fest, verrußte Steamer, die auf behäbige Art gelöscht werden und ein Ambiente von Seemannsromantik erzeugen. Das Meer leuchtet in drei Farbtönen: türkis, marineblau, tintenblau.

Bei sehr klarer Sicht kann man von Cozumel aus Yucatán sehen. Doch das ist ein schlechtes Zeichen, denn der Himmel überm Kanal ist nur dann ganz abgeräumt, wenn ungünstige Winde aufziehen, Nortes, die Regen und Sturm mit sich bringen.

Die Nortes, nicht zu verwechseln mit den Hurricans, können dennoch dieselbe Stärke erreichen wie diese gefürchteten Zyklone. Die Nordstürme, deren Jahreszeit — im Gegensatz zu den im Spätsommer wütenden Hurricans — der Winter ist, beginnen meist mit einer Vorgewitterschwüle. Oben in der Gegend um Vera Cruz künden sie sich dadurch an, daß selbst die höchsten Bergspitzen des Hinterlandes in einem durchsichtigen Licht erscheinen, und hier auf Cozumel rückt, bevor der Norte dann unversehens aus strahlendem Himmel losschlägt, das gegenüberliegende Ufer deutlich wie in einem Fernglas heran.

Häufig weht anfangs eine Brise aus Nordost, die jedoch bald auf Nordwest dreht und dann nach Süden umspringt. In dieser Phase schwankt die Barometernadel unsicher hin und her. Und alte Sailors zitieren das spanische Sprichwort: „Sur duro, norte seguro", was etwa soviel heißt wie: „Wenns erstmal hart aus dem Süden bläst, führt nichts mehr an einem Norte vorbei". Die Schiffe, die jetzt nicht rasch in einen Hafen finden, müssen hinaus auf die Hochsee, ins tiefe Wasser.

Natürlich sind die wenigsten Nortes Stürme, die Hurricanstärke erreichen. Doch es kommt immer wieder vor, daß Schiffe sinken und daß Hafenanlagen, Orte und auch landeinwärts liegende Plantagen verwüstet werden. Auf Cozumel ist ein Sturm sprichwörtlich geworden, der einmal mit solcher Gewalt über die Insel hergefallen ist, daß viele Gebäude einfach umgeblasen wurden, während eines der Häuser emporgehoben und davongetragen wurde, um schließlich, nach einer Luftreise von mehreren hundert Metern, wieder auf dem Boden abgestellt zu werden, ohne daß sich das Dach und die Wände auch nur im geringsten verschoben hatten.

Die heutige Hauptstadt San Miguel ist ein Ort, der vom Fremdenverkehr lebt. Neben Hotels und Restaurants gibt es viele Geschäfte und Buden, in denen Andenken verkauft werden — hauptsächlich Schmuckstücke aus schwarzer Koralle, einer Rarität, nach der im Süden der Insel getaucht wird, seit Cousteau hier große Vorkommen entdeckte. Nachdem man anfänglich sehr gute Funde schon 50 Meter unter der Meeresoberfläche gemacht hatte, wurden die Vorräte rasch knapp, und der Abbau erforderte bald ein Arbeiten in 60 und 70 Meter und nun sogar in 80 und 90 Meter Tiefe. Die Gefahren sind derart gewachsen, daß von den fünfundzwanzig Tauchern, die hier einmal begonnen hatten, heute nur noch vier am Leben sind.

Cozumel ist auch eine Insel der Schmuggler. An den langen, praktisch unkontrollierbaren Stränden werden nachts columbianische Smaragde angelandet, genau wie japanische Radios und Fernsehapparate. Zwar kann man auf Cozumel noch keine TV-Programme empfangen, doch manche Leute haben sich schon Farbfernseher in die Stube gestellt, für später oder auch erstmal bloß als Prestigeobjekt.

Die Häuser der Insulaner sind sehr unterschiedlich ausgestattet. Viele sind so gut wie leer — bis auf die Hängematten, die nach ihrem altindianischen Namen immer noch *hamacas* heißen und die, als luftige Seilbetten, die sie sind, schon das Erstaunen der Spanier erregten. In der Wohnung der wohlhabenderen Leute ist der beherrschende Einrichtungsgegenstand der Kühlschrank. Er steht an imponierender Stelle — auch wenn er bisweilen das Format einer Ladenkühltruhe erreicht.

Auf der *plaza* sitzen zwei Strichmädchen im Eingang einer *cervecería.* Sie nippen an ihrer Cola und warten auf einen *gringo* oder einen Matrosen. Doch es ist erst früher Mittag, und so schäkern sie nur ein wenig mit dem Kellner. Die Schenke hat das Aussehen vieler mexikanischer Lokale. Sie ist zur Straße hin offen und wirkt mit ihrem kalten blauen Wandanstrich wie eine Garageneinfahrt, wie ein breiter Torweg, in dessen Tiefe eine schäbige Theke steht.

Zwei Kinder kommen die Straße herunter, zwei Mädchen. Das größere von ihnen, das etwa zwölf Jahre alt ist, hat das typische Maya-Gesicht, bei dem Nase und Stirn in einer zurückweichenden Linie verlaufen.

In der Obhut dieser jungen Indianerin befindet sich ein etwa dreijähriges weißes Kind, das mit einem rosa Kleidchen und einer hellblauen Haarschleife herausgeputzt ist und Lackstiefel trägt.

Das Kindermädchen geht barfuß. Und es verharrt unterwürfig im Eingang der *cervecería* neben dem Hoppelpferd, auf dem die Kleine Platz genommen hat, die eine Hand am Zügel, die andere am Geldschlitz, um den Gaul, wenn er stehenbleibt, mit neuen Münzen zu füttern.

Vom Quetzalcóatl zum Pepsicóatl

Ähnlich wie in der Sowjetunion und in den Ostblockländern ist auch in Mexico eine Neue Klasse entstanden, schon bald, nachdem der Umsturz geglückt war und der

Weg offen zu sein schien zum radikalen politischen und sozialen Wandel.

Die Mexikanische Revolution ist steckengeblieben. Und durch die Entwicklung zur modernen Industrienation wurde niemand so sehr benachteiligt wie die Kleinbauern und Tagelöhner, die sich um 1910, gegen Ende der maroden Feudalgesellschaft, zusammengerottet hatten — unter Bannern, auf denen *Viva Zapata* und *Land und Freiheit* stand.

Mexicos heutige Machthaber überdecken ihre Taten ebenso wie ihre Unterlassungen mit dem Pathos großsprecherischer Parolen. Eine unaufhörliche Revolutionsrhetorik dient der Rechtfertigung und der Selbstinszenierung, und groteskerweise wurde ausgerechnet der arme, unterdrückte und oft landlose Indio zu einer folkloristischen Gallionsfigur mit Alibifunktion.

Bald nach der Revolution gingen die Sieger unter der Hand Verbindungen mit der Oligarchie von einst ein. Und wenn die Phraseologien auch besagen, daß das Land denen gehören solle, die es bebauen, so hat sich doch längst eine andere Großgrundbesitzerschicht herausgebildet. Die neuen Herren, nicht selten verheiratet mit den Töchtern ihrer alten Widersacher, kauften durch Strohmänner riesige Territorien auf, und so kam es trotz der gesetzlichen Begrenzung beim Landbesitz auf 100 Hektar bewässerten Landes wieder dazu, daß ähnlich große *haciendas* entstanden wie zur Zeit der Latifundienwirtschaft, ein Umstand, der Mitte der siebziger Jahre dann zu blutigen Unruhen und gewalttätigen Landbesetzungen von Sonora bis Chiapas führte.

Die besten Ländereien gehörten Leuten der Regierungspartei, und viele Indios arbeiteten, ganz wie in alten Zeiten, als deren Knechte und Feldarbeiter, sofern sie sich nicht auf dem meist kärglichen und unfruchtbaren Genossenschaftsboden herumplagten, den die Landreform ihnen zugeteilt hatte.

Seit Mexico sich mehr und mehr zur Industrienation entwickelt, streben die Indianer weg aus ihren Dörfern, um ihr Glück in den Städten, vor allem in Mexico-Stadt, zu versuchen.

Diese Indios, die sich, und zwar häufig mit ihren ganzen Familien, in die fremde Welt der modernen Industriegesellschaft stürzen, werden von ihren Landsleuten als „Fallschirmspringer" bezeichnet — wegen ihres Todesmutes, mit dem sie sich in eine feindliche Zivilisation fallen lassen. Nur ganz wenige der Landflüchtigen, denen die strengen Stammesbräuche wie auch der eigene Stolz die Rückkehr in ihre Dorfgemeinschaft quasi unmöglich machen, finden jedoch Anschluß an das stark von nordamerikanischen Vorbildern beeinflußte Leben der urbanen Mexikaner.

So zerfällt denn auch die Gesellschaft des riesigen — und ja keinesfalls armen — Landes südlich des Río Grande in verschiedenartige Volksgruppen, die wenig oder gar nichts miteinander gemein haben.

Neben der Oberschicht und dem kleinbürgerlichen Mittelstand gibt es die Landbevölkerung, die teils aus *ladinos,* aus Mischlingen zwischen Rot und Weiß, besteht, teils aus reinrassigen Indianern, von denen noch viele in abgeschlossenen Gemeinden leben, die oft noch nicht einmal an das Straßen- und Elektrizitätsnetz des Landes angeschlossen sind.

Wohl macht die mexikanische Regierung alle nur denkbaren Anstrengungen, die Infrastruktur zu verbessern und das Schulwesen auch in die entferntesten *ejido*-Siedlungen und -Dörfer zu bringen. Doch gerade hierin erblicken nicht wenige Kenner eine große Gefahr. Die Alphabetisierung der Indianer, so argumentieren sie, dient letztlich dem Zweck, die junge Generation zu entwurzeln und so auch noch an jene Landstriche heranzukommen, in denen die weiße Zivilisation des mestizischen Mexikaners, des *ladinos,* noch nicht Fuß fassen konnte.

Wo immer die indianischen Lebensformen zurückgedrängt werden, entstehen eine emotionale Leere und ein geistiges Niemandsland, und in dieses Vakuum muß der moderne Materialismus geradezu zwangsläufig eindringen.

Die alten Bräuche werden durch Konsumdenken ersetzt. Und die jungen Leute, angelockt von den Versprechungen der Wohlstandsideologen, ziehen fort. Selbst Boden kann so den Besitzer wechseln und sich — mit Hilfe verschleierten Landbesitzes — in eine *hacienda* verwandeln, oder aber man kann auf ihm nach Rohstoffen suchen beziehungsweise mit der Ausbeutung längst bekannter Vorkommen beginnen.

Eine Vorhut beim Eindringen ins Indianerland bildet in jüngster Zeit nicht selten ein sehr harmloses technisches Gerät: das Kofferradio. Das Kofferradio kann selbst dort zum Wegbereiter der modernen Zivilisation werden, wo es noch nicht einmal Strom gibt.

Den ersten massiven Stoß führen dann die Straßenbauer und die Männer, die Lichtmasten aufstellen. Doch erst, nachdem die Lehrer, oft genug Idealisten, ihre Arbeit lange genug geleistet haben, zieht tatsächlich der Fortschritt ein. Die Indios sprechen nun spanisch, statt ihrer Stammessprachen, und sie verlieren sehr rasch ihre Identität. Ihre Ponchos werden durch lumpige Anzüge ersetzt. Und als *ladinos,* als Angehörige der Mischlingszivilisation, der sie fortan angehören, auch wenn in ihren Adern kein einziger Tropfen weißen Blutes fließt, verstreuen sie sich über das weite Land, wo man nichts von ihrer Herkunft weiß und schon gar nichts über ihre Not und ihre verzweifelte Hoffnung wissen will.

Die meisten Indios, die ihre Dörfer verlassen, gehen nach Mexico-Stadt oder in die anderen großen Städte. Doch seit im Süden Mexicos riesige Ölfunde gemacht wurden, versuchen viele auch dort ihr Glück. Sie siedeln sich an den Stadträndern an, außerhalb der Zentren, und ihre *barrios* sind häßliche Viertel, wahre Slums, die alle Nachteile der Verstädterung und keine der Vorzüge des Landes mehr besitzen.

Viele Millionen Mexikaner suchen ihr Heil auch durch eine illegale Einwanderung in die USA. Doch hat der nördliche Nachbar, der sich seiner eigenen wirtschaftlichen Krise nur zu bewußt ist, immer härtere Maßnahmen ergriffen, um die unerwünschten Eindringlinge abzuschrecken, die Arbeitsplätze wegnehmen, das Lohnkonzept der Gewerkschaften in Frage stellen und langfristig das ganze Land zu überfremden drohen.

Die Mexikaner, von den US-Amerikanern als *chicanos* bespöttelt oder, zusammen mit den Puertoricanern und den vor Castro nach Miami geflohenen Cubanern verachtungsvoll als *„Latinos“*, als „Lateiner“, bezeichnet, mögen in Wirklichkeit das Leben in Nordamerika nicht. Doch das Elend läßt vielen von ihnen keine Wahl.

Mehr als vier Millionen landloser *campesinos* auf den Wartelisten für ein eigenes Fleckchen Erde sind ein sprechendes Indiz für die ökonomische und soziale Situation. Da dringen die Mexikaner, ständig von den Hubschraubern der amerikanischen Grenzkontrolleure gejagt, unentwegt schwarz in das reiche Nachbarland ein, auch wenn dessen Zivilisation ihnen so unsympathisch ist, daß sie sogar ihre schon angepaßten Landsleute, die *pochis,* verspotten:

Die Pochis von Kalifornien
wissen nicht, wie man Tortillas ißt.
Die legen bloß ihr Brot auf den Tisch
und dazu die Butter.

Ich nahm ne Pochi zur Frau,
klar, um englisch zu lernen,
und nach drei Tagen Verheiratetsein
konnt ich schon sagen: Yes.

Das Verhältnis des Mexikaners zu seinem mächtigen Nachbarn im Norden ist bereits problemüberladen, seit die USA dem Präsidenten Santa Ana nach dem Krieg von 1846/47 ein Drittel des mexikanischen Staatsgebietes fortnahmen, die Territorien der heutigen Staaten Texas, Kalifornien, Neumexiko, Arizona, Nevada und Utah. Auf diese politische Schmach, mit der die Mexikaner innerlich nie richtig fertig geworden sind, folgte später die Ausbeutung durch amerikanische Wirtschaftsunternehmen.

Die USA, die, Pablo González Casanova zufolge, allein bis 1969 nicht weniger als 631 mal in Lateinamerika interveniert haben, waren schon wegen ihrer geographischen Lage keinem anderen Land des hispanoamerikanischen Subkontinents so sehr konfrontiert wie Mexico.

Der Reichtum hier und die Armut dort erzeugten ein Übermaß an Hochmut auf der einen und an Neid und Wut auf der anderen Seite. Doch die Wechselwirkungen der Gefühle sind komplizierter. Denn während die durch die europäische Mittelmeerkultur stark mitgeprägten Mexikaner die Angloamerikaner eigentlich nicht ausstehen können, beneiden die Amerikaner die Mexikaner wegen deren vermeintlicher Vitalität und der Exotik ihrer Bräuche.

Ein gut Teil des Hasses, den die Mexikaner ursprünglich den Spaniern entgegenbrachten, weil diese das Land trotz der hochtrabenden Bezeichnung Vizekönigreich in Wahrheit als Kolonie behandelten, wurde später, nach den geglückten Freiheitskriegen, einfach auf die nordamerikanischen Fremden übertragen.

Überall im Land, wo amerikanische Ingenieure eine Ölbohrung anbringen oder eine Fabrik errichten, treffen sie nicht nur auf die passive Ablehnung durch die Arbeiterschaft. Auch ihre unmittelbaren Geschäftspartner, die Mexikaner der Führungsschicht, sind ihnen nicht wirklich wohlgesonnen, wie groß das Interesse an wirtschaftlicher Zusammenarbeit, an Kapital und Know-how, auch sein mag.

Der Mexikaner kann es sich selber bis heute nicht verzeihen, daß er das menschliche Produkt eines fragwürdigen geschichtlichen Vorgangs ist.

Das fängt an mit der Sprache, die er spricht, dem Spanischen, der Sprache der Eindringlinge. Weil sein Gesichtsschnitt nur selten europäische Züge aufweist, kann sich der Mexikaner nicht als Kreole fühlen, als in Übersee geborener reinrassiger Nachkomme von Europäern, in dessen Adern allenfalls Spuren von Indioblut gelangt sind.

Anders als der Argentinier, der Chilene oder auch der *„tico"*, der weiße Bewohner Costa Ricas, kommt der Mexikaner nicht umhin, das Indianische seines Wesens in sein Denken miteinzubeziehen. Das nun aber führt zu einer kollektiven Übersprunghandlung. Die Abstammung von den Indios, und auch von den alten Indiokulturen, wird überbetont und verklärt. Mangelnde Identität in der Gegenwart borgt sich in der Vergangenheit eine Größe, die nicht nur der Gegenwart fehlt, sondern die, jedenfalls in der vorgestellten Form, auch die Vergangenheit nie besaß.

Wie schwer der Mexikaner es sich mit seiner Selbstfindung tut, verrät uns Octavio Paz' vielzitierter Essay *Das Labyrinth der Einsamkeit*, ein ebenso glanzvoller wie angestrengter Versuch, die Komplexität des mexikanischen Volkscharakters zu enthüllen und eine Vorstellung davon zu begründen, wer man ist und wer man eigentlich sein möchte.

Paz' zentrale Idee ist der Begriff der Mexikanität. Doch wie dieser um ein nationales Rollenverständnis ringende Autor als Lyriker einem Ausländer, dem Angelsachsen T. S. Eliot, folgt, so läßt er sich auch als erfinderisch-schweifender „Analytiker" der Mentalität seiner Landsleute von den Spekulationen eines Nicht-Mexikaners leiten.

Diese intellektuelle Bezugsfigur ist der Spanier Antonio Machado, ein anderer Identitätssucher, der relativistisch vorging und entlegene Denkergebnisse intuitiv zusammenschaute. Gleich zu Beginn von *El laberinto de la soledad* läßt Paz seinen Meister zu Wort kommen — mit einer Passage aus dem Aphorismen- und Rollenverwirrbüchlein *Juan de Mairena*, die als Motto dient und in der es heißt: „Abel Martín glaubte, kraft seines ‚dichterischen Glaubens', der nicht weniger menschlich als der ‚vernunftgemäße' ist, an das ‚Andere', an die wesentliche Heterogenität des Seins..."

Paz studierte das Denken vieler fremder Länder, Zeiten und Kulturen, um Argumente für die Einmaligkeit Mexicos, das Besondere seiner Geschichte und die Tiefe seiner indianischen Mythen zu finden.

Die Haltung, die er der Aufklärung gegenüber einnimmt, ist, trotz seines gesellschaftspolitischen Engagements, fast die eines Antipoden. Das europäische Fortschrittsdenken habe einen Kult mit dem Neuen hervorgebracht, auf politischem nicht anders als auf künstlerischem Gebiet. Beides jedoch hält der Autor für fragwürdig, weil zu viel Innovationsstreben wertvolle und noch lebensfähige Überlieferungen abtöte.

Mit unmißverständlicher Schärfe sagt Paz, daß das fortwährende Aufpflanzen eines Banners der Schockfarben zwar „die Geschichte mit den Wundern und Monstren der Technik bevölkere"; doch hierdurch habe sich das Leben der Menschen entleert, es seien nur immer mehr Dinge entstanden, nicht — mehr Sein.

Ähnlich wie Paz, der die Historie seines Landes als etwas ebenso Komplexes wie Tragisches begreift, sehen auch andere mexikanische Intellektuelle die Wurzeln für die nationale Identitätskrise in der *conquista,* der Eroberung durch die Spanier.

Die Spanier, die ihren Weg nach Tenochtitlán, in die Hauptstadt des Aztekenreiches, nur mit Hilfe der Malinche finden konnten, der indianischen Geliebten von Cortés, die ihm als Dolmetscherin die Herzen ihrer Landsleute öffnete, mußten ihren Sieg ganz auf Verrat und Gewalt begründen.

Das macht sie bis heute verhaßt. Und für wenige Mexikaner ist deshalb das große geschichtliche Vorbild Cortés, der Zerstörer der alten indianischen Staatsmacht und der autochthonen amerikanischen Kultur. Das Idol der Mexikaner ist Cuauhtémoc, der letzte Aztekenkaiser, der Cortés noch Widerstand leistete, nachdem sein Vorgänger Moctezuma bereits kapituliert hatte. Moctezuma hatte bekanntlich geglaubt, die Spanier seien Abgesandte Quetzalcóatls gewesen, der „Gefiederten Schlange", jenes gütigen Gottes, der einst, nachdem er den Menschen den Mais gebracht hatte, undankbarerweise aus dem Land gejagt worden war. Cortés, groß, hellhäutig, bärtig, erschien Moctezuma als der zurückkehrende Gott, den es ohne Kampf nach Tenochtitlán zu geleiten und demütig zu empfangen galt.

Hätte Cortés nicht diese ganz besondere, ihm günstige Situation vorgefunden — die Eroberung Mexicos wäre ihm nicht oder jedenfalls nicht so leicht geglückt: mit ein paar hundert Soldaten, einigen Pferden und einem nur mäßigen Potential an Feuerwaffen.

Einer der Schlüssel, die so vorzüglich in die gegebenen Umstände paßten, war die imperiale Struktur des Aztekenreiches, ein Umstand, der leicht übersehen oder auch gern bagatellisiert wird.

Weil die Azteken ihren Staat, entsprechend seiner theokratischen Beschaffenheit, auf einem streng hierarchischen Prinzip begründet hatten, war ihre Oberschicht vollkommen isoliert, gefangen im eigenen Machtdenken und umnebelt von den mythologischen Vorstellungen ihres Weltbildes. Nutznießer der aztekischen Kultur war nur die Kaste der Priester und der Adligen. Das Volk lebte im Zustand der Unwissenheit und der totalen Abhängigkeit. Und noch schlechter als den unmittelbaren Untertanen erging es den Menschen der benachbarten Stämme, die ausnahmslos unterjocht worden waren.

Die Aztekenherrscher veranstalteten aus kosmischer Ratlosigkeit immer neue und ausschweifendere Kriegszüge, um Gefangene auf ihren Opferaltären hinschlachten zu können. Wenn sich bei ihnen auch schon viel wissenschaftliches Denken in das magische Verständnis der universellen Ordnung mischte, so konnte das eigene Tun doch noch nicht reflektiert werden.

Das aber führte zum zyklischen Denken, zu permanenten Wiederholungszwängen, zu immer größerer Tötungswut, nie endenden Schuldgefühlen, wahnhaften Rechtfertigungsversuchen, kurz: die Azteken entkamen nicht der Bannmeile des Entsetzens. Sie reproduzierten politisch, militärisch, kultisch und künstlerisch fortgesetzt die gleichen Vorgänge. Und dieser Zug zur Monotonie wohnt auch der heutigen mexikanischen Lebensweise noch inne. Er drückt sich in vielen Ritualisierungen des Alltags aus, und ästhetisch tritt er in einer Eintönigkeit von Formen bei der Anwesenheit von nur wenigen wirklich originären Ideen und Motiven zutage.

Das Menschenopfer, das die Azteken — und vor ihnen auch die Repräsentanten der anderen zentralamerikanischen Hochkulturen — in den Mittelpunkt ihrer irdischen Handlungen und ihrer religiösen Sühnetaten stellten, konnte in dem gewünschten Umfang nur dadurch dargebracht werden, daß man immer peripherere Stämme unterwarf und ihre Angehörigen tributpflichtig machte und in Massen hinmordete.

Dieser Umstand wurde Cortés zum Vorteil, kaum daß er in der Nähe des heutigen Veracruz, der Stadt des Wahren Kreuzes, gelandet war. Die Indios an der Randzone des Aztekenreiches waren sogleich bereit, Hilfsdienste zu leisten, ging es doch gegen die blutrünstigen Unterdrücker in Tenochtitlán. Dort aber regierte mit Moctezuma gerade ein sehr skrupulöser Herrscher, der förmlich darauf zu warten schien, daß mit der Rückkehr des Gottes Quetzalcóatl das gegenwärtige Weltalter zu Ende ging.

Cortés war der richtige Mann dieser geschichtlichen Stunde. Und seine indianische Gefährtin, die Malinche, tat ein übriges, ihm zum Erfolg zu verhelfen. Doch mit der Macht der Azteken verschwanden nicht Willkür und Gewalt. Die Weißen, so stellte sich heraus, waren nicht als die Befreier der unterjochten Indios gekommen, sondern nur als die neuen Unterdrücker des Kontinents.

Wegen ihrer fragwürdigen Genealogie nennt Octavio Paz alle Mexikaner „Söhne der Malinche". Und auch Carlos Fuentes sagte mit Sarkasmus: „Jeder Mexikaner ist der Sohn einer Jungfrau, umzingelt von Millionen finsterer Hurensöhne."

Paz und Fuentes argumentieren und schlußfolgern auf unterschiedliche Weise, doch die Prämissen sind bei beiden die gleichen. Die Mexikaner haben keinen nationalen Stammbaum, dessen sie sich rühmen können. Am Beginn ihrer Geschichte steht ein Gewaltakt unvorstellbaren Ausmaßes, die Niederwerfung des Aztekenreiches und bald darauf aller übrigen Gebiete der Neuen Welt.

‚Die Conquistadoren", sagt Germán Arciniegas in seiner *Kulturgeschichte Lateinamerikas*, „erforschten die gewaltigsten Ströme der Welt: den Amazonas, den Paraná, den Magdalena, sie gründeten Städte an den Gestaden des Karibischen Meeres, in den Mündungen des Río de la Plata am Atlantik, am Pazifik in Chile, in 3500 bis 4000 Meter Höhe in den Anden, in einem so unglaublichen Abenteuer, daß ihnen dreißig Jahre reichten, um das alles zu vollbringen. 1519 wurde Mexico erobert und 1541 Santiago de Chile gegründet. Dergleichen läßt sich natürlich nicht bewerkstelligen, wenn man die Familie an der Hand mit sich führt, wie das die Pilger der *Mayflower* taten. Nach Jahren unvorstellbarer Entbehrungen in endloser Ferne von ihrer Heimat amüsierten sich die Soldaten mit den Frauen der Indios, die sie schon aufgrund der natürlichen Beziehungen zwischen Mann und Weib nicht ausrotten konnten..."

Es gab für die Spanier aber noch andere Beweggründe, die Indianer am Leben zu lassen. Ihre Vorstellungen von Bodenwirtschaft lief, anders als die der nordamerikanischen Siedler, nicht auf Feldbestellung von eigener Hand hinaus. Das Ideal des Spaniers war das des Landedelmanns, der andere Menschen für sich arbeiten läßt.

Auf den karibischen Inseln, wo es unter den Indios kaum bodenständige Erfahrung in Sachen Landwirtschaft gab, führte diese Haltung in kürzester Zeit zur Katastrophe. Die an harte Körperarbeit nicht gewöhnten Indianer dieser Regionen brachen gesundheitlich zusammen und starben rasch aus.

In Mexico, wo schon seit Jahrtausenden der Maisanbau bekannt war und wo ortsfest lebende Völker die Landwirtschaft intensiv betrieben, lagen die Dinge anders. Hier brauchten die Spanier nur das Helotensystem der Azteken zu übernehmen, um eine solide Basis für ihre *hacienda*-Wirtschaft zu besitzen.

Im Gegensatz zu den nomadischen Indianern Nordamerikas und denen des südlichen Südamerika waren die in Mexico lebenden Indiovölker Bauern. Sie beanspruchten keine riesigen Gebiete als Jagdgründe, sondern lebten als Pflanzer nahe bei ihren Feldern. Das machte sie ebenso gefügig wie nützlich.

Der mexikanische Indianer schien den Spaniern geradezu dazu geschaffen, als Sklave auf dem Lande oder auch in den Silberminen zu schuften, so wie er das auch in präcolumbischer Zeit getan hatte, vermutlich bereits bei den Olmeken, dem mysteriösen Volk an der Golfküste, das in den Sumpfniederungen des heutigen Staates Tabasco Riesenköpfe mit negroiden Gesichtszügen hinterlassen hat, gewiß aber später unter der Herrschaft der Mayas, der Leute von Teotihuacán, der Zapoteken, der

Mixteken, der Tolteken und zuletzt der Azteken, die in mancherlei Hinsicht die direkten Vorläufer der Spanier waren.

Das Mexico von heute ist ein Land, das bei seiner Suche nach Identität nichts unterläßt, seine indianische Vergangenheit zu unterstreichen. Doch vieles von dem, was sein Wesen ausmacht, verdankt es den Spaniern. Und die Verherrlichung der Indios ist auch insofern unaufrichtig, als der zeitgenössische Indio immer noch nicht als wirklicher Mitbürger und gleichberechtigter Partner respektiert wird. Die in ihrer letzten Konsequenz auf Entfremdung und Vertreibung zielende Bildungspolitik in den indianischen Stammesgebieten ist sogar schon im mexikanischen Film behandelt worden — in Paul Leducs *Völkermord*.

Früher oder später wird der mexikanische Indio ganz und gar Mexikaner werden. Oder aber er wird, ähnlich wie die Vertreter von Red Power in den USA und in Kanada, seine Rechte mit juristischen Waffen zu verteidigen versuchen — mit dem Ergebnis, daß er sich von einem Menschen mit indianischem Profil allmählich in einen spitzfindigen *ladino*-Advokaten verwandelt, der Angelegenheiten vertritt, die seinen Primärinteressen immer unähnlicher werden.

Die Idee eines indianischen Mexico ist eine rückwärtsgewandte Utopie. Sie ist eine bloße Scheinkonstruktion, ersonnen von den Strategen und Propagandisten der mexikanischen Staatspartei, die seit Jahrzehnten ununterbrochen an der Macht ist und die sich, ohne sich offensichtlich des eigenparodistischen Zuges ihres Namens voll bewußt zu werden, *Partido Revolucionario Institucional* nennt, Institutionalisierte Revolutionspartei.

Der PRI redet indianisch, doch er handelt mexikanisch. Er redet sozialistisch, aber er agiert kapitalistisch, ja er ist *de facto* sogar der beste Kompagnon der USA, mit denen er sich ideologisch ständig anlegt — besonders auf den internationalen Tribünen und in allen Gremien, in denen die Vertreter der Dritten Welt sitzen und, an Beifall nicht geizend, mithören. „Eine neue reaktionäre Bourgeoisie", sagt David Alfaro Siqueiros, neben Rivera und Orozco der dritte Klassiker unter den mexikanischen Wandmalern, „regiert das Land. Mehr mit Hilfe von Tricks als durch Terror hat sie nach und nach die Macht an sich gerissen, aber in der Praxis wächst auch der Terror."

Dem PRI leisten nicht nur orthodoxe Kommunisten wie Siqueiros Widerstand. Alle linken Kräfte versuchen, der Staatspartei die Maske vom Gesicht zu reißen und ihr die totale Abhängigkeit von den amerikanischen Konzernen und der Regierung in Washington nachzuweisen. Eine der Oppositionsparteien hält dem Partido Revolucionario Institucional, dem PRI, ihre eigenen Initialen entgegen: PARM, was so viel heißt wie *Partido Auténtico de la Revolución Mexicana*, Authentische mexikanische Revolutionspartei.

Die Armee wird trotz der Größe des Landes an Kopfzahl und Feuerkraft so klein gehalten, daß sie außerstande ist, mit Erfolg zu putschen. Weil ihre Offiziere zudem bisher keine politischen Ambitionen zeigten, ist die ausgeübte Gegengewalt nur subversiv, oft terroristisch. Besonders in der letzten Amtszeit von Luis Echeverría, als der illegale Landbesitz von zahlreichen Mitgliedern des PRI ruchbar geworden war, gab es eine Welle von Landarbeiteraufständen.

Auch die Studenten machten von sich reden, etwa in Oaxaca, der Hauptstadt des gleichnamigen Bundesstaates im Südwesten, wo es zu dramatischen Auseinandersetzungen an der Universität kam. Monatelang fungierten zwei gegeneinander arbeitende Hochschulleiter und schließlich, nachdem auf einen Wink aus der Hauptstadt der konservative Gouverneur und der unliebsame Rektor bereits hatten zurücktreten müssen, erschossen Angehörige einer radikalen Splittergruppe, die sich *Unión del Pueblo de Oaxaca* nannte, einen kommunistischen Professor, der ihnen nicht progressiv genug schien.

Es gibt ein infantiles Machotum unter den mexikanischen Studenten, das die Argumente zwar bei Mao und Che sucht, das aber eigentlich rat- und konzeptlos ist: eine Stadtguerilla, die mit intellektuellem Hochmut im Namen der arbeitslosen Massen spricht, während sie in Wahrheit nur ihr eigenes bourgeoises Unbehagen abreagiert und, bei völliger Distanz zum einfachen Volk, im Zeitalter von COCA-COLA, PEMEX und VW-PUEBLA Pancho Villa spielt.

Seit der damals noch als Innenminister wirkende Echeverría 1968 auf dem Platz der Drei Kulturen ein Massaker unter studentischen Demonstranten veranstalten ließ, hat die *violencia* kein Ende mehr genommen. Zwar lösten die gigantischen Ölfunde einen vorübergehenden Boom aus. Doch die Auslandsverschuldung, die besonders nach dem Zusammenbruch des Preisgefüges am internationalen Ölmarkt dramatische Ausmaße angenommen hat, vergrößerte die Misere der unteren und mittleren Schichten, und der soziale Notstand wurde noch verstärkt durch eine Naturkatastrophe, das große Erdbeben Mitte der achtziger Jahre.

Zu den politischen Gewalttaten, in denen sich viel Selbsthaß der herrschenden Klasse manifestiert, kommen die gewöhnlichen Verbrechen.

Zahlreiche Busse, die man in Mexico-Stadt sieht, haben gesplitterte Scheiben. Und die Löcher, die strahlenförmig um die Sprünge herum verlaufen, lassen vermuten, daß jemand nach dem Fahrzeug geschossen oder mit einem Stein nach ihm geworfen hat. An manchen Tagen kann man in den Zeitungen von zwei, drei Raubüberfällen auf Überlandbusse lesen. Und die Fälle, wo nichts weiter passiert, als daß der Fahrer und die Insassen bis auf den letzten Peso ausgeraubt werden, sind noch die harmlosesten.

Abends, wenn das Geld aus den Banken geholt wird, stehen Einsatzgruppen von mit Maschinenpistolen bewaffneten Männern zwischen den Straßenpassanten, die diese Situation längst ganz normal finden. Die Kriminalität richtet sich auch immer stärker gegen die Häuser der Reichen.

Das größte Problem bilden die Dienstmädchen. Sie lassen sich mitunter nur engagieren, um die örtlichen Gegebenheiten auszubaldowern. Seit sich herumgesprochen hat, wie sehr die eigene Sicherheit von der Ehrlichkeit des Personals abhängt, ist man allenthalben bemüht, nur noch solche Mädchen einzustellen, die eben erst vom Lande zugezogen sind und die in der Stadt noch keinerlei Anhang haben.

Viele der einflußreichen Männer halten sich Leibwächter. Und manche Wirtschaftsunternehmen verfügen über regelrechte Privatarmeen. Hier findet der Sinn des Mexikaners für Theatralik und opernhaften Prunk eine gute Gelegenheit, Phantasieuniformen zu entwerfen und den Wachleuten ein Aussehen zu geben, das nicht weniger pittoresk ist als das mittelalterlicher Landsknechte oder königlicher Garden.

Eine zusätzliche Dimension der Brutalität in Mexico-Stadt ist die Umweltverschmutzung. In dieser Megalopolis, die heute schon knapp 20 Millionen Menschen zählt und die bis zum Ende des Jahrhunderts vermutlich eine Einwohnerzahl von 50 Millionen haben wird, verstärkt sich der Benzin- und Industrie-Smog durch die Höhenlage von 2240 Metern zu einem Streßfaktor, der noch durch Lärm und gelegentlich durch Hitzephasen akkumuliert wird.

Die Farben, an denen die Stadt immer noch reich ist, werden weitgehend aufgesogen von dem Schmutz und dem menschlichen Elend, das weit bis ins Kleinbürgertum hineinreicht, bis in die Familien, in denen die Männer Arbeit haben. Obwohl die Beschäftigungssituation auch auf dem Lande ein ungelöstes (und vermutlich unlösbares) Problem darstellt, tritt sie in der Hauptstadt stärker zutage.

Selbst um den Alameda-Park herum herrscht nicht mehr das Flair einer alten Kolonialstadt, nicht das entspannte Ambiente des mediterranen Südens, das aus Plätzen mit Arkaden und Springbrunnen besteht, aus jenem sinnenhaften Zusammenspiel von Straßencafés, Müßiggang und abendlichen Corsos, das bis heute das beste des spanischen Erbes blieb.

In Mexico-Stadt regiert der Rhythmus der nahen USA. So wie in ihrem Namen die Bezeichnung Ciudad hartnäckig durch das englische Wort City verdrängt wird, so sind auch im Straßenverkehr und im Geschäftsleben längst amerikanische Maßstäbe und Praktiken die gültige Norm geworden. Das eigentliche Wahrzeichen der Stadt ist, ungeachtet aller Identitätssuche in der indianischen Vergangenheit, der Torre Latinoamericana, der Lateinamerikanische Turm, der höchste Wolkenkratzer auf dem Kontinent südlich der US-Grenze.

Das alte Mexico der Indiokulturen gehört der Selbstdarstellung, dem Schulunterricht, den Wärtern im Anthropologischen Museum und, last, but not least, den Touristen. Zwar ist Mexico eine gigantische Wirklichkeit, doch trägt sie die entstellenden Spuren des reichen Nachbarn. Von den rund anderthalb Millionen Autos, die sich allein durch die Straßen der Metropole quälen, sind die meisten amerikanische Modelle.

Mexico importiert und ahmt nach: Warensorten wie Verhaltensweisen. Das Land hat wenig Selbstvertrauen. Es setzt nicht genug schöpferische Kräfte frei, und überall spürt man die Diskrepanz zwischen Realität und Idealität, zwischen den gesellschaftlichen Gegebenheiten und dem ideologischen Überbau des PRI.

Die mexikanische Revolution war eine Bauernrevolution. Die heutige Verstädterung war in ihr nicht vorgesehen. An die Stelle der Latifundien, der großen Landgüter, hatte das *ejido*-Dorf gesetzt werden sollen, die indianische Kommune mit der Schule als Mittelpunkt. Der Indio aber, soweit er nicht von der *ladino*-Zivilisation bereits absorbiert worden ist, hält sich immer noch lieber in der Nähe einer Kirche als in der Nachbarschaft eines Schulgebäudes auf.

Von Anfang an hatte es die katholische Geistlichkeit verstanden, die Indianer auf ihre Seite zu ziehen. Die Indios, schon seit vorcolumbischer Zeit gewohnt, mit ihrem Unglück zu den Göttern zu gehen, wurden bald zu guten Kirchgängern, zumal die spanischen Priester es fertigbrachten, die heidnischen Götter mit den Heiligen des christlichen Kalenders identisch werden zu lassen.

Voller Schläue und mit psychologischem Einfühlungsvermögen tauften die Mönche viele alte Bräuche mit. Und so entstand in den Indios eine stille zuverlässige Gemeinde, die hochgradig unpolitisch war... ganz im Gegensatz zu den Kreolen, den von den Spaniern abstammenden Weißen, die bald unzufrieden darüber wurden, daß sie im Ansehen niedriger standen als die im Mutterland zur Welt gekommenen Spanier. Deshalb waren es denn schließlich auch die Kreolen, die sich an den Ideen der europäischen Aufklärung, an den Formulierungen der amerikanischen Unabhängigkeitserklärung und an den Taten der Französischen Revolution den Mut zur Rebellion holten.

Der identitätssuchende Mexikaner ist antiklerikal, weil er in seinem Herzen immer noch antispanisch ist. Und er ist — mehr als hundertfünfzig Jahre nach der Vertreibung der Kolonialmacht — antispanisch, weil das Minderwertigkeitsgefühl nie aufgehört hat zu existieren.

Die kreolische Wut von einst ist, nach einem Prozeß ständiger Rassenvermischung, zum Hefeteig des mestizischen Neides von heute geworden, eines frustrierten Lebensgefühls, das sich an Spanien nur noch historisch orientiert, doch das seine konkrete soziale Erregbarkeit aus der ständigen Konfrontation mit den USA bezieht. „Armes Mexico! So fern von Gott, und so nahe den Vereinigten Staaten!" So soll schon Porfirio Díaz geklagt haben, der selbstherrliche *caudillo,* der durch sein rigoroses Ausbeuterregime die mexikanische Revolution heraufbeschworen hat.

Das gegenwärtige Mexico, von der Institutionalisierten Revolutionspartei an die Technokraten ausgeliefert, ist den Verheißungen seiner Politiker ferner denn je. „Unser Drama ist", klagt Carlos Fuentes, „daß wir uns der städtischen und industriellen Gesellschaft überantwortet haben, bloß, um uns zu fragen, ob diese Kraftanstrengung denn auch der Mühe wert gewesen ist... Wir können nicht zu Quetzalcóatl zurückkehren... Doch müssen wir uns deshalb restlos an den Pepsicóatl verlieren?"

Indem Fuentes dem indianischen Gott Quetzalcóatl einen Götzen der Neuzeit, den Pepsicóatl — den Cóatl von Pepsi-Cola — gegenüberstellt, bringt er das Problem seines Landes auf eine bissige Formel.

Die Rückkehr zu den präcolumbischen Kulturen ist mittlerweile mehr denn je zu einer puren geschichtlichen Unmöglichkeit geworden. Doch sollte man deswegen nicht die Tyrannei des modernen Nützlichkeitsdenkens akzeptieren. Denn das wäre, wiederum Fuentes zufolge, zwar der leichtere, aber kaum der glücklichere Weg.

So ist Mexico sich selber heute eher ein Problem als ein Mythos. Wohl gibt es, wie neuerdings ja auch in der islamischen Welt, Versuche, die Geschichte anzuhalten. Doch läßt sich das lineare Geschichtsdenken Europas und der daraus resultierende Fortschrittsprozeß kaum wieder entmaterialisieren, erneut spiritualisieren. Die Mythen der Indianer sind, wie alle Mythen, ortsgebunden. Sie entstanden ohne den Kontext mit begrifflich orientierten Kulturen. Ihre Wirksamkeit bedurfte einer erheblichen Unzulänglichkeit im Wissen, einer mangelnden Praxis in der Handhabung der Wissenschaften.

Zwar besaßen die Mayas eine Schrift, die so schwierig war, daß wir sie auch mit Hilfe unserer Computer bisher nicht entziffern konnten. Und sie kannten lange vor den Europäern die Null, was ihnen die Möglichkeit zu den kompliziertesten Rechenmanövern, genauester Himmelsbeobachtung und der Ausarbeitung minuziöser Kalender gab. Doch ihre Präzision war partiell. Sie kannten nicht das Rad. Oder, wie andere Experten behaupten, sie kannten es, doch sie verzichteten auf seine Nutzanwendung.

Die indianischen Kulturen waren Kulturen, in denen es durchaus Elemente wissenschaftlichen Erkennens und analytischen Verstehens gab. Doch die Geistestätigkeiten wurden nie autonom. Sie blieben magisch eingebettet und drängten nicht zu dynamischen Prozessen, wie wir sie in Europa von der Renaissance über die Aufklärung bis hin zu unserer alles umgestaltenden Gegenwart kennen. Die immanente Beschaffenheit indianischer Geistigkeit, die völlig absorbiert war durch den Kult, erwies sich bei der Begegnung mit den spanischen *conquistadores* als sehr verletzlich. Und es ist fraglich, ob aus dem indianischen Welterleben, das es heute noch insulär gibt, je wieder eine Kraft erwachsen kann, die in der Lage wäre, verlorenes Terrain zurückzugewinnen.

Das indianische Bilddenken bedarf, um funktionsfähig zu sein, der Abkapselung in einer indianischen Welt. Die Voraussetzung für eine solchen Rückzug des Indios in den Rahmen eigener Lebens- und Wirkungsbedingungen ist jedoch nirgendwo gegeben. Und so bleibt eine mexikanische Kulturerneuerung aus dem Fundus des Bodenständigen eine Fiktion.

Die heutigen Mexikaner haben mit den alten Indianerkulturen ebensowenig zu schaffen wie die heutigen Indianer. In keinem Falle besteht eine lebendige Kontinuität. Die Verbindung zur Geschichte ist abgerissen. Und während der Indio sie gar nicht vermißt, wird sie vom mestizischen Mexikaner nur künstlich hergestellt, bloß ideologisch gewollt.

Mexico ist ein Land, das achtmal so groß wie die Bundesrepublik ist, doch nur ein Achtel seiner Fläche ist bebaubar.

Das Hauptnahrungsmittel, der Mais, laugt den Boden aus. Mit dieser Tatsache hatten sich schon die Herrscher der vorcolumbischen Staaten herumzuschlagen.

Eine neue These besagt, daß das Mayareich, das ja schon vor der Ankunft der Spanier zu existieren aufgehört hatte, vermutlich nicht, wie bisher angenommen, durch Seuchen oder durch spartakusähnliche Aufstände, durch Sklavenrebellionen, zugrundegegangen ist, sondern durch ökologische Überbeanspruchung.

Der Mais, dieser „Fresser" der Felder, hatte allmählich den Boden zerstört, auf dem er wuchs. Deshalb mußten die großen Städte und heiligen Tempelbezirke aufgegeben und dem Zugriff des Urwalds überlassen werden. Das Nährende selber also als Ursache von Hunger und Niedergang — eine gespenstische Geschichtsexegese.

Die Indianer kannten und kennen keinen Sozialkontrakt, der nicht zugleich auch ein Vertrag mit dem Boden wäre, auf dem sie leben. Von den Azteken wurde den vier Himmelsrichtungen eine fünfte hinzuerfunden — die führte zum Mittelpunkt der Welt, wohin der Mais seine Wurzeln ausstreckt. Die kosmische Ordnung war vegetabilisch beschaffen, tellurisch ausgerichtet. Alle Pflanzen entstammten dem mütterlichen Schoß der Erde. Deshalb schuldete man der Erde Dank, Opfergaben, Menschenblut.

Das Leben war voller Tragik, Düsternis, doch es besaß auch Harmonie, Schönheit, Tiefe. Die poetischen Bilder, aus denen sich das Weltverständnis speiste, waren keine flüchtigen sinnlichen Illuminationen, sondern dauerhafte Gleichnisse, Widerspiegelungen des Feuers der Ewigkeit. Die Mayas dachten sich den Regenbogen als Kind von Sonne und Regen. Und die Otomí-Indianer, die im heutigen Staatsgebiet von Querétaro ansässig sind, singen ein Lied, das so geht:

> Der Fluß fließt vorbei, vorbei:
> er hört niemals auf.
> Der Wind weht vorbei, vorbei:
> er hört niemals auf.
> Das Leben zieht vorbei:
> es kehrt niemals wieder.

Man stellt sich in Nordamerika und in Europa Mexico gern als ein Land ewiger *fiestas* vor und als eine Aktionsbühne machohafter Vitalität, die sich unter der Krempe eines wagenradgroßen *sombreros* auf ungebärdige Weise Frohsinn und Sinneslust verschafft. Nichts ist falscher als das. Zwar gibt es alles dies: die farbigen Tänze, bei denen die Frau im selben Rhythmus, in dem der Mann sein Lasso kreisen läßt, den Saum ihres weiten Rockes schwingt, oder auch jene musikalische Lustigkeit, die mit dem unnachahmlichen Kickser in der Stimme aus einem schlichten Walzer ein metaphysisches Ereignis werden läßt. Doch das wahre, das ländliche Mexico ist stumpf und ernst. Die Feste sind nur der emotionale Ausnahmezustand. Das Leben, in das man eingesperrt ist, wird für ein paar Stunden mit Hilfe von fauchenden Raketen und in den Himmel geballerten Revolverschüssen gesprengt. Dann ist der Alltag wieder da, hat die soziale Falle erneut zugeschnappt.

Der Mexikaner spürt in seiner Seele die Eintönigkeit, die seine Landschaften charakterisiert. „Obgleich jede einzelne Pflanze hübsch ist, wirken sie alle zusammen doch sehr monoton.“ Das hat Frances Calderón de la Barca, eine Europäerin, schon im vorigen Jahrhundert über die Maguey gesagt, jene Agavensorte, aus der *pulque* gemacht wird.

Die Bemerkung läßt sich auf manches übertragen: auf das Pittoreske, von dem Mexico so randvoll ist, daß es zunächst die Sinne betört und alle Einzelheiten in einem Farbentaumel, einem orgiastischen Erlebnisrausch, untergehen läßt.

Ob es nun die bunten Indiomärkte sind, die Wüsten voll bizarrer Kandalaberkakteen oder die Wunder von sich hieroglyphengetreu vielmals erneuernden Tempelinschriften — der Fremde wird zunächst immer überwältigt, ja geradezu gefühlsmäßig erschlagen sein, bevor er allmählich begreift: das verwirrend Neuartige ist stets als etwas Serielles da. Es existiert, kaum abgewandelt, in einer schier endlosen Fülle von Reproduktionen; das Individuelle steckt gleichsam noch im Futteral des Archetypischen.

Daß Eintönigkeit und inhaltslose Formen die ganze mexikanische Kunstgeschichte beherrschen, ist eine kritische Feststellung von Octavio Paz. Tatsächlich wiederholen sich in Mexico die meisten Dinge häufiger als in Europa, etwa im Mittelmeergebiet, wo es viel mehr Valeurs und Nuancen gibt, in der Natur wie auch in der Kultur. Einer der Gründe, warum der Mexikaner ebenso unvermittelt in seine *fiestas* hineinexplodiert wie er, aus völlig nichtigem Anlaß, ein affektgebundenes „Mördchen" begeht, ist gerade die trostlose Monotonie der Umstände, in denen er lebt.

Es ist das indianische Erbe im mestizischen Mexikaner, das ihn introvertiert, lethargisch und schwermütig macht. Trunkenheit galt und gilt den Indios als Zeichen göttlicher Nähe, weil sie aus plumpem Menschsein befreit. Die Ekstase als Mittel des Eskapismus, und die *fiesta* als profane Fortsetzung der alten rituellen Trank- und Menschenopfer. Die *fiesta mexicana* ist etwas sehr anderes als eine spanische *fiesta*, wieviel spanisches Brauchtum in sie auch eingegangen sein mag.

Der Mexikaner ist ratloser als der Spanier, weniger

selbstbewußt. Der scheele Blick, mit dem er in der *cantina* den Nachbarn streift, ist derselbe Blick, mit dem er im fliegendreckbeschmierten Spiegel hinter der Theke sein eigenes Bild zu erfassen versucht.

Auch die mexikanische Frau glaubt nicht an sich selbst. Wie sollte sie auch ein stabiles Eigenwertgefühl entwickeln, wo sie doch auf jeder Straße, auf der ein paar *gringos* daherkommen, feststellen muß, wie sehr die Männer, die *machos,* den langbeinigen blonden Amerikanerinnen nachstarren, nicht frech, nicht papagallohaft-aufdringlich, sondern heimlich, aus dem Augenwinkel.

Die Mexikaner sind das völkische Resultat einer Rassenmischung. Es gibt nirgendwo so viele verschiedenartige und interessante Gesichter wie in diesem größten aller Mestizenländer, doch nicht wenige Mexikaner sind klein und vierschrötig wie die Indios, und so leben sie in mißgünstiger Bewunderung für die *gringos,* die stattlicher, cleverer und erfolgreicher sind.

Gott, offensichtlich, ist selber Amerikaner. Ein weiterer Grund dafür, der Schöpfung zu grollen, der Geschichte zu mißtrauen, die moderne Zivilisation zu vergötzen und mit einem Anflug metaphysischen Schauers antiklerikaler Parteigänger der alten blutrünstigen Indiogottheiten zu sein.

Besonders die Frauen der Mittelschicht leben geblendet von dem Bild, das die nordamerikanische Frau unter Anleitung der nordamerikanischen Schönheitsindustrie von sich selber gemacht hat.

Der Typ des Pin-Up-Girl — in Mexico ist er noch nicht überwunden, auch von der Jugend nicht. Wann immer man in eine Bank, in ein Büro oder in eine Hotelhalle kommt, wird man einem bediensteten jungen Mädchen begegnen, das einen verachtungsvoll anblickt und mundfaul abfertigt, weil man die Unverfrorenheit besitzt, sie bei ihrer eigentlichen Lebensaufgabe zu stören: bei der Instandhaltung des kosmetischen Kunstwerks, für das sie, die immerfort mit Eyeliner und Fingernackellack Hantierende, sich selber hält.

Schon Ortega y Gasset war in seinen *Argentinischen Intimitäten*, einem Reiseessay aus dem Jahre 1930, aufgefallen, daß der lateinamerikanische Mensch auf eine sonderbare Weise abwesend ist, so, „als hätte er von sich nur das Äußere seiner Person dagelassen, die Randschicht seiner Seele".

Bei den Angehörigen der mexikanischen Mittelklasse, die derart wenig Emotionen zu besitzen scheinen wie sie zeigen, möchte man fast vermuten, daß auch eine noch so periphere emotionale Beteiligung kaum mit im Spiel ist. Man hat es beinahe schon mit einem menschlichen Automaten zu tun, der sich in einer Welt schöner Dinge selber als ein schönes Ding versteht und der sein Desinteresse keinesfalls nur Ausländern gegenüber an den Tag legt; auch der mexikanische Mitmensch wird als störender Eindringling in den Bereich somnambulen Eigenverständnisses angesehen, und je einfacher der Kunde ist — je mehr er dem reinen Indio ähnelt: der Symbolfigur der mexikanischen Revolution —, umso verächtlicher wird er behandelt.

Mexico ist nicht so schön wie das Bild, das Hollywood von Mexico entworfen hat, und das nicht zuletzt deshalb, weil man in Mexico selbst so viele Hollywoodträume träumt: Hollywoodträume freilich, die nun wieder mit Amerika zu tun haben — mit den glitzernden Talmi-Erscheinungen, die Amerika von sich und seinen Menschen in Umlauf gebracht hat.

Diesen Phantasmagorien stehen die Trugbilder gegenüber, die sich die Nordamerikaner und die Europäer von Mexico geschaffen haben und die sie längs der Carretera Panamericana, der sogenannten Traumstraße der Welt, zu finden hoffen, hauptsächlich dadurch, daß sie auf Ruinen herumklettern, deren wirkliche Geschichte ihnen kein Mensch erzählen kann, weil niemand auf der Welt sie kennt.

Wie es nicht nur *ein* Amerika oder nur *ein* Spanien

gibt, so gibt es auch nicht nur *ein* Mexico (auch wenn wir nationale und „rassisch-völkische" Pauschalierungen so bequem finden).

Mexico ist eine Vielfalt von Landschaften, Klimazonen, Höhenlagen, Städten, Eindrücken, sozialen und kulturellen Bezügen. Es gibt das mythenträchtige Chiapas der Hochlandindianer, das in der Prosa Rosario Castellanos dichterische Wirklichkeit geworden ist. Und es gibt das Jalisco des wortkargen Juan Rulfo, der in den Geschichten des Bandes *Der Llano in Flammen* und in seinem Roman *Pedro Páramo* die Zeit zu einer bloßen Hitze-Erscheinung über einem menschenleeren, ja menschenfeindlichen Land werden läßt.

Im Werk Rulfos hebt eine quasi noch archaische Landschaft gerade erst an zu sprechen. Sie beginnt, ins erste Frühlicht der Historie blinzelnd, eine Geschichte zu erzählen, die jedoch gleich darauf wieder in Schweigen untergeht, zusammen mit den nur flüchtig sichtbar gewordenen Menschenschemen und deren Gefühlen, Sehnsüchten, Begierden. Bei Juan Rulfo, dem mexikanischsten aller mexikanischen Schriftsteller, ist das Leben nicht viel mehr als eine Art Zwischenmusik, die zugleich zaghaft und brutal anklingt, zwischen einer endlosen Folge von Akten, in denen der Tod, ein Mexikaner wie kein anderer, die Szene beherrscht.

Juan Rulfo hat sich in den letzten drei Jahrzehnten seines Lebens fast ganz in Schweigen gehüllt. Offensichtlich fiel ihm, dessen Phantasie sich aus Bildern seiner Kindheit speiste, zum Mexico der Überlandstraßen, der Pemex-Bohrtürme und der Coca-Reklame nichts mehr ein. Seine Verehrer in aller Welt mußten bis zu seinem Tod 1986 vergeblich auf ein neues Buch von ihm warten. Ein Zufall war das gewiß nicht. Das heutige Mexico ist, wie die ganze moderne Welt, eher ein Gegenstand für Soziologen und Statistiker als für Schriftsteller, die metaphorisch-ambiguente Fühldenker sind.

So erweist sich denn auch als der erfolgreichste mexikanische Autor unserer Tage der gescheite und versierte Carlos Fuentes, der sein Augenmerk auf das lenkt, was in der Hauptstadt passiert, an den neuralgischen Punkten der Gesellschaft, der Wirtschaft und der Politik. Fuentes ist der große Kritiker Mexicos, so wie Carlos Pellicer, der Dichter aus dem tropischen Villahermosa, der poetische Lobredner des Landes gewesen ist.

Pellicer, mehr als Paz, hatte die Fähigkeit, Landschaften und Orte sinnenhaft zu erfassen und sie in ihrer ganzen Körperlichkeit zu evozieren. Doch er verfügte auch über den Biß des Satirikers, der unversehens aus der Bläue eines tropischen Gewässers mit Raubfischzähnen zuschnappen konnte, um die Erzfeinde der Nation, die *gringos,* zu zwicken:

> Eines ist sicher:
> mir gefällt Veracruz
> besser als Curaçao.
> Hier trifft der Frühling
> mit einem Dampfschiff ein,
> dort mit einer Barke aus Holz.
> Und mit dem Frühling
> kommt die Liebe.
> ...
> Veracruz hat Haifische mehr als genug,
> die kommen mit schöner Regelmäßigkeit
> und fressen die Yankees auf.

Seit 1923, als Pellicer diese Verse schrieb, hat sich der Strom der Yankeetouristen vervielfältigt. Und längst kommen mehr Ausländer ins Land, als alle Haifische vor den Badeküsten je auffressen könnten. Mexico muß diese Fremden, die *gringos* wie auch die Europäer, ertragen — so wie es auch seine eigene Oberschicht ertragen muß, diese um den PRI gescharte neue Bourgeoisie, die um jeden Preis entschlossen ist, den *american way of life* nachzuahmen.

Das Mexico dieser neuen Elite, die keine Elite ist, entfernt sich immer mehr von dem Bild des propagierten Mexico... und immer mehr auch von der Realität des einfachen mexikanischen Volkes. Manchmal freilich rührt sich im Herzen eines der Privilegierten eine sentimentale Regung. Er möchte sich wieder als Mexikaner fühlen.

Da kann es geschehen, daß er sich in seinem Cadillac auf die Plaza Garibaldi fahren läßt, die quirlige Menscheninsel in Mexico-Stadt, die mit ihren *mariachi*-Kapellen ja keinesfalls nur für die Touristen da ist, sondern auch für den seelischen Binnenhaushalt der Nation.

Der reiche Mann — vielleicht ein Bankier, vielleicht ein Minister — läßt den Wagen hart am Rinnstein parken, und hier bringen die *mariachis* ihm nun ein Ständchen.

Wenn er meint, selber eine passable Stimme zu haben, steigt er womöglich sogar aus und stellt sich höchst persönlich in den Kreis der Musikanten, um sein Lieblingslied hinauszuschmettern: das nicht klein zu kriegende *Cielito lindo*, die schnulzenschöne Volksweise, oder — Evergreen aus der Revolutionszeit — den Ohrwurm von der Kakerlake, die schlapp beim Marschieren macht, weil ihr das Marihuana ausgegangen ist:

> La cucaracha, la cucaracha,
> ya no quiere caminar,
> porque le falta, porque le falta,
> mariguana que fumar.

Natürlich ist der prominente Mann nicht allein gekommen. Seine Leibwächter sind bei ihm. Man erkennt sie an den bösen Blicken, mit denen sie die Umstehenden mustern. Unter ihren Jacken haben sie, nur schlecht verborgen, klobige Schießeisen.

Die könnten sie blitzschnell ziehen, wenn es darauf ankäme, ihren Herrn gegen jenes Volk zu beschützen, in dessen Mitte er da eben ein urständiges Gesundbad nimmt.

Das Gedicht von Rafael Alberti auf S. 119 und die Prosazitate von Miguel Hernández in ***Römisches Wäldchen*** wurden von Erich Arendt übersetzt, die Textproben Federico García Lorcas von Enrique Beck und Hans-Jürgen Heise; die Jiménez-Passagen haben Doris Deinhard (S. 117) sowie vor allem Fritz Vogelgsang übertragen, von dem ebenfalls die deutsche Version des Poems *O Guadalquivir* von Antonio Machado auf S. 120 stammt; die Proben arabisch-andalusischer Dichtung in *Meditationen in Tarifa* hat Hans-Jürgen Heise auf dem (Um)weg über die spanischen Übersetzungen von Emilio García Gómez erschlossen, und Heise deutschte auch ein die Verse von Fernando Villalón und Miguel Hernández in *Das Sterben besorgen andere*, ferner: das Poem *Zwischen Víznar und Alfacar* auf S. 143 sowie die Beispiele namhafter und anonymer Künstler in den Abschnitten *Der Macho und der Kampfhahn* und *Vom Quetzalcóatl zum Pepsicóatl;* die deutsche Fassung des Gedichts *Sanlúcar de Barrameda* auf S. 114 besorgte Hans-Christian Kirsch, die meisten Zitate des Prosadichters Gabriel Miró in *Von zeittiefen Gärten und einsamen Küsten* verdanken wir Rainer Specht.

Hans-Jürgen Heise: Hispanische Trilogie

Band 1: *Bilder und Klänge aus al-Andalus. Höhepunkte spanischer Literatur und Kunst.* 314 Seiten. 29,80 DM.

Vorbemerkung · Bilder und Klänge aus al-Andalus · Heidnisches unterm Priestergewand: *Luis de Góngora* · Spanien und die Erotik des Todes · Asket in spanischen Gärten: *Manuel de Falla* · Augenblick und Ewigkeit: *Juan Ramón Jiménez* · Gefühlte Gedanken, gedachte Gefühle: *Antonio Machado* · Metaphern statt Argumente: *Philosophieren auf iberische Art* · Afrika ist nah, Europa so fern: *Bilder eines zeitentrückten Spaniens* · Getreide noch, und schon Wind: *Die Lyriker der Generation von 1927* · Geometrie und tellurische Fülle: *Jorge Guillén* · Ein Andalusier wie kein anderer: *Federico García Lorca* · Rivalität unter Weggenossen: *Lorca und Alberti* · Der Matrosenbluse entwachsen: *Rafael Alberti* · Die Rückkehr des Rhetorischen: *Dámaso Alonso, Vicente Aleixandre* · Die surrealistischen Messen Luis Buñuels · Dalí oder Das konkrete Irrationale · Abkehr von Natur und Tradition: *Ein Nachtrag*

Band 2: *Der Macho und der Kampfhahn. Unterwegs in Spanien und Lateinamerika.* 256 Seiten. 29,80 DM.

Band 3: *Die zweite Entdeckung Amerikas. Annäherungen an die Literatur des lateinamerikanischen Subkontinents.* ca. 320 Seiten, ca. 29,80 DM. Herbst 1987.

Vom Tropendorf Macondo zum „Weltdorf" McLuhans: *Eine Einführung* · Das wunderbar Wirkliche: *Alejo Carpentier* · Stimmengewirr von Toten: *Das Mexico Juan Rulfos* · Geschichtsmythos als Realitätsersatz: *Carlos Fuentes* · Caudillo-Herrschaft: Dynastie auf Lebenszeit: *Augusto Roa Bastos* · Die columbianische Karibik als universelles Modell: *Gabriel García Márquez* · Dschungel und Maschinenwelt: *Mário de Andrades* Macunaíma · Hollywood in der Pampa: *Zu frühen Romanen von Manuel Puig* · Europäischer Vers, Indianerflöte, Negertrommel: *Eine Einführung* · Warum der Eiffelturm nach unten wächst: *Vicente Huidobro* · Schach der Ewigkeit: *Jorge Luis Borges* · Gemeinsam mit der Landarbeiterin Zikade: *Jorge Carrera Andrade, ein Dichter des tropischen Amerikas* · Cuba – grüne Eidechse der Antillen: *Nicolás Guillén* · Lehrling von Vulkanen: *Pablo Neruda* · Selbstfindungsversuche: *Essaybände von Pablo Neruda und Octavio Paz* · Absage an die persönliche Identität: *Octavio Paz oder Die Furcht vor der Verniemandung*